超常儿童
教育制度构建

CONSTRUCTION OF AN EDUCATIONAL
SYSTEM FOR GIFTED CHILDREN

方中雄 等 著

教育科学出版社
·北京·

目　　录
CONTENTS

第一章 绪 论

当今世界正经历百年未有之大变局，我国正处于实现中华民族伟大复兴的关键时期。面对日益激烈的全球竞争尤其是科技竞争，我国亟须培养大批拔尖创新人才并提升拔尖创新人才自主培养能力。超常儿童客观存在，被称为人才培养的"富矿"、国家战略性稀缺资源，成为世界各国创新人才培养的重要组成部分。在大力实施人才强国战略和创新驱动发展战略的新发展阶段，重视超常儿童培养、建立超常儿童教育制度，是我国高质量教育体系建设和创新人才培养的重要任务。

一、我国超常儿童教育发展概况

超常儿童是在智力、学术能力、创造力、领导力和艺术等一个或多个领域具有卓越表现或发展潜力的儿童，是在人群中客观存在的一类群体。在我国，超常儿童（supernormal child）这一概念最早由刘范和查子秀在 1978 年提出（苏雪云，张旭，2016）。研究者通常将超常儿童界定为有天赋和才能的儿童，也将其称为天才或天资、天赋、资优、超智儿童等，英文中常用highly able learners、gifted and talented students、high-ability learners、advanced learners、advanced students、students with high potential 等词指代这类儿童，面向这类儿童的相关教育培养被称为超常教育、天才教育、英才教育、资优教育等。本书在涉及超常儿童教育及其对象时大多采用超常儿童教育和超常儿童等表达，涉及境外相关国家、地区、协会等，以及我国香港、台湾地区的相关论述时，大多采用其约定俗成的术语。

我国超常儿童教育历史悠久，在发展中充满曲折，阶段性蓬勃发展与在夹缝中生存并存，相关争论、质疑一直不断，这与相关理论研究不足、实践困境难以突破等密切相关。在新发展阶段构建超常儿童教育制度，须正视其发展阶段及存在的主要问题。

（一）我国超常儿童教育的发展历程

中国人对超常儿童教育的思考和实践历史悠久，旨在为选拔和培养超常儿童而设立的"童子科"早在汉代就已出现（裘士京，张翅，2002），至隋唐时期童子科更是被纳入科举考试成为以规定形式定期举行的常科（马秀勇，王永平，2001）。童子科于清朝废除，1922年新学制改革明确规定："注重天才教育，得变通年期及教程使优异之智能尽量发展。"（课程教材研究所，2001：107）20世纪三四十年代，陶行知曾提出天才教育理念，沈亦珍也在上海中学启动超常儿童教育实验计划。

新中国成立后尤其是改革开放后，我国相关学者和学校开始有意识地进行超常儿童教育理论研究和实践探索。1978年中国科学院心理研究所"超常儿童心理发展与促进"研究课题组正式成立，同年中国科学技术大学（简称中科大）成立少年班，标志着我国超常儿童教育研究和实践迈出系统化探索的步伐。此后，我国超常儿童教育的发展呈现出一波三折的态势，经历了辉煌发展期（1978年—20世纪末）、反思发展期（20世纪末—2010年）和新发展时期（2010年至今）（程黎 等，2018）

1978年中科大少年班成立后，1984年天津实验小学建立第一个小学超常儿童实验班，1985年国家教委颁发名为《同意北京大学等12所院校举办少年班》的文件，同年北京市第八中学（简称北京八中）建立我国第一个缩短学制的中学超常少儿实验班，1993年国家教委委托6所央属高校附中举办全国理科实验班。其间，中国人民大学附属中学（简称人大附中）、北京西城区育民小学、天津市耀华中学、江苏省天一中学、江苏省苏州中学、东北育才学校、深圳中学、湖南师范大学附属中学、西安市第一中学等先后开展超常儿童教育实践。随着超常儿童教育的蓬勃发展，1995 年"中国人才研究会超常人才专业委员会"经民政部正式批准成立。到 1998 年，我国初步形成了从小学、中学到大学的超常儿童教育体系（朱奕，1992）。

20 世纪末期，推行素质教育成为基础教育发展的重要趋势，强调基础教育要面向全体学生、全面提高学生的综合素质。最初基于"多出人才、快出人才"政策的超常儿童教育实验受到影响。1999 年，在全国两会上，全国政协委员蔡自兴提交《及早废止少年班》的书面报告，让备受质疑的少年班和超常儿童教育处于舆论的风口浪尖。2001 年 10 余所大学纷纷停办少年班，开办少年班的大学只剩下中科大和西安交通大学（简称西安交大），中学坚持办少儿班的也仅剩 10 所左右。随着《中华人民共和国义务教育法》中"学校不得分设重点班和非重点班"等法律条文的生效，以及社会对教育公平、"减负"等的高度关注，超常儿童教育发展进入低谷期。

进入 21 世纪，党的十六大把"造就一大批拔尖创新人才"作为教育工作的重要目标，超常儿童教育再次受到关注并融入拔尖创新人才培养中。2009 年，教育部联合中组部、财政部启动"基础学科拔尖学生培养试验计划"（简称"珠峰计划"），开展创新人才培养试验。2010 年，《国家中长期人才发展规划纲要（2010—2020 年）》和《国家中长期教育改革和发展规划纲要（2010—2020 年）》颁布，后者在明确提出"坚持以人为本、全面实施素质教育是教育改革发展的战略主题"的同时强调"培养拔尖创新人才"。在两个纲要的指导下，部分小学、中学和大学以及地区开始以不同形式开展包括超常儿童教育在内的创新人才培养实践。全国层面，2013 年教育部和中国科学技术协会共同组织实施"中学生科技创新后备人才培养计划"（简称"英才计划"），2018 年"基础学科拔尖学生培养计划 2.0"实施，2020 年"基础学科招生改革试点"（简称"强基计划"）启动。区域层面，北京市 2008 年开始实施中小学拔尖创新人才培养项目，包括面向高中生的"翱翔计划"和面向义务教育阶段学生的"雏鹰计划"；"上海市普通高中学生创新素养培育实验项目"、天津市"青少年科技创新人才培养工程"、陕西省"春笋计划"2010 年启动，重庆市 2011 年启动青少年创新人才培养的"雏鹰计划"。部分大学也建立起多种优秀人才培养模式，推出实验班或创新学院，在招收少年大学生的同时也面向大学生中的精英开放。部分高校和地方还从突破升学和就业方面的瓶颈入手，开办新的实验项目，如深圳零一学院。除教育系统外，科协系统也组织了包括学科竞赛、青少年科技创新大赛等项目。

（二）我国超常儿童教育的现实困境

我国超常儿童教育虽然由来已久，但总体上仍处于学校自发实验、覆盖面小、在争议中求生存的艰难探索阶段（黎明，牟映雪，2009；方中雄，张瑞海，黄晓玲，2021；张妍琳，谷瑝，2021），在法律政策、理论研究、实践操作、社会环境等方面均存在一系列亟待破解的问题。

第一，法律政策层面缺少对超常儿童教育的基本保障和政策支持。分析改革开放以来超常儿童教育一波三折的发展历程，最根本的原因是超常儿童教育缺少法律支持。我国教育法里有特殊教育的内容，但只针对盲、聋、哑、智力缺陷和肢体残疾等有特殊教育需要的群体，超常儿童尚未被看作客观存在的、有特殊教育需求的群体纳入特殊教育体系。国家层面尚未明确超常儿童教育的地位，也未出台专门的政策文件，由此带来一系列制度设计和配套支持的缺失。如各学段缺少针对超常儿童的入学及升学通道，缺乏针对性的课程、教材和评价方式，也没有专门的师资培养培训机制，教育资源配置也不能满足这类群体的特定学习需求。缺乏法律政策支持是我国超常儿童教育当前面临的最大问题（方中雄，张瑞海，黄晓玲，2021；程黎 等，2018；施建农，2021；杨德广，宋丽丽，2019；温慧卿，张春莉，2021），其根源在于政府、学界和学校对超常儿童教育没有达成共识。

第二，理论研究层面对超常儿童培养发展的解释力不足。我国超常儿童及其教育研究起步晚、力量弱，对超常儿童心理发展和才能发展规律的认识不足。在超常儿童的界定、超常儿童的甄别内容与标准、超常儿童发展的影响因素、超常儿童教育成效评价等方面难以提供令人信服的理论支持和适切工具；对超常儿童与高智商儿童、超常儿童与拔尖创新人才、超常儿童教育与杰出人才培养、超常儿童潜能发展与全面发展、超常儿童超前发展与迟滞发展、超常儿童的教育权利与教育公平、超常儿童培养的社会价值及自我需求等问题缺乏深刻的理论阐释。此外，政府不能及时做出明确的回应，社会公众难免对超常儿童教育存在偏见，甚至是质疑，因而使得一些似是而非的观点大行其道，政府和学校常常也被各种争论、质疑左右甚至裹挟。

第三，实践操作层面超常儿童教育面临的问题尚未被完全破解。一是"有类无教"的问题。存在超常儿童这样一类特殊群体但没有相应的教育制度安排及体系化的制度设计，超常儿童教育培养的针对性和专门化与教育对象的特点及需求严重不匹配。二是"教非所需"的问题。部分超常儿童教育实验所采用的仍然是普通教育的理念、思路、方法，缺乏专门的课程教材、师资队伍、教学方式、评价办法等，通行的所谓加速模式、充实模式还不能充分体现和切实满足超常儿童个性化、特殊化的教育需求。三是"教非其类"的问题。由于超常儿童与普通儿童中的"尖子生"存在交集，超常儿童教育往往成为家长们通过"训练""抢跑"等方式将子女送入优质学校的通道，同时也为一些校外培训机构招揽生源所利用，引发有关入学的社会矛盾和与义务教育入学政策的冲突。四是"教无保障"的问题。超常儿童尚未作为特殊儿童的类型之一被纳入特殊教育体系，政府在财政投入和其他资源配置上按照普通中小学校标准安排，难以满足超常儿童的教育需求。五是"进出受阻"的问题。超常儿童持续发展的通道尚未被打通。在制度贯通方面，由于现有的教育政策没有顾及超常儿童群体的特殊性，一方面，超常儿童在基础教育阶段提前入学、在学段内跳级几乎没有可能，他们中的绝大多数只能与普通儿童一同入学，通过相似的学程安排完成学业；另一方面，超常儿童提前毕业、提前参加高考的通道也极不顺畅，超常儿童教育实验到了高中阶段便会遭遇"断头桥"，不得不折返回来继续走"应试"的老路。在内容衔接方面，一方面，现行高考由于命题技术等多方面原因，很难对包括创新能力在内的人的综合能力和发展潜能进行全面评判；另一方面，由于超常儿童的潜能存在差异，他们往往难以面面俱到、"均衡"发展，其素养类型及水平与现行高考制度有不相适应的地方，亟须研究和建立更加适切、灵活的评价机制。

第四，社会环境层面存在教育生态失序、社会支持不足等问题。受教育功利化、应试倾向以及理论研究不足等的影响，超常儿童教育在社会层面衍生出教育生态失序等相关社会问题。例如，有的学校以开展超常儿童教育为名，行"掐尖"招生之实，扰乱正常的招生秩序；不少学校把提高学生的应试成绩和升学率作为超常儿童教育的目标，迎合部分家长对所谓"优质教育"的需求，导致不少家长搭超常儿童教育实验的"便车"变相择校。"双减"政策颁布之前，部分培训机构利用超常儿童招生选拔之机，对家长进行虚假宣传、错误引导，诱惑家长为孩子报名参加各种名目的课外培训班，试图通过训练将普通孩子塞入超常儿童教育的"快车道"（陈璠，2021），增加了学生的课业负担，损害了学生的身心健康，加重了家长的经济负担，引发了社会公众的不满。在社会支持方面，一方面，政府、学校、家长、社会对超常儿童教育尚未形成共识，充分的社会理解和良好的舆论氛围尚未形成；另一方面，家庭、学校、社会协同育人机制尚未建立，各种社会资源的投入和支持还处于自愿、自发阶段，类型丰富、持续供给的社会资源整合、支持等较为缺乏。

二、超常儿童教育制度构建的重要意义

当今世界主要发达国家和科技强国，都在超常儿童教育上有相关的制度设计，制定了相关的法律政策，或启动了重大项目，我国在这方面的制度设计与教育实施还很不完善。从贯彻因材施教原则以体现更高水平的教育公平计，从挖掘人才"富矿"培养拔尖创新人才以提高国家战略竞争能力计，必须尽快补足超常儿童教育制度建设的短板，推动面向每个人、适合每个人、更加开放灵活、更高质量的教育体系建设。

（一）相关国家和地区超常儿童特殊培养的经验和启示

尽管人们对超常儿童教育的争议一直存在，但超常儿童教育的实践一刻也没有停止。相关国家和地区开展超常儿童教育的形式可谓丰富多样，没有固定统一的模式。从教育对象看，超常儿童教育覆盖了从小学、初中到高中各个学段的学生；从鉴别筛选主体看，大多数国家由学校负责对超常儿童进行甄选，少数国家如新加坡和以色列等则由国家负责统一甄选；从甄选方式看，大多数国家综合采用智力测验、学术性向测验、面试、推荐等方式对学生进行考查和选拔，俄罗斯则通过学科竞赛的方式选拔超常儿童并对其进行特殊培养；从超常儿童的教育安置方式看，多数国家同时采用集中式与融合式两种方式；从教学模式看，发达国家主要采取充实式教学模式，加速式教学模式日渐式微，自主学习模式日益受到关注。

在法律保障和政策支持方面，美国从 20 世纪 50 年代末开始就出台相关法令鼓励超常儿童教育事业，1988 年《贾维斯天才儿童教育法》（Jacob Javits Gifted and Talented Students Education Act）对超常儿童科研项目、示范项目、创新培养策略等进行统筹安排，1994 年的《改进美国学校法》（Improving America's Schools Act）进一步对超常儿童教育的概念内涵进行了扩展和丰富。欧洲各国也非常重视针对超常儿童的立法和相关的政策支持，如瑞士大多数州的立法都认同超常儿童是有特殊教育需要的儿童，西班牙《改善教育质量组织法》重点关注包括超常儿童在内的有特殊教育需要的儿童，英国公布了有关超常儿童教育的规定和指导方针。澳大利亚、新西兰、新加坡、韩国、俄罗斯等也十分重视超常儿童培养，澳大利亚的超常儿童教育政策在 1973 年的《学校委员会法案》（School Commission Act 1973）颁布后实施，新加坡 1984 年实施"天才教育计划"，韩国 1999 年制定《英才教育振兴法》，新西兰教育部 2003 年修订国家行政指南并将超常儿童纳入其中，俄罗斯联邦教育法鼓励使用个性化教育方法保持超常儿童教育的独立性。

在将超常儿童纳入特殊教育立法方面，法国和我国台湾地区明确把超常儿童教育纳入广义的特殊教育范畴并予以法律保障（方中雄，张瑞海，黄晓玲，2021）。法国把超常儿童教育纳入义务教育体系之内，明确超常儿童教育是法国特殊教育的重要组成部分。2005 年法国颁布的《面向学校未来的方向和计划法》，标志着法国政府首次将超常儿童教育问题纳入国家监管范围。该法案为法国超常儿童教育制度的完善奠定了基础。我国台湾地区于 1984 年颁布特殊教育相关规定，设专章对资赋优异教育做了规定。这种对资赋优异与身心障碍分章合并立法的方式，体现了我国台湾地区特殊教育既不偏重于资赋优异教育也不偏重于残障教育，而是采取均衡发展的政策姿态。此后我国台湾地区对该规定又进行了大幅修订，保障了包括超常儿童在内的特殊群体的发展。

总结世界相关国家和地区超常儿童教育的实践，可以得到以下经验和启示：一是重视超常儿童教育并给予法律和政策保障；二是政府设立专门机构或安排专人负责管理、落实和推动超常儿童教育相关事务；三是重视超常儿童教育标准化建设与评估，保障超常儿童教育质量；四是用多样化、具有挑战性的课程满足超常儿童特殊教育需要；五是重视发挥大学、科研机构、协会、学会、基金会、竞赛组织等社会机构的作用，补充、拓展和丰富学校课程和资源；六是重视超常儿童教育师资队伍的专业化（北京教育科学研究院，中国人民大学，2020）。

（二）制度化的超常儿童教育是推进教育公平的重大问题

超常儿童在人群中客观存在，其身心发展特点和教育需求决定其接受的教育应不同于普通儿童。构建超常儿童教育制度，为超常儿童提供专门教育，是促进和保障教育公平的重要内容与任务。

首先，超常儿童教育是满足超常儿童发展需要的特殊教育形式。心理学研究表明，超常儿童在认知特征和人格特征等方面与普通儿童具有显著差异，同时其能力素质要素和水平也存在不均衡性。不仅如此，超常儿童个体之间也有很大差异。超常儿童的认知特征和身心发展特点决定了他们是一类有着特殊教育需要的特殊儿童，普通教育体系不能很好地满足其特殊教育需要，也不完全适用于这样一个特殊的群体，他们需要的是为其提供特殊教育的超常儿童教育。超常儿童教育是针对超常儿童的一种特殊教育形式，是遵循超常儿童身心发展规律而开展的旨在充分发挥其潜能和优势、促进其适性发展的一种适切性教育。对超常儿童进行适合其特点和需求的特殊教育，不仅有超常儿童身心发展的内在依据，也是教育中因材施教原则的具体体现，即根据每个个体的特点实施适合的教育。超常儿童教育的基本目标是满足超常儿童发展需要，保障其受教育权，并在此基础上促进其潜能发展。

其次，将超常儿童教育纳入特殊教育体系是超常儿童教育制度构建的重大突破。就我国当前所处的历史方位和教育发展水平而言，将超常儿童教育纳入特殊教育体系具有内在的合理性，是超常儿童教育制度构建的重大突破。其一，在法律法规及政策制定上可借鉴。我国现行特殊教育体系针对的是残疾儿童，超常儿童和残疾儿童同属于特殊儿童，在因材施教原则的指导下，二者的教育理念相通、措施相似、投入相当。可以借鉴现行特殊教育体系的有效做法和经验，建立超常儿童教育体系。其二，在办学体系上可借鉴。目前，我国初步形成了特殊教育和普通教育统一且逐步实现同步发展的格局，特殊教育学校、普通学校特殊教育班、随班就读等并存，以一定数量的特殊教育学校为骨干，以大量的特殊教育班和随班就读生为主体。这种发展思路对超常儿童教育发展同样具有很大的借鉴价值。其三，在育人模式上可借鉴。可借鉴特殊儿童评估与鉴定、教育安置、不同教育阶段衔接、适合身心发展特征及需求的个别化培养模式、课程设置及教学安排、环境创设等方面的经验，推进超常儿童差异化、个别化培养。其四，在保障措施上可借鉴。目前，我国特殊教育形成了包含经费、师资、专业资源、设施设备等在内的支持保障体系，将超常儿童纳入特殊教育体系在保障措施上具有很大的政策便利性。

最后，构建超常儿童教育制度有利于促进和保障教育公平。受教育权是人类的一项基本权利，其核心是教育机会的均等，包括入学机会均等、教育过程均等和教育结果的均等（褚宏启，2020）。运用普通儿童的教育教学方法和进度安排实施教育，对超常儿童来说是不公平的。构建适合超常儿童身心发展特点的超常儿童教育制度，从国家意志和政府行为层面切实保障超常儿童受教育权利，促进教育公平的实现，是一个健康社会对其下一代应尽的责任和义务。当前构建超常儿童教育制度，亟须在国家教育体系中确立超常儿童教育的地位。目前，我国已经建立起比较完善的学前教育、义务教育、高中教育、高等教育、职业教育、特殊教育、继续教育、专门教育体系，而面向超常儿童的教育体系尚处于空白。将超常儿童作为特殊儿童纳入特殊教育体系，一方面，可明确其教育类型，确立其地位，同时有利于各教育体系之间相互衔接，为超常儿童的贯通培养和持续发展提供制度通道；另一方面，可参照特殊教育培养机制建构超常儿童鉴别、培养、评价、师资及条件保障等的运行程序，明确行动路径和所需投入，并在有条件的地区先行试点进而逐步推广，切实保障超常儿童的受教育权。

（三）超常儿童教育是加强创新人才基础培养的重要任务

为打好创新人才持续发展的基础，面向人人、面向创新素养培养的创新人才基础培养势在必行，加强创新人才基础培养是推进教育强国建设的重大任务。我国创新人才基础培养必须坚持"两条腿走路"的方针（方中雄，2022），即一方面要开展面向普通儿童的创新素养教育，另一方面要开展面向超常儿童的特殊培养。超常儿童作为创新人才的"富矿"，在国家创新人才培养中具有重要地位，在基础培养阶段须突出其创新素养培养。

首先，超常儿童教育在创新人才培养中具有重要地位。超常儿童是一类特殊的教育对象，但超常并不意味着其一定能成为拔尖创新人才。重大科技创新具有长期性、偶发性、依概率性和依情境性，相应地，影响一个人成为拔尖创新人才的因素无比复杂，我们不能预言任何一个处在基础教育阶段的学生经过培养必然会成为拔尖创新人才。但我们也要看到，超常儿童尽管也有多种类型，但创新性是超常儿童的重要特征。超常儿童具有先天优势，发展潜力巨大，成才率高，是人才的"富矿"，是培养和造就拔尖创新人才的一支不可忽视的重要生力军和"特种部队"，是国家战略性稀缺资源。当今世界，人才的竞争已影响国家综合国力的竞争，这不仅反映在整体国民素质上，也反映在领导人才、高级决策人物、科技英才、卓越人才、智囊精英等杰出人才的数量上。人才竞争的压力使得众多国家积极出台各种保护和鼓励人才培养的政策，同时越来越多的发达国家也从国家战略高度将视野延伸到儿童教育上，特别是那些很早就表现出卓越才能的超常儿童。国家统计局公布的数据显示，到 2020 年年末，我国有 0—14 岁儿童 25338 万，根据这个基数，按照理论值（智商超过平均数两个标准差的儿童的比例约为 2.25%），那么，我国 0—14 岁儿童中智力超常儿童应有 570 多万。为此，将超常儿童教育作为拔尖创新人才培养的重要基点，应受到足够的重视。另外，由于超常儿童的智力开发和培养具有时效性，如果错过拐点期就难以激发他们原有的兴趣和专业特长，也就错过了培育和成长的最佳时期。要树立实施超常儿童教育的责任感和紧迫感（杨德广，宋丽丽，2019），善待超常儿童，为他们创造良好的成长环境，让尖子人才脱颖而出。

其次，超常儿童教育是创新人才基础培养的重要组成部分。创新人才基础培养，要遵循人才成长规律和教育培养的系统性，突出基础教育阶段在创新人才培养中的奠基作用和重大责任，同时也体现基础教育在新发展阶段的创新导向与育人取向。从创新人才基础培养内涵看，其与基础教育在培养目标、面向对象、培养过程和基本功能上具有一致性，基础教育在创新人才基础培养中肩负重大历史使命。一是需明确面向人人的创新发展导向。公平而有质量的基础教育，要从改善学校文化生态、探索育人方式变革等方面发力，变创新人才基础培养从自发的、零散的探索为系统的、自觉的、持久的发展，在教育教学、差异化培养、资源配置等方面进行有效的制度安排，充分落实面向全体与因材施教原则，整体构建高质量基础教育体系。二是要基于我国基础教育的现状，从面向大多数普通儿童少年的创新素养提升和面向超常儿童的特殊教育等多个方面系统谋划、整体推进，在政策支持上将着眼点向基础教育阶段延伸、向超常儿童倾斜、向高等教育与基础教育联动发展聚焦。构建创新人才自主培养体系，要在人才识别、选拔、培养、引进、评价、使用、支持、激励、服务、保障等方面进行体系化、链条式设计。对于超常儿童培养，也需要着力研究一体化培养的机制，要从小抓起，从小呵护、培养创新人格与创新思维。

最后，创新人才基础培养要突出超常儿童创新素养培养。基础教育阶段创新人才培养的本质是推进素质教育，创新素养是基础教育培养目标中的重要部分，包含在全面发展素质教育的任务之中。习近平总书记反复提到的"素质教育""综合素质""创新精神""创新意识""科学精神""创新能力""创新思维""批判性思维""好奇心"等，都需要从小培养，都需要从基础教育阶段埋下种子、打好底子。从国际上看，创新素养是联合国教科文组织、经合组织、欧盟等国际组织各种教育报告中特别关注的中小学生基础素养，许多发达国家也都将创造力与创新、创新性思维、好奇心等创新素养纳入学生的核心素养，予以重点关注。2016 年中国学生发展核心素养研制课题组发布中国学生发展核心素养框架与指标体系，将"实践创新"作为六大素养之一。同时，创新素养的提升也是通过全面发展素质教育来实现的。正如许多学者指出的，创新能力不是单一能力而是综合素质，从综合素质的视角去解读创新精神和创新能力的培养，对基础教育提出了更多的要求。当前我国基础教育实践无论在育人方式探索上还是在评价引导上，对学生创新素养的关注和培养都还比较薄弱，尤其是针对超常儿童，还有待以创新的学校文化建设和育人方式改革为抓手，以综合素质培养和创新素养提升为着力点，完善教育制度建设，加大基础培养力度。

三、超常儿童教育制度构建的主要内容

教育制度构建是针对特定教育对象及对其实施的教育内容，搭建和优化运行及管理制度体系的过程。超常儿童教育制度建构是针对超常儿童这一特殊群体，按照特殊教育的逻辑进行的教育制度设计，包括对教育对象的界定与识别筛选、教育安置、培养方式、课程设置、教材开发、考试评价、师资保障、经费投入、管理机制等的规定。

（一）超常儿童教育制度构建涉及的基本问题

一般而言，教育制度构建涉及的基本问题有：其一，对象如何确定，预期培养目标为何；其二，如何安置，有哪些具体模式；其三，如何培养，教－学－评如何展开；其四，需要哪些条件，包括课程、师资、组织机构、经费、培养通道、支持条件等。超常儿童教育制度构建，当前需重点突破以下问题。

1.建立专业认定标准

由于超常儿童自身的特殊性，超常儿童教育制度运行需要对超常儿童进行严格甄别，对承办机构进行专门规范，对师资进行专业认定。界定超常儿童，需对其超常内容及表征、发展潜能、年龄范围及人群比例等提出有理论依据的说明；甄别超常儿童，需要研制高信度和效度的甄别工具，建立政府主导并由相关科研机构、承办机构组成的鉴定小组，规范甄别程序，确保甄别的公平、公正、权威、高效。认定超常儿童教育机构，须从课程设置、教材和教法选择、管理与评价的适宜性、相关教育资源支持和条件保障等方面入手，强调因应超常儿童的特殊性和发展需求，确保教育质量，同时注意加强贯通培养，引入高校和社会资源探索开放式培养模式。认定、选拔和培养超常儿童教育师资，需研制师资标准，或从现有师资队伍中先选拔、再培训、后认定、再上岗，或在相关院校设立超常儿童教育专业专门培养相关师资。

2. 创新人才培养模式

依循特殊教育因人施教、因需施教的原则，超常儿童培养应采用多样化、个性化的培养方式。在安置方式上，结合学生数量和分布情况（特别是分布密度），采取集中培养和分散培养相结合的方式，兼顾超常儿童的特殊需求和融合发展。在课程建设上，需逐步构建分类与分层、必修与选修、学科课程与实践课程相结合的多样化、可选择、有挑战性的超常儿童教育课程体系。在教学方式上，应注重学思结合、知行统一，倡导自主、合作、探究和项目式学习等多种学习方式，鼓励学生自学和自主研修，支持学有余力的学生参加科研课题并为其创造条件。在教学管理与组织形式上，可试行选课制、导师制、学分制、书院制、弹性学制以及单独编班、部分学科抽离式编班等多样化形式，为具有特殊禀赋和潜能的学生制定个性化培养方案并提供个别指导。在评价上，应改革过于强调以学业成绩为主要评价标准的学业质量评价制度，建立学业成绩与特长、研究成果、小创造、小发明、微创新等相结合的综合素质评价体系，鼓励学生全面而有个性地发展。

3. 设计贯通培养通道

人才培养是一个系统工程，在制度运行层面，超常儿童教育尤其需要与各级各类教育进行衔接与贯通。横向上，一方面需要逐步与普通教育、职业教育融通，在制度上有"进出"通道；另一方面需要打破学校教育边界，建立学校、家庭、社会协同育人机制，促进多要素、多资源整体育人，建立超常儿童教育与发展的连续体。纵向上，需要就基础教育的不同学段、基础培养与高校培养，进行一体化培养的研究设计，使培养目标、任务、课程、教学方式与评价、招生等环节相互衔接，既体现不同学段的特殊性，又反映衔接、贯通和资源共享的人才培养要求。在培养协作方面，要把握好超常儿童基础培养与高校创新人才培养在某种程度上的"共存亡"的关系。高校重在为中小学超常儿童教育师资培养、课程教学和升学提供便利，支持中小学超常儿童教育持续、合理、创新性开展；反过来，高校创新人才培养的基础在于中小学阶段的学生培养，中小学要充分有效地呵护、培育和发挥超常儿童的创造潜能，让最具天赋的人发挥出创新才能，也让高校的创新人才培养有更充分的"源头活水"。

4.建设专业师资队伍

超常儿童教育在超常儿童基本特征与表现的把握、课程设置与教学实施、环境创设与活动组织、交流沟通与评价辅导等方面对教师提出更高要求。目前我国教师教育体系中没有超常儿童教育师资培养序列，当务之急是整合相关高校、科研院所、教研部门的力量，对从事超常儿童教育的教师进行培训和指导，提高其超常儿童教育教学胜任力；同时，结合特殊教育融合实施的特点，在普通教育教师职前培养和职后培训中增加特殊教育包括超常儿童教育的内容，加大通识性培训和专题性研修的力度。从长远看，需要调整师范院校教师教育专业设置，在特殊教育专业中增设超常儿童教育方向，加强超常儿童教育教师职业资格认定，保障超常儿童教育教师待遇，吸引优秀人才投身超常儿童教育，"用优秀的人培养更优秀的人"。

5.完善运行管理机制

首先是明确各类主体及其基本职责。政府发挥主导作用，其主要职责是统筹、监管和保障，在发展取向、法律完善、制度健全、条件保障等方面进行引导和规范。各级各类学校因地制宜、因校制宜开展超常儿童教育实验探索，幼儿园主要在于把握征兆、持续跟进，小学重在针对性甄别和基础性培养，中学在拓展性培养的基础上逐步进行专深性培养，大学则主要对标拔尖创新人才进行专门培养。高等院校、科研机构、各类学会和协会应发挥各自优势和专长，通过开设超常儿童教育相关专业、进行师资培训与认证、建立超常儿童教育研究机构、开展超常儿童教育专题研究等多种方式，为超常儿童教育提供服务与支持。家长在超常儿童的早期甄别和早期培养上发挥着不可忽视的作用，对超常儿童的健康成长承担着不可替代的职责。其次是完善运行方式，需在国家和省级教育行政部门设立相应管理机构，负责制定国家或省级超常儿童教育规划、经费投入比例、师资认定及配置标准等；可由市级教育行政部门负责制定超常儿童教育规划，设置超常儿童教育学校或在普通学校中设置专门班级，指定专人负责超常儿童教育管理、统筹和指导工作。有条件的地区可在县（市、区）级教研部门设立超常儿童教育教研人员岗位，组织开展业务研讨和经验交流，为中小学实施超常儿童教育提供指导。

（二）超常儿童教育制度构建思路及本书主要内容

根据我国超常儿童教育现状、创新人才培养需求，以及现行教育体制机制，构建超常儿童教育制度需考虑合理性、合法性和可操作性，同时兼顾未来发展，体现基础性和衔接性。

1. 构建思路

首先，明确设计导向。立足为党育人、为国育才，落实人才强国战略，全面提高人才自主培养质量，着力造就拔尖创新人才。坚持需求导向（回应超常儿童的特殊教育需求）、问题导向（破解当前超常儿童教育发展中的困境和问题）、目标导向（突出超常儿童教育创新素养发展和为拔尖创新人才培养奠基），为超常儿童提供适切的教育。

其次，明确对象范围。鉴于超常儿童类型多样，考虑到我国教育制度的现状与构建高质量教育体系的迫切需求，本研究在进行超常儿童教育制度构建时，偏重于面向学术性倾向明显的超常儿童进行制度设计，重点关注其创新能力的培养和提升。对于在艺术、体育等方面的超常儿童，因目前教育制度中已有相关培养途径，故针对这些类型超常儿童的教育制度设计不是本研究的重点。

最后，明确构建路径。在我国现行教育法律和制度框架下，将超常儿童纳入特殊教育体系，在基础教育阶段借鉴特殊教育运行机制开展超常儿童教育，建立由国家统一实施、普通学校随班就读、特殊课程教学、灵活学制和个别化教育方案相结合的超常儿童发现、培养与评估制度。

2. 本书主要内容

根据超常儿童教育制度建构基本问题，本书的主要内容分为四大板块：一是教育对象及其鉴别；二是安置方式及培养机构；三是培养模式，包括课程、教学、评价及整体呈现的典型模式；四是条件保障，包括师资、贯通培养、法律政策、经费、专业支持等。本书力图体现三个特点：一是"国际视野"，即对超常儿童教育国内外最新研究成果和实践成果进行全面收集和梳理；二是"系统设计"，即对超常儿童教育涉及的各方面问题进行系统梳理和回应；三是

"中国特色"，即结合我国教育实际提出超常儿童教育制度建构的操作性建议。这具体体现在本书的十章中。

第一章为绪论。呈现我国超常儿童教育的发展历程、存在的主要问题，超常儿童教育制度建构的重要意义、涉及的基本问题，以及超常儿童教育制度的构建思路、主要内容和提出的政策建议。

第二章聚焦超常儿童的鉴别。梳理超常儿童的定义及相关理论发展，提出超常儿童界定的主要内容和参照标准，分析超常儿童的筛选比例、鉴别方法、鉴别工具、鉴别的起始年龄，以及超常儿童的鉴别程序和主体，提出构建中国特色超常儿童鉴别模式的建议。

第三章聚焦超常儿童的教育安置方式。阐释国内外超常儿童的教育安置方式及其利弊、主要影响因素，以及集中和融合两类安置方式的争议，并借鉴特殊教育领域残疾儿童安置的相关理念、原则和程序，提出超常儿童教育安置的制度设计。

第四章聚焦超常儿童的加速与充实培养。针对超常儿童加速和充实两种典型培养模式，从定义、种类、适用对象、实践操作、典型案例、优势与如何避免不足以及政策建议等方面进行阐述和分析。

第五章聚焦超常儿童教育的课程设置。梳理超常儿童教育课程设置的相关理论和实践经验，聚焦当前存在的主要问题，呈现不同培养模式下超常儿童教育的课程形态，提出超常儿童教育课程设置的具体建议。

第六章聚焦超常儿童的学与教。分析超常儿童的认知特点及学习方式，提出针对超常儿童的教学原则以及学与教的主要模式，聚焦超常儿童教学中存在的主要问题并提出针对性建议。

第七章聚焦超常儿童的评价与指导。明确超常儿童教育评价的目的、指导思想、主要内容、评价方式及结果运用，以及超常儿童教育中发展指导的重要意义、主要内容和重点工作。

第八章聚焦超常儿童教育的师资保障。呈现超常儿童教育师资队伍现状及能力标准要求，分析超常儿童教育教师培养培训、评聘管理的实践做法，提出超常儿童教育师资队伍建设制度设计的建议。

第九章聚焦超常儿童的贯通培养。分析当前超常儿童进入高等教育的主要模式，以及项目体量、入学年龄、准入制度、专业设定和培养安置等影响超常儿童贯通培养的因素，提出实行多样化的高等教育准入制度等建议。

第十章聚焦超常儿童教育的条件保障。分析超常儿童教育在法律和政策、经费和专业支持方面所需的具体条件，提出法律及政策调整建议、经费支持主体和划拨标准，以及专业支持体系设定和运行的思路。

四、超常儿童教育制度构建的政策建议

根据超常儿童教育制度建构的基本问题及运行思路，结合当前教育体制、发展水平和社会环境，提出以下政策建议。

（一）开展超常儿童教育立法研究并推动立法实践

一是完善现有相关法律条款。在《中华人民共和国教育法》第五章"受教育者"第三十九条中增加一款"针对超常儿童，采取多种形式开展必要的教育"。在《中华人民共和国义务教育法》第五章"教育教学"第三十五条第三款中增加"对超常儿童组织开展适应其身心发展水平的教育教学"。在《中华人民共和国学前教育法草案（征求意见稿）》第二章"学前儿童"第十七条（特别保护）中增加"幼儿园要注重对具有超常儿童特征的幼儿进行发展保护和引导"。在《中华人民共和国家庭教育促进法》中明确家庭在超常儿童发现和早期教育方面的引导责任。

二是将超常儿童教育纳入特殊教育法的范畴。基于对立法的可行性评估，要进行超常儿童教育的立法，一个较为合理、可行的选择就是在现有《残疾人教育条例》的基础上，将超常儿童作为特殊儿童的一个类型，并依据有特殊教育需求儿童的主要群体类型，将该条例上升为"中华人民共和国特殊教育法"，沿用既有条例中残疾人教育的基本思路和方式方法。

三是制定专门的鼓励支持型超常儿童教育条例。建议结合既有的研究成果和国际经验，在国务院层面制定"超常儿童教育促进条例"。参照《中华人

民共和国家庭教育促进法》和《残疾人教育条例》，对超常儿童的甄别、规模、培养目标，以及超常儿童教育的组织机构、实施途径、管理机制等基本问题进行整体设计，对超常儿童教育进行引导和规范。

四是以切实的政策举措推动超常儿童教育的实践和立法。一方面，强化社会各界关于超常儿童教育的共识。通过对"超常儿童教育促进条例"的讨论、制定和宣传，全面提升和强化各级政府和社会各界对超常儿童教育重要性的认识和理解，形成关于超常儿童教育重要价值的共识和良好的实践氛围。另一方面，成立专门的超常儿童教育组织管理和实施机构。在国务院层面进行超常儿童教育管理机构和组织的总体设计，由人力资源和社会保障部、教育部联合牵头组建国家超常儿童教育组织管理机构，制定相关的制度，包括超常儿童的发现、筛选、安置、培养及具体的条件保障内容；建立国家级超常儿童教育研究中心，制定超常儿童教育的标准体系和机构准入资格框架，依法进行超常儿童教育的制度安排与管理机制建设，采用先行试点逐步推广的办法引导地方探索。

（二）界定超常儿童的范围并明确鉴别主体和程序

一是在专门的立法或专门的培养计划中，将"超常儿童"这个群体统一界定为"在一般智力、学业能力和创造力等一个或多个领域天赋异禀且具有突出表现，普通教育无法满足其发展需要，具有特殊教育需要的学生"。这个群体不仅大脑加工能力强，在认知方面和语言方面表现突出，还具有极强的探索欲、求知欲和自我驱动力。

二是建立具有中国特色的超常儿童鉴别模式。首先，优化组合鉴别内容，根据鉴别目的和原则赋予超常儿童认知能力、创造力等鉴别内容合适的权重，并关注超常儿童解决真实情境问题的能力，逐步提高该能力在鉴别中的地位；其次，构建鉴别、教育、追踪"三位一体"的效果评估体系，并通过纵向追踪检验鉴别效果，形成动态评估系统；最后，采取国家统筹、各省市层面组建筛选团队及学校层面参与鉴别的多主体鉴别模式。

三是建立规范的筛选程序。第一阶段为推荐环节，强调从教师、家长、学校管理人员、辅导员、学生同伴或学生自己等多个途径收集资料，综合分析各方信息，得出需要特别关注的儿童名单。第二阶段为初选环节。建议在儿童10岁左右，遵循自愿原则，由家长决定是否带推荐环节选出的儿童到国家指定的智力测试机构进行智商测试或脑成像鉴别等通用测试，结果按照1%—3%（根据各地区的人才发展需求、人才基础、教育基础及经济发展水平浮动）的超常儿童筛选比例确定并出具初选合格证明。第三阶段为复选环节。在主办超常儿童教育的学校层面进行。仍遵循自愿原则，拥有初选合格证明的儿童按照就近原则并结合自己的兴趣爱好，到举办超常儿童教育的不同学校参加复选。以上三阶段是面向所有儿童的普筛建议流程，与通过各种国家级或国际竞赛等其他途径的筛选并不互斥。

（三）明确多元化安置原则并试行分类安置策略

从世界范围看，超常儿童的教育安置方式多种多样，每一种安置方式各有利弊，也有其特定的适用对象、条件和范围，并不存在一种普适性的教育安置方式。一个国家、一个地区甚至一所学校所采用的安置方式都是其社会价值观、历史文化传统、经济发展水平、自然环境和师资队伍等多种因素交互作用的结果。实践证明，完全融合并不能为所有的特殊儿童提供合适的教育。与此相反，多元安置模式充分考虑到特殊儿童多样化的需要，为特殊儿童提供多样化的安置环境和多元选择，是一种更加合理和现实的安置模式。

基于超常儿童教育实践经验和我国现行教育体制，超常儿童教育安置应遵循的总的指导思想是：坚持以人为本，坚持多元化教育安置，坚持有利于实施个别化教育，坚持因人因地制宜、务实可行。安置的基本原则是：集中安置与分散安置等多种方式相结合，学校安置与非学校安置相结合，动态调整、弹性安置，因地制宜、就近就便。

在超常儿童教育安置的具体制度设计上，应明确各级政府及其教育行政部门是超常儿童教育安置的责任主体。省级政府应重点做好超常儿童教育安置的统筹规划和指导，县市级政府根据地方实际予以落实，学校负责超常儿童教育安置后的教育教学组织和管理工作。在具体安置方式上，宜按城市、城镇、农村及山区分别给出安置建议，供各地结合自身情况进行选择。在安置程序上，可借鉴我国大陆地区现行特殊儿童教育安置程序和我国台湾地区资优儿童少年的教育安置程序，根据安置事项的不同，分门别类制定相应的安置程序。

（四）以创新的教育文化促进育人方式改革

一是营造"为创新而教育"的学校文化生态。学校要面向未来，突出创新素养培养目标，切实营造出有利于超常儿童创新素养发展的良好生态，让每个孩子时时刻刻受到尊重、获得自信、保持兴趣、富有想象、乐于挑战、担当责任。重视教师自身创新意识与创新思维品质的提升，积极引导教师转变教学观念，围绕学生创新人格、创新思维培养做好课程和教学活动的整体设计，营造民主和富有活力的教学文化。

二是赋予学校必要的自主权与制度弹性。针对超常儿童的差异化发展，在课程设置、教材选用、教学安排、教学评价和升学考试制度等方面，给予开展超常儿童教育的学校创新探索的空间，激发学校的办学活力和自主创新力。

三是提供丰富、可选、结构化的课程。根据超常儿童教育的定位与育人目标，突出超常儿童的综合素质、特殊潜能和创新素养发展，赋予学校等培养机构合理而充分的课程自主权，在现有基础教育课程设置及学业标准基础之上，创新性地实施国家课程，开发体现超常儿童需求的多元化、选择性、挑战性的课程和学习任务，构建分层分类分项的课程体系，形成个性化的学程安排，促进超常儿童的适性发展。

四是不断拓展创新性的教与学方式。尊重超常儿童的天性，发挥其学习主体性，积极推动混合式学习、游戏化教学、体验式学习、具身学习、多元读写[①]与基于讨论的教学等创新性学习方式的发展与应用，注重学习者的参与和协作，加强学习与真实生活世界和学科前沿的关联。积极开展生本互动的课堂教学，支持、鼓励、引导科学合理的差异化、个性化教与学，有力引导学生自主学习。

五是加强创新素养培养评价和对学生的发展指导。要切实把创新素养作为超常儿童培养的目标和任务，将其纳入课程、教材、教学和评价改革的全过程中并凸显出来，把提升学生创新素养作为衡量教育改革发展成败的重

[①] "多元读写"主要指外语教学中不只讲授正式的、标准的、书面的民族语言，而把培养学生的多元读写能力（其中包括识别文化差别、亚文化差别、地区差别、民族差别、技术差别、语境差别的能力）和读写多模态（multimodal）能力放到极其重要的位置上。

要指标，通过评价对教育教学工作进行诊断、反馈和改进。加强对超常儿童的价值观教育，以及学习、生活、生涯规划、心理健康、家校合作等方面的指导。

（五）打通基础教育和高等教育的衔接培养通道

一是从立法或国家政策层面为打通培养通道提供保障。从国家层面进行系统设计，打通基础教育和高等教育的壁垒，注重在招生、课程、教学、评价等各方的衔接。推动超常儿童教育立法实践，以小切口立法促进面向超常儿童的拔尖创新人才教育发展，并从拔尖创新人才教育地位与教育主体的确立、人才培养过程、选拔评价机制等方面展开制度设计。

二是实行多样化的高等教育准入制度。稳步推进高校招生改革，逐步扩大高校自主招生权限，突破高考的制度框架，赋予高校合理的招生自主权。在现行高考制度框架下给予高校部分招生自主权，可以选取部分高校进行试点，建立面向超常儿童的选拔机制，要求试点高校根据自身办学基础、专业特色等设计招生方案并组织实施。

三是加快构建中小幼教育与高等教育衔接的立体化培养通道。以区域为中心全面整合社会教育资源，为超常儿童提供更多在科学家指导下进行实验探究、亲历科研过程、完成研究性学习任务的机会；鼓励高水平大学与中学联合开展超常儿童教育，合作开设课程，不断创新人才培养模式，为超常儿童提供更多适合其智力发展水平的教育机会；逐步构建完善的超常儿童教育培养体系，促进中等教育与高等教育衔接机制的有效形成。

四是持续深化高等教育供给侧改革。高等教育须不断创新教育服务供给方式，面向学习者个性化、多样化的学习和发展需求，不断完善教育体系，创新体制机制，充分运用新技术、新机制、新模式，努力使不同的学生都接受符合自己成长需要的教育。

五是适度放开专业限定，促进人才多样化培养。对于具有更广泛需求、更强烈探知欲的超常儿童而言，构建灵活多样的教学组织形式更契合他们的基本特征，这需要高校加快人才培养模式改革步伐，以新发展理念面对新发展阶段带来的现实挑战，大力推进教育教学变革，加快构建灵活高效的人才培养机制，不断扩大辐射面，全方位提升高等教育的供给能力。

（六）完善超常儿童教育师资培养培训及管理制度

一是制定符合我国国情的超常儿童教育教师专业标准。一方面，以中小学教师专业标准为基础，涵盖专业素质和专业发展。专业素质包含超常儿童教育的专业理念与师德（涉及对超常儿童教育的理解与认识、对超常儿童的态度与行为、对超常儿童教育教学的态度与行为、个人修养与行为等）、专业知识（涉及学生学习和发展的差异，超常儿童课程设计，用于学生行为、学习、成就和环境评估的测量理论与技术，等等）、专业能力（涉及创造有利于超常儿童成为有效学习者的教育教学环境，使用差异化策略促进超常儿童的学习、社交和情感技能发展，寻求广泛的资源以满足超常儿童的发展需求，等等）。专业发展考虑教师成长的阶段性、延展性，如初级、中级、高级标准等。另一方面，专业标准要面向实践能力，越高级别的标准越应如此，要对在超常儿童教育领域内直接面对学生的教育教学实践做出相应要求。

二是构建超常儿童教育教师职前职后一体化培养体系。要在本科阶段开设超常儿童教育专业或必修课程，在研究生阶段在心理学、特殊教育学的学科下设置超常儿童教育的专业或者研究方向。探索灵活多样的培训方式，为在职教师设计初级、中级、高级等进阶性质的课程模块，课程内容应该具有整体性与广泛性，涵盖超常儿童各方面的需求，重视每个模块下面向实践的教育教学能力培养，供从事或有意从事超常儿童教育的教师选择学习，并对学习结果进行必要的考核。

三是规范超常儿童教育教师的评聘与管理。一方面，建立公平、透明的招聘机制，鼓励普通教育教师自主申请，同时建立准出机制，让不适合或不愿从事超常儿童教育的老师能适时流动去合适的岗位。另一方面，提供普通教育体系晋升与专业资格等级认证的双发展路径，构建与专业标准相结合的超常儿童教育教师专业资格等级认证体系。完善激励与保障机制，提供专项人员经费用于超常儿童教育教师的岗位补贴，结合超常儿童教育的特殊性，制定专门的绩效激励政策。尊重教师的教育教学自主权，构建开放、包容的学校文化，营造自由和谐的组织气氛，为教师提供相应的支持体系。

（七）保障超常儿童教育的经费投入和专业支持

在经费投入方面，建立以财政拨款为主、多种渠道筹措经费为辅的超常儿童教育经费保障机制。一是提高超常儿童教育公用经费拨款标准。将超常儿童教育纳入国家财政性教育经费，按照特殊教育生均公用经费基准定额标准的一定比例确定超常儿童的公用经费基准定额并逐步提高。二是细化各级政府对超常儿童教育的经费投入责任。义务教育阶段可由中央财政和地方财政共同按比例负担，高中阶段建议将投入责任上移，由省级政府和市级政府共同承担。三是设立国家和地方超常儿童教育财政专项投入。由中央财政拨款、地方配套，设立超常儿童教育专项投入，以专项经费、特殊项目等方式，加强超常儿童教育基础建设。四是完善超常儿童教育多渠道资金筹措机制。通过成本分担、民间资本参与举办、设立基金会捐资助学等多种方式，扩大超常儿童教育资金来源的渠道。

在专业支持体系方面，一是推动建立国家和省级超常儿童教育研究中心，对超常儿童教育进行系统的学术研究，以科研引导超常儿童教育健康、可持续发展。二是组建省级超常儿童教育专家委员会和省、市级超常儿童教育资源中心，负责为超常儿童的申报、筛查、鉴定、安置和教育教学质量提高提供专业建议，对区域内超常儿童教育事业发展提供咨询与专业指导等。三是积极培育各级超常儿童教育专业团体，开展超常儿童教育的理论研究、学术交流、信息交流、咨询服务、科普宣传、专业培训、专业刊物出版等。四是加强超常儿童教育的社会宣传和家庭教育指导。进行必要的超常儿童教育知识和概念普及，消除公众对超常儿童教育有损教育公平的误解与担心；做好超常儿童家长的咨询和指导，引导超常儿童家长为超常儿童提供有利的学习与成长环境。

第二章 超常儿童的鉴别

超常儿童鉴别是超常儿童教育的基本前提。随着超常儿童定义和理论的不断丰富和深入发展，各国的鉴别内容、鉴别方法和工具以及鉴别程序均表现出多元化、动态化趋势。超常儿童不仅大脑加工能力强，在认知方面和语言方面表现突出，在非智力因素方面也具有极强的探索欲和求知欲，富有自我驱动力，对其鉴别需要进行系统设计。本章通过梳理超常儿童的定义及理论发展，分析超常儿童的典型特征，全面介绍超常儿童的筛选比例、鉴别方法、鉴别工具、鉴别的起始年龄，以及超常儿童的鉴别程序和主体，并在此基础上提出中国特色超常儿童鉴别模式的建议。

一、超常儿童的界定

（一）超常儿童的学术界定

在学术界，对超常儿童的研究属于智力心理学的范畴。国内外超常儿童研究领域对超常儿童的理论模型的建构及其变迁，体现了学术界对超常儿童认识的变化，可以将这一变迁概括为一般模型、系统模型到动态整合模型的演变过程。

1. 一般模型

英国学者高尔顿（F. Galton）首次通过家谱研究开启了超常个体的科学研

究，他提出，天才是具有遗传性的，是可测量的（施建农，徐凡，2004）。在此基础上英国的心理测量学家斯皮尔曼（C. E. Spearman）提出智力二因素模型，将智力分为一般智力（G 因素）和特殊智力（S 因素），并用标准化的心理测验来测量 G 因素以区分超常儿童。美国心理学家推孟（L. M. Terman）在比奈－西蒙智力测验基础上研制了斯坦福－比奈智力量表，首次用其来鉴别超常儿童，并提出超常儿童在统计学意义上的可操作性定义，即在智力测验中智商大于 140 的儿童为超常儿童。这类模型通常通过一般智力这一单一指标上的显著水平来定义超常儿童，因此可被称为一般模型（程黎，王美玲，2021）。

2. 系统模型

随着对超常儿童研究的深入，通过单一能力取向来鉴别超常儿童的局限性越发突出，有研究者认为超常是多种心理过程的综合表现，需要进行系统考察，提出了系统模型。

其中最有代表性的是兰祖利（Renzulli, 1977）提出的定义天才的三环理论模型（The Renzulli Schoolwide Enrichment Triad Model, SEM）和斯腾伯格（Sternberg, 2003）提出的 WICS（Wisdom, Intelligence, Creativity and Synthesized）模型。

（1）三环理论模型

兰祖利提出的三环理论模型认为，超常儿童是具有以下三个特点的儿童：第一，具有高于平均水平的能力；第二，富有创造力，在某一领域内有新颖、实用或不同一般的想法；第三，对任务执着并有责任感以及强烈的动机。三环理论模型的最大贡献是强调学生的个体差异性，扩大了天赋（gifted）学生的比例和范围。以往基于一般模型筛选出的天赋学生比例约为 5%，而基于三环理论模型可以选出 20% 的潜在的可塑之才（talented）。

（2）WICS 模型

斯腾伯格基于成功智力理论，提出了 WICS 模型，与以往的一般模型仅重视认知因素不同，斯腾伯格认为动机和情感的因素也同样重要，包含兴趣、自我效能、认知风格和价值观等。该模型包含了三种需要持续发展与积累的关键特质——智慧、智力和创造力。其中智力指的是成功智力，即个体所处的社会文化情境赋予其的成功理念，以及实现人生成功的能力；智慧指的是在生活中表现出来的对于不确定性事件准确判断和预测的能力；创造力指的是生成新颖的、高质量的、适用于具体任务的思想和产品的能力与态度。才能的发展是智慧、智力和创造力三个子系统相互协调有机整合的过程。

（3）我国学者提出的超常儿童模型

国内学者查子秀（2006）提出，超常儿童是较高的认知（智力）、创造力及良好的个性倾向和特征三个方面相互作用构成的统一体。智力是发展的基础；个性是发展的动力和支柱；创造力是核心，标志发展的高度。不同类型的超常儿童三方面的结合会有其独特性，但缺一不可。不同的超常儿童在这三方面的发展不平衡，有些儿童三方面都高度发展，有些儿童可能只有某一或两方面高度发展，其他方面发展一般或较差。

3. 动态整合模型

近年来，研究者在该领域进行了研究的整合，探讨了超常儿童的天才与专才的分化、遗传与环境的作用、才能的发展轨迹等内容，提出了超常儿童的整合模型。具有代表性的主要是加涅（Gagné, 1998）的天赋－才能差异模型（Differentiated Model of Giftedness and Talent, DMGT）、环境生成动态模型（Contextual, Emergent, and Dynamic Model, CED）和人才发展巨型模型（Talent Development Megamodel）。

（1）天赋－才能差异模型

在超常儿童的研究中，学术界的认识也从超常儿童的天赋说逐渐向超常儿童是遗传与环境相互作用的结果转变，形成了相应的发展模型。最有影响力的是加涅的天赋－才能差异模型。该模型包括受遗传因素影响较大的天赋领域：其一，智力领域，即记忆力、推理能力和问题解决能力；其二，创造力领域，即用新颖的方法来完成任务的能力，这些方法既具原创性，也具实用性；其三，社会情感领域，即在社会情境中理解他人的情感以形成良好的人际关系的能力，还包括领导力；其四，感知运动领域，即平衡、协调和控制能力，包括很好的身体意识和空间能力。这些能力与个人的动机等非智力因素和环境与机会等外在条件相互作用，最终成就个人在多个领域才能的发展，包括学习领域、技术领域、艺术领域和商业领域等。

（2）环境生成动态模型

研究者还强调超常在环境中的动态生成性。戴耘（2013）提出了环境生成动态模型，将"超常"视为人类发展的特例，遵循人类生活系统开放性、动态性、意向性等一般原则。与静态的、简化的、以特质为基础的超常概念不同，该模型重在凸显人与任务间的环境生成性、认知结构与情感特征的时间生成性。

（3）人才发展巨型模型

苏博特尼克等研究者（Subotnik, Olszewski-Kubilius, Worrell, 2021）重新界定和厘清了天赋的内涵与外延，整合现有模型的重要部分，提出了人才发展巨型模型。该模型揭示出，不同领域的超常儿童的发展轨迹存在着较大的差异，学术方面的超常几乎可以贯穿一生，而体育运动方面的卓越表现往往维持时间较短。在超常儿童能力由潜能、能力、专长到卓越发展的各个阶段，适当的外部支持和持续的能力实践非常必要。学习动机、自我概念、社会技能等一系列社会心理变量的影响亦不容忽视。

以上整合模型强调超常现象中遗传与环境的相互作用及其动态生成性和发展变化轨迹的差异性，为不同类型超常儿童不同阶段的培养提供了理论支持。我们一方面应认识到超常儿童的天赋是客观存在的，天赋在才能的发展中起着重要的基础作用；另一方面也要区分天赋与才能的差异，天赋要转化为才能，需要个人的兴趣、动机、专注、坚韧等良好的非智力因素，以及适宜儿童潜能发展的家庭、学校等教育环境和机会等外部条件的综合作用。

（二）各国对超常儿童的界定

各国对超常儿童的研究，主要是从对超常儿童的安置角度，强调与普通儿童相比，为了促进超常儿童潜能的充分发展，需要为其提供一般学校无法提供的特殊服务和活动。具体来看，各国对于超常儿童的界定有共性，也存在着差异。

1.美国

美国《每一个学生都成功法》（Every Student Succeeds Act，2015 年）认为超常学生（gifted students）是在智力、创造力、艺术、领导能力或特定学术领域表现出高成就能力的儿童或青年，他们需要学校通常无法提供的服务和活动，才能充分发展这些能力。在此基础上，美国超常儿童教育协会（National Association for Gifted Children, NAGC）特别提到了超常儿童来自所有种族、民族和文化人群，以及所有经济阶层；需要有足够的获取恰当学习的机会来实现他们的潜力；可能有学习和加工障碍，需要专门的干预和调节；需要支持和指导来获得社会与情感方面以及天赋领域的发展；需要根据他们不断变化的需求获得不同的服务。

2. 俄罗斯

俄罗斯认为超常儿童是在智力发展方面遥遥领先于同龄人或者表现出杰出的特殊能力（音乐、艺术等方面）的儿童（李静，李明晔，2022）。《俄罗斯天才工作纲要》在此基础上进一步拓宽了超常儿童的概念：除在某种类型活动中具有明显或突出成就的儿童，还包含具有达到这些成就的内部先决条件的儿童。

3. 德国

德国认为超常儿童是在某些领域取得远超平均水平的成就的高潜力儿童，例如在学业上，或在体育、音乐或艺术方面。这些孩子一般在很小的时候就表现出非同寻常的能力，这种能力可能涉及各个领域，例如数学和自然科学、语言、艺术等。有的孩子甚至在多个领域均有天赋。[①]

4. 法国

法国把超常儿童称为高潜力学生，最新的《高潜力学生入学指南》（Scolariser un élève à haut potentiel）描述了高潜力学生在认知、行为和社会情感上的特征表现，具体内容见表 2.1。

---

① 参见 https://www.cjd-braunschweig.de/ueber-uns/hochbegabtenfoerderung/。

表 2.1 高潜力学生的特点（法国）

认知特点	行为/个性特点	社会情感特点
－词汇量丰富	－好奇心、洞察力极强	对外过度反应
－可快速阅读，甚至	－渴望知道和理解，不需要特别	－敏感（对外部刺激的感知）
是自发阅读	学习	－强烈的情感反应，过度易
－存在书写困难（笔	－有充分的想象力、创造力	感性
法笨拙）	－对年龄差距感到担忧	－强烈的正义感，对不公正
－文字书写和口头表	－幽默感强	现象有激烈反应
达存在差距	－杂乱、作业不细心或追求无用的	－难以接受团队的沟通规则
－思维力强	完美主义	－对接受规则和命令有需求
－记忆力极强	－偶尔不合时宜地积极参与活动抑	
－超强的抽象能力，	或吹毛求疵	对内过度反应
追求复杂性	－烦恼、拒绝上学，甚至心情抑郁	－能力需备受认可
－论证严密、恰当、	－一心多用，给人不听话的印象	－焦虑，有被误解感，低估
持久	－易激动，易受教唆，挑剔，难以	自我
－直觉思考力强（不	控制自己的攻击性	－寻找年长的同伴交往
需解释便可给出	－有孤独寂寞感，常被同伴拒绝	－可能成为骚扰欺凌的受害者
答案）	孤立	
－成绩的无规律性不	－对练习和辅导表现出犹豫	
可解释	－喜欢独处	

5. 新加坡

新加坡 1984 年启动了"天才教育计划"，目前，新加坡逐步形成了以小学阶段的"天才教育计划"和中学阶段的"以学校为基础的天才教育"（School-Based Gifted Education, SBGE）为框架的超常儿童教育体系。该体系只面向智力超常的学生（intellectually gifted students），旨在从基础教育阶段就为超常儿童提供适宜的教育。

6. 以色列

以色列把超常儿童界定为同一年龄段中，在一般学术能力或智力水平（指智商大于或等于 135），或数学、计算机、语言、艺术和运动领域表现突出的儿童。以色列开设了多种超常儿童教育项目，满足不同儿童的学习需求，以培养未来的科学家、艺术家和发明家。

综合分析上述开展了超常儿童相关教育计划的一些国家对超常儿童的界定可以发现，一般智力超常是各国界定超常儿童的核心和共同点。而对于非智力领域的超常儿童界定，各国的侧重点有所不同，这也体现了较强的文化特点。同时，结合世界主要发达国家和国内外相关研究对超常儿童的界定，可以发现美国、法国和以色列等国对超常儿童的界定涵盖了创造力的元素，国内外学者在对超常儿童进行界定时也特别强调了超常儿童的创造力特征。

（三）超常儿童的特征

综合国内外相关研究，可以从认知发展特征、语言发展特征、非智力因素特点、大脑发育特征等方面来描述和分析超常儿童所表现出的特点。

1.认知发展特征

超常儿童的认知发展特征主要体现在以下五个方面。

（1）超强的记忆力

在记忆能力上表现突出是超常儿童最显著的特点，主要体现为识记快、记忆量大和保持时间长等特点。同时，超常儿童还有很强的元记忆能力，体现为对记忆的监控能力强，尤其是在感兴趣的领域表现出众。

（2）注意力集中，感知觉敏锐，观察力强

超常儿童在任务中的专注力持续时间显著长于普通儿童，在视听觉及辨别能力方面有突出的表现，对周围事物的观察有目的、有条理，能抓住观察对象的主要特点。

（3）善于提问，理解力强，思维敏捷

超常儿童具有明显超越自身年龄的思维方式，能够问出超越年龄的好问题，理解力强、思维敏捷、发散性强、思路开阔、思维深刻，抽象思维发展水平高，善于通过分析来探求、理解和认知事物之间的联系。

（4）学习能力强

超常儿童信息加工能力强，学习新知识和新技能又快又好，尤其是在感兴趣的领域。超常儿童在早期就在特定领域形成了基于大量信息的广泛的知识基础，善于理解和使用各种符号系统。

（5）问题解决能力强，创造力强

超常儿童善于在日常学习中概括事物间的关系，抓住实质，迅速灵活地、系统地使用创造性的策略识别和解决问题，具有较强的创造性。

2. 语言发展特征

语言发展优势是超常儿童在早期表现出的重要特征，具体主要体现为以下两个方面。

（1）语言能力发展早，语言运用能力突出

超常儿童开口说话明显早于同龄儿童，在词汇、语法、表达和沟通等语言能力的各个方面和阶段的发展都明显早于同龄儿童，且语言的复杂性和流畅性水平高，能够远早于同龄儿童表达出符合复杂的语法结构和具有逻辑关系的句子，可以用语言清晰表达复杂的内容。

（2）识字早，阅读能力强

超常儿童常常识字早、识字快，无须刻意识字就积累了良好的识字基础。阅读兴趣浓厚，很早就开始自主阅读，在阅读中表现出专注和投入。

3. 非智力因素特点

超常儿童的非智力因素特点主要体现在以下三个方面。

（1）强烈的好奇心和求知欲

超常儿童很早就对周围事物表现出强烈的兴趣和好奇心，不仅对知识有浓厚的学习兴趣，而且喜欢主动探索事物发展变化的奥秘。此外，超常儿童还常常表现出因为广泛认知兴趣而具有的认知深度和某一特殊知识方面的专长。

（2）自信和专注

超常儿童对感兴趣的活动常常表现出兴奋并充满动力，在学习与探究中表现出极强的自信心，且能够专心致志地投入其中。他们在独自的活动中常常会进入一种忘我的心流状态。

（3）坚韧和自我激励

超常儿童能够排除各种外界干扰，坚持完成感兴趣领域的任务，具有执着和顽强的个性特点。他们能够进行高度自我激励，会从挑战性活动中获得成就感和满足感。

4. 大脑发育特征

随着认知神经科学的发展，越来越多的研究者从该视角强调"超常"意味着超常儿童和普通儿童在大脑发育上也存在着差异，超常儿童具有更强的大脑执行功能。相关的脑科学研究证据表明，"超常"主要体现在以下五个方面。

（1）大脑结构成熟较早

智力超常儿童有更成熟的脑结构和突触活动系统。迪里、彭克、约翰逊（Deary, Penke, Johnson, 2010）指出，当前对人类智力个体差异的生物学本质的研究集中于两个方面：基因研究和脑成像研究。基因已被广泛认可为决定一般智力水平的关键因素，而基因对智力水平的作用极可能正是通过影响大脑的结构和功能来实现的。已有研究表明，数学能力超常儿童的大脑比同年龄和同性别的普通儿童成熟得更快（Navas-Sánchez et al., 2014）。

（2）大脑皮层厚度的变化轨迹不同

脑科学的研究发现，人类的大脑皮层随着年龄的增长而逐渐增厚，到一定的年龄后，大脑皮层又逐渐变薄。大脑皮层厚度的变化轨迹与智力之间存在很强的联系。超常儿童大脑皮层厚度变化更剧烈，皮层增厚在 11 岁时到达顶点，然后快速变薄。相反，其他儿童大脑皮层厚度变化较为缓慢，且皮层变化的拐点在 8 岁左右。这种皮层厚度变化的差异可能反映了超常儿童和普通儿童大脑发育过程的不同（张琳，刘玲，刘嘉，2014）。

（3）大脑慢波活动有显著差异

脑电信号中 δ 波和 θ 波属于慢波，而 β 波和 γ 波属于快波。事件相关的 δ 波活动可能反映了信号匹配的神经加工，θ 波活动与集中注意的神经加工有关。人类大脑的慢波活动可以被看成智力和认知功能的基础。有研究表明，智力超常儿童在前注意条件下比普通儿童产生了更剧烈的 δ 波活动，而且他们在注意条件下所产生的 δ 波活动和 θ 波活动也都比普通儿童更显著（Liu et al., 2008）。

（4）大脑神经网络活动更高效

超常儿童大脑神经网络活动有更高的效率（Jaušovec N, Jaušovec K, 2000）。超常儿童群体的神经拓扑网络比普通儿童的更整合，而且网络的脑区域节点具有较高的通用性和参与系数，表明连接多个模块的连接枢纽介导了更显著的模块间交流（Solé-Casals et al., 2019）。

（5）认知加工时大脑葡萄糖代谢率更低

超常儿童在进行认知加工时，表现出更低水平、更集中的皮层激活时空模式，以及较低的大脑葡萄糖代谢率。海尔等（Haier et al., 1992）考察了个体完成瑞文高级智力测验时的大脑葡萄糖代谢率，发现智力较高的个体代谢水平较低。也就是说，智力不是大脑工作努力的结果，而是大脑工作效率的结果。这种功效可能源于完全激活与当前任务相关的大脑区域，同时主动抑制与当前任务无关的大脑区域的激活。高智商的人能够更有效地利用资源，而低智商的人大脑工作效率较低，大脑区域的激活程度更高。

综上所述，超常儿童不仅大脑加工能力强，在认知方面和语言方面表现突出，在非智力因素方面也具有极强的探索欲、求知欲和自我驱动力。这一方面表明超常儿童在环境中的学习和适应能力强，具有极强的可塑性，是人才富矿；另一方面也表明超常儿童对环境和教育提出了更高的要求以满足其特殊的需求。因此，超常儿童要成长为专业领域的拔尖创新人才还需要适宜其发展的外部环境和条件的支持。

二、超常儿童的鉴别方法

根据上述对超常儿童的界定，我们应采取多种指标，从多途径、多侧面，运用多种方法来对其进行鉴别。近年来，国内外超常儿童鉴别方法和工具日益丰富，鉴别方法体现了定性与定量相结合、静态与动态相结合的原则，表现出了从单一到多元、从静态到动静结合的特点。

（一）超常儿童鉴别的方法论原则

1. 多指标结合的原则

超常儿童常见的鉴别内容包括智力、动机、意志、兴趣、人格、创造力、学业才能和领导力等方面。受兰祖利三环理论模型的影响，非智力因素逐渐得到重视，动机、意志、兴趣、人格等非认知因素已被纳入鉴别内容。例如，美国佐治亚州确立了超常儿童的四个鉴别标准，包括智力、学业成绩、创造力和动机，每个标准都有需达到的明确指标：在总体测试的排名中，动机测试成绩达到前 10%，智力水平达到前 4%，标准学业测试成绩达到前 10%，创造力指数的水平达到前 10%（Rutigliano, Quarshie, 2021）。对超常儿童非智力能力的测评，不仅有助于全面探讨超常儿童的心理发展规律，还有助于提供与其超常智能相匹配的个性化教育，进而促进超常儿童的身心健康发展。

2. 定性和定量相结合的原则

超常儿童的鉴别需要将定性和定量方法相结合。美国超常儿童教育协会在 PreK-12 超常儿童项目标准（Pre-K to Grade 12 Gifted Programming Standards）中的第 2.2.3 节指出："需要从各种来源获得定性和定量的信息，包括非标准化测试的相关信息，并且确保测试的公平性以及技术可实现性。"

定性和定量方法的第一个区别在于鉴别的动态和静态程度。定性方法为考官和考生提供了灵活性，而定量方法则提供了可遵循的蓝图。例如，在作品集的评定中，考生通常有一定的自由来决定作品的内容，这种灵活性同时也提供了一些关于学生学习和表现能力的信息。定量方法更受限制，其结果主要依赖于学生个体与团体的比较。除此之外，定量评估也可以参照标准，即将学生的表现与一个或多个描述掌握程度的标准进行比较。

定性和定量方法的第二个区别在于评估任务模拟现实情境的程度。定性评估可分为限制性任务和扩展性任务两种类型。限制性任务为范围有限的结构化任务，如就一个给定的主题进行写作。扩展性任务则为非结构化的任务，比如就自己选择的主题写一篇短篇小说。在定量评估中，考生可以在多项选择、真/假或匹配格式中选择正确或最佳答案，或完成答题任务。因此，评估连续体的一端是采用李克特等评定方式，而这种高度结构化的评估的缺点在于远离现实情境。在连续体的另一端则是扩展性的表现性评估，它可以试图模拟真实情境中的学生表现，使学生的经历更有意义（Ryser, 2018）。

3. 动态测评的原则

超常儿童需要在动态比较的研究中进行鉴别。由于超常儿童的智能一直在发展，受到其所处环境的影响，超常潜能的发掘期可能不同。虽然超常儿童源自与年龄相同、条件相近普通儿童的比较，但这种比较需要是动态的，即要随着儿童的发展进行多次、动态的评估。目前，除日本仅对高中阶段学生进行选拔外，多数发达国家和地区从小学就开始为超常儿童提供特殊教育服务，并一直持续到高中。例如，美国、法国、我国台湾地区的超常儿童教育涵盖学前教育阶段至高中阶段。

专栏--

超常儿童的鉴别年龄

美国：有5个州明确规定为从幼儿园到十二年级的超常儿童提供教育服务，有22个州规定超常儿童教育的服务期限为学前班到十二年级，也有个别州只为二至六年级或二至八年级的超常儿童提供超常儿童教育服务。

新加坡：小学三年级开始甄别，四年级进入"天才教育计划"。

俄罗斯：全俄奥赛分为校级、市级、州级、联邦级四个不同等级，面向五至十一年级学生。高校中学生奥林匹克竞赛是由各个高校主办的，主要针对十一年级的中学毕业生。"天狼星"教育中心面向10—17岁天才学生。

德国：通过全国性竞赛选拔超常儿童。例如，"德国青年科学家竞赛"旨在选拔数学、科学和信息技术领域的超常儿童，4—21岁的人都有资格参加竞赛。

法国：从能力、好奇心和认知、创造性和非学术天赋以及人际关系四个方面对幼儿园、小学、初中和高中阶段的超常儿童进行日常鉴别。

韩国：从全国高中以下各级学校的学生中选拔，其"英才教育计划"覆盖小学、初中和高中学生。

以色列：国家每年组织小学二三年级学生参加全国统考，仅占候选人1%—1.5%的学生入选"天才教育项目"。

我国台湾：根据特殊教育相关地方法规的规定，其超常儿童教育范围涵盖学前、小学、初中和高中四个学段。

我国香港：因为推行以校为本的融合式资优教育模式，其超常儿童教育对象面向所有中小学生。

我国大陆（内地）部分学校情况：北京八中超常教育实验班招收年龄 10 岁左右、具有四年级文化程度的智力超常儿童。人大附中早培班主要试点从小学、初中、高中到大学的"绿色成才通道"，招生对象为海淀区非九年一贯制学校具有北京市户籍、10 岁左右的小学在校生。另外，人大附中的"小早培"面向海淀区幼儿园招收小学一年级学生。

除与普通儿童的动态比较，基于追踪研究中前后测成绩的增值鉴别超常儿童也是一种有效途径。我国学者王寅枚、刁雅欣和张兴利（2022）总结提出，相比静态测评方法，动态测评方法更加注重超常儿童的潜能而非表现。有研究表明，前后测之间的增值可以预测智力水平，动态测评是识别缺乏学习机会的超常儿童的有效方式（Calero, Belen, Robles, 2011）。

（二）超常儿童的具体鉴别方法

超常儿童的鉴别需要将定性方法和定量方法进行结合。最常见的定性方法有表现性评价和观察法等，定量方法则主要采用测验法。

1. 表现性评价

在表现性评价中，学生必须建构答案、产出成果或者从事活动，而不是在预定的选项中选择。从这个角度看，表现性评价涵盖广泛的活动，从用几个词完成一个句子（简答形式），到撰写一份详尽的分析作文，再到分析和实施一个实验调查（实践活动）（达令-哈蒙德，亚当森，2020）。

使用表现性评价有利于鉴别超常儿童的高阶技能，可以更精确地衡量创造力、持久性、问题解决能力和其他超越智力、学业成就等传统衡量超常儿童的因素（VanTassel-Baska, 2014）。美国威廉与玛丽学院（William & Mary）的超常儿童教育中心（Center for Gifted Education）与南卡罗来纳州教育部合作，开发了表现性评价任务和相应的评分标准［学生阅读能力标准化测验（Standardized Test for the Assessment of Reading, STAR）]。STAR 项目（VanTassel-Baska, Johnson, Avery, 2002）开发了用于识别三至六年级超常儿童项目学生的表现性评价。结果显示，表现性评价提供了一种识别社会经济地位较低及少数民族超常儿童的方法。

除此之外，作品集也是一种表现性评价的依据，其反映了学生在某一特定领域的努力、进步或成就。评价内容包括学生对作品集内容的选择，选择的准则，评判优劣的标准，以及学生自我反思的证据。使用作品集来识别超常儿童可以了解学生的思维过程、表现最好的作品以及学生长期的反思。作品集的收集可以在学校进行，也可以在家里进行，以展示学生的突出特征，如创造性的写作能力、数学能力、视觉艺术表现能力（Ryser, 2018）。

2. 观察法

观察法即在自然条件下，有目的、有计划、有意识地对儿童进行观察记录，分析研究儿童心理的发生和发展规律的方法。不论对于普通儿童还是超常儿童，观察法都是基本的研究方法之一。因为通过观察，专业人员可以从多个信息源的角度对儿童的行为进行分析。观察员有机会在儿童能够展示其潜力的情况下观察儿童。这通常需要走出教室，需要老师、家长、同伴和其他社区成员的共同协助。

在超常儿童鉴别中，常用的观察法包括一般观察法、取样观察法和等级量表观察法。一般观察法即对儿童进行全面观察，随着儿童的自然发展，对他们的行为进行多方面的描述性记录。取样观察法要根据研究目的，对儿童的行为事件进行取样。等级量表观察法则通常使用李克特或李克特类型的量表来对所观察行为在程度方面的差异进行评定（查子秀，2019）。科尔曼、沙阿－科尔特兰和哈里松（Coleman, Shah-Coltrane, Harrison, 2010）研发的超常儿童观察系统则是一般观察法和取样观察法两种观察方法的结合。当观察是系统的，并且随着时间的推移在不同的环境中进行时，观察是最有用的。

教师观察系统

（Teacher's Observation of Potential in Students, TOPS）

TOPS 是教师对学生潜力的观察系统，帮助教师识别学生的高潜力。它由以下九个评价领域组成：学习能力强，能够使用高级技能，具有好奇心和创造力，有强烈的兴趣，有进行高级推理和问题解决的能力，空间感强，动机水平高，具有较强的社会洞察力，具有领导力。

TOPS 由全班观察表和个别学生观察表组成。教师首先在一段时间内使用全班观察表（为期 3—6 周），然后再使用个别学生观察表对表现出潜力的学生进行观察。在一项研究中（Harradine, Coleman, Winn, 2014），687 名使用 TOPS 的教师被要求参与一项关于 TOPS 有效性的调查。在作答的 262 名教师中，大约四分之三的人表示，TOPS 帮助他们认识到有色人种、贫困和语言背景不同的学生的潜力。TOPS 在充分鉴别学生是否为超常儿童方面很有潜力。

----

3. 测验法

测验法即心理测验法，就是采用标准化的心理测验量表或精密的测验仪器，来测量被试有关的心理品质的研究方法。在国内外超常儿童的鉴别中，测验法的应用非常广泛。

（1）智力测验

智力测验或认知能力测验是不可或缺的首要鉴别工具。目前，国际上常用的智力测验包括斯坦福－比奈智力量表、韦克斯勒智力量表（即韦氏智力量表）、瑞文标准推理测验、托尼非语文智力测验、学术能力倾向测验等。我国学者在鉴别超常儿童的过程中，常用斯坦福－比奈智力量表中国修订版、韦克斯勒智力量表中国修订版等。我国学者查子秀（2019）将思维作为鉴别认知能力的主要指标，编制了鉴别超常儿童认知能力测验。这套测验重点突出思维方面，抓住了儿童智能发展的重要方面。部分测验的主要内容和适用群体详见表 2.2。

表 2.2　智力测验简介

测验名称	测验主要内容	适用群体 / 测验类型
斯坦福 - 比奈智力量表	词语、记忆、对空间关系的理解、数概念等	2.5—18 岁 / 个体测验
韦克斯勒智力量表	语言理解、知觉推理、工作记忆、加工速度	儿童（第四版，6 岁至 6 岁 11 个月）、成人 / 个体测验
瑞文标准推理测验	非文字智力	5.5 岁以上 / 团体测验
托尼非语文智力测验	推理、问题解决	5—85 岁 / 团体测验
鉴别超常儿童认知能力测验	类比推理、创造性思维、感知观察力、记忆力	3—14 岁 / 团体测验

对于不同的测验工具，具体的鉴别标准也是不相同的。要根据不同的智力理论，决定鉴别标准。如果按照最高端 2%（大约高出平均水平 2 个标准差以上）为智力超常的标准，超常儿童在斯坦福 - 比奈量表的智力分数应为 140 分以上，而在韦克斯勒智力量表的得分应为 131 分以上。从中我们可以看出，在标准化智力测验之外，不同理论和超常儿童的不同概念也会对鉴别标准产生影响。例如，兰祖利全校范围的教学模型选取的就是智力测验分数在前 10% 的学生。而我国台湾地区在 2006 年前，采用的标准是测验分数高于平均数 1.5 个标准差或百分等级 93 以上。

（2）成就测验

成就测验的分数在鉴别不同学科领域的超常儿童方面发挥着更重要的作用。成就测验主要测量学生在一个阶段的学习或训练之后知识、技能的发展水平，包括一些与学业成就和学术潜能相关的测验。例如，一些标准化测试、统一考试和学科测试等都可以作为成就测验的工具。

国际上，比较著名的成就测验有斯坦福系列成就测验和美国高中毕业生学术能力倾向测验（Scholastic Assessment Test, SAT）。斯坦福系列成就测验包括斯坦福早期学校成就测验（Stanford Early School Achievement Test）、斯坦福成就测验（Stanford Achievement Test）和斯坦福学业技能测验（Test of

Essential Academic Skills）。斯坦福成就测验已经更新到了第 10 版，且取消了时间限制，加入了儿童作家所写的诗歌等原创作品。美国高中毕业生学术能力倾向测验是美国的一种成就测验，目前应用也较为广泛。不仅美国许多州用这项测验鉴别数学早慧少年，而且德国、日本等一些国家也用这项测验进行相关鉴别。相关研究发现，参加美国高中毕业生学术能力倾向测验并在数学测验中获得 750—800 分的 13 岁以下的少年，数学推理能力特别强，并且在数学及相关学科（如物理、计算机、化学等）中有取得优异成绩的巨大潜力（Stanley, 1991）。

我国学者也编制了信效度良好的小学生数学能力测验。中央教育科学研究所（现中国教育科学研究院）赵裕春主编了小学生数学能力测验，包括掌握数概念的能力测验、掌握数量关系的能力测验、掌握空间关系的能力测验。华中科技大学同济医学院对德国海德堡大学小学生数学基本能力测试量表进行了翻译和修订，于 2002 年完成了中国小学生数学基本能力测试量表，并在全国范围内取样，检验了信效度，建立了我国的参照常模（吴汉荣，李丽，2005）。各测验的主要内容和适用群体详见表 2.3。

表 2.3 成就测验简介

测验名称	测验主要内容	适用群体
斯坦福早期学校成就测验	每个年级都有数量不等的分测验，每项测验都涵盖基础理解和思考能力两个认知过程，分测验内容包括阅读、数学、语言、拼写、听力、科学、社会科学	3—8 岁儿童
斯坦福成就测验		一至九年级的学生
斯坦福学业技能测验		九至十三年级的学生
美国高中毕业生学术能力倾向测验	语文、数学	16—18 岁的高中生
小学生数学能力测验	掌握数概念的能力、掌握数量关系的能力、掌握空间关系的能力	小学生
中国小学生数学基本能力测试量表	数学运算、数学思维与空间－视觉功能	小学生

在超常儿童鉴别中，除上述著名的标准化测验外，各国更多时候会采用根据本土国情创编的标准化测试或者学科竞赛成绩。例如，新加坡以数学、英语、综合能力和才能作为主要鉴别内容（王寅枚，冯超，程黎，2014）。我国中科大少年班通过普通高等学校招生全国统一考试初选学业能力突出的超常儿童（朱芬，孔燕，2020），我国台湾地区则使用学生在语文、数学、社会科学或自然科学等学术领域的表现，其中，经专家学者、指导教师或家长观察推荐，学生可以提供专长学科学习特质与表现等具体资料，包括在有关学科竞赛或展览活动中表现特别优异的材料，作为鉴定其学术能力的依据。俄罗斯通过全俄奥林匹克竞赛（包括 21 个学科的独立竞赛）发掘各方面、各领域的超常儿童（刘楠，2016）。德国通过全国性竞赛选拔超常儿童。例如，"德国青年科学家竞赛"就旨在选拔数学、科学和信息技术领域的超常儿童[①]。因为在标准化测验中，学生的表现容易出现天花板效应，尤其对学科表现优秀的学生会造成影响，所以，学科竞赛成绩可以作为标准化测验成绩的有效补充材料。

（3）创造力测验

如何客观测量创造力一直是一个难题。这主要是因为创造力概念非常复杂，研究者对其定义和结构的理解较为多样。"创造力能否测，如何来测"成为研究者们竞相追逐的焦点。隆（Long, 2014）调研了 2003—2012 年发表在 5 类创造力期刊上的 1127 篇文献，发现 510 篇量化研究中一半以上是关于创造力测量方法的探讨。因此，对现有的测量工具能否有效鉴别创造力一直存在争论。

发散性思维测验是目前创造力测量工具的主要类别。发散性思维测验一般以开放性问题的形式呈现，要求被试尽可能多地根据题目要求罗列答案。较早的创造力测验是吉尔福特（J. P. Guilford）的发散性思维测验（The Structure of Intellect, SoI），而运用最广泛的是托兰斯（E. P. Torrance）的创造性思维测验（Torrance Tests of Creative Thinking, TTCT）。我国学者在 20 世纪 80 年代对上述两个测验进行了修订。上海师范大学教育科学研究所的叶仁敏和洪德厚等已修订出这两个测验的上海地区的标准化常模。但这两个发散性思维测验一直

---

① 参见 https://www.bmbf.de/de/begabtenfoerderung-in-studium-und-beruf-73.html。

存在缺乏结构效度、未能整合创造性思维过程、忽视领域特殊性及专业知识、预测能力较弱以及缺乏生态效度和区分效度等争议（Cropley, 2000）。这两个测验的主要内容和适用群体详见表 2.4。

表 2.4　创造力测验简介

测验名称	测验主要内容	适用群体
吉尔福特发散性思维测验	从语义、符号、图形三个方面测量发散性思维的三个特征：流畅性、变通性和独特性	7 岁及以上儿童和成年人
托兰斯创造性思维测验	通过语言测验和图形测验测量发散性思维的四个特征：流畅性、变通性、独特性、精致性	所有人群

近年来，在创造力领域内，国际学生评估项目（PISA）基于计算机技术利用真实世界的创造力表现或基于问题学习情境的方式来测量学生在实际生活中的创造力。与经典的托兰斯创造性思维测验相比，PISA 有其自身的特点。第一，PISA 对创造性思维的诠释更倾向于素养的视角，强调了真实情境下解决复杂问题所需要的创造性思维及相关的综合品质，包括特定的知识、技能与态度，涉及在不同的主题、概念、学科和方法间建立联系。第二，PISA 更加强调创造性思维的过程性，将创造性思维界定为产生新想法的过程。这一过程不仅包含发散性思维，还包含聚合性思维，同时强调创造性思维产出的原创性解决方案以及创造性思维的培养环境。因此，PISA 对创造性思维的测评在领域特殊性和专业知识与创新之间的关系和生态效度方面做出了探索和尝试（唐科莉，张娜，2020）。

除此之外，还有研究者力图测试学生的创造性才能或个性特征。例如，著名的威廉斯创造力倾向测量表通过测验个人的一些性格特点，包括冒险性、好奇性、想象力和挑战性，来测量个人的创造力倾向。它可以用来发现那些有创造性的个体。达维斯（G. A. Davis）和瑞姆（S. Rimm）1976 年设计了发现创造性才能的集体调查表。还有一种核查表中有 300 个形容词，可以了解学生是否具有创造性个性特征。近年来，我国天津师范大学石德澄已将其翻译成中

文，并做了适当修改。（查子秀，2019）

由于超常儿童存在个体差异，不同类型的超常儿童表现不完全相同。一般的创造性思维测验可能无法胜任对各类超常儿童的创造潜能的鉴别。因此，应多考虑其他表现和补充材料。例如，我国台湾地区在相关规定中提到，创造能力优异者是指运用心智能力产生创新及建设性的作品、发明或问题解决者：第一，创造能力测验或创造性特质量表得分在平均数正两个标准差或百分等级九十七以上者；第二，参加国际性或全台湾的创造发明竞赛表现特别优异，获前三等奖项者；第三，经专家学者、指导教师或家长观察推荐，并附创造才能特质与表现等具体资料者（苏雪云，张旭，2016：56）。

（4）非智力个性特征测验

除个性行为观察法以外，个性测量法也是测量非智力个性特征的一种常用方法。常用的有著名的卡特尔十六种人格因素测验。各国也开发了本土的个性测验。例如，我国超常儿童研究协作组开发的中国少年非智力个性心理问卷、小学生非智力个性特征问卷、学前儿童非智力个性特征测验。法国2013年推出的《高潜力学生入学指南》从认知能力、好奇心、创造力、人际关系四个方面为鉴别超常儿童提供参考框架，鼓励教师使用"高潜力学生观察辅助表"完善对学生的进一步观察，进而对幼儿园、小学、初中和高中教育阶段的高潜力学生开展日常的鉴别工作（张梦琦，2016）。部分测验主要内容和适用群体详见表2.5。

表2.5 非智力个性特征测验简介

测验名称	主要内容	适用群体
中国少年非智力个性心理问卷	抱负、独立性、好胜心、坚持性、求知欲、自我意识	12—15岁儿童
小学生非智力个性特征问卷	独立性、好胜心、坚持性、求知欲、自我意识	6—12岁儿童
学前儿童非智力个性特征测验	主动性、坚持性、自制力、自信心、自尊心和性格的情绪特征	4—6岁儿童

续表

测验名称	主要内容	适用群体
卡特尔十六种人格因素测验	乐群性、聪慧性、情绪稳定性、恃强性、兴奋性、有恒性、敢为性、敏感性、质疑性、幻想性、世故性、忧虑性、激进性、独立性、自律性、紧张性	16 岁以上人群

另外，也有测验针对非智力因素中的单个维度进行测试，如情绪测验、动机测验、人格测验等。例如，美国某高中规定，智力测验得分在 135 分及以上，或者在全部成就测验中处于 95% 以上的学生可以通过初选，然后由学校进一步测量他们的学业成就和能力。同时，教师通过学习和动机两个等级量表对学生进行评定。经过测验的学生最少要得到 300 分才有资格进入超常儿童项目。我国人大附中早培班分别采用学业兴趣测试（自编）、卡特尔十六种人格因素测验、抗挫折能力自评量表、罗森伯格自信心量表对学生的学业兴趣、性格、抗挫折能力、自信心等维度进行考察。

（三）超常儿童鉴别方法使用建议

鉴别超常儿童是为了更好地服务于教育。基于国内外已有超常儿童鉴别的理论探索和实践经验，我们提出以下建议，以为我国超常儿童鉴别研究及实践提供参考。

1. 多个来源收集信息

我国以北京八中、人大附中为代表的学校能运用多种方法来对学生的智力水平、学习能力、独立学习行为、行为习惯等多指标因素进行综合考察，但参加鉴别的学生均是自愿报名的。这种操作方式有可能不利于家庭经济地位低的学生。建议提名阶段可以从多个途径收集数据资料，包括学生自己、同伴、教师、管理人员和家长。以美国为例，在提名阶段，会让学生自己、家长、教师和管理人员填写超常儿童特征信息清单、详细情况介绍和提名表格。教师可以对在教学过程中表现出某种特质或特征的学生进行观察，并使用评分量表或清单列表。另外，也可以长期收集学生的作品集，用于学术（语言、数学）和创造性（演讲、艺术、音乐）天赋的甄别补充。

2. 优化组合鉴别内容

虽然我国超常儿童的鉴别内容兼顾了智力、认知能力、非认知因素、创造力和才能等因素，但实践中还缺乏对各领域内容的优化组合（王寅枚，刁雅欣，张兴利，2022）。建议根据鉴别目的和原则确定超常儿童鉴别中不同内容的合适比例。基于人大附中早培班的实践经验，高江涛（2019）提出，早期对超常儿童进行鉴别，应重视智力方面的表现，尤其是观察、记忆、理解、空间能力、逻辑推理等方面的表现。但经多年的追踪测试发现，智商在筛查中所占权重并不大，只是在大面积的初筛中用到，而好奇心、创造力、抗挫折能力等非智力因素占比逐渐加大。如果以权重来衡量，学生的这些表现至少要占到30%，甚至更多。

超常儿童的鉴别需要关注其解决社会现实问题的能力，逐步提高该能力在鉴别中的地位和权重。联系实际的探究性问题容易激发超常儿童的创新意识和学习兴趣。在不可预测的复杂情境中解决问题，可以激发学生的逻辑思维、分析、综合、推理、演绎、归纳和假设等高级思维能力。我们可以借鉴 PISA，选择来自科学、工程、技术等方面的测试材料，和生活学习体验相结合，通过对素材的学习让学生发现问题，并由加工获取的信息对问题进行解释和解决，通过这种表现性评价任务的命题测量学生的高阶能力，以更准确地鉴别超常儿童。

3. 研制科学的测试手册

建立完整的超常儿童测试手册，提供各测验的信效度，科学解释鉴定结果。建议专业机构收集整理各测试完整的操作手册，手册内容应包括测验性质、测验时间、详细的操作方式、评分标准、信效度以及能够科学解释结果的专业人员资格。例如，第五版韦氏儿童智力量表（WISC-V）要求由有执照的学校心理学家完成，而 HOPE 教师评定量表（HOPE Teacher Rating Scale; Gentry et al., 2015）可以由教师完成。无论评分如何，所有专业人员都应具备心理测试和测量的基本知识，以便在管理和解释评估工具时了解标准化程序和保密的重要性。

4. 形成动态的评估系统

我国超常儿童鉴别遵循了静态与动态结合的原则，使用了多种工具和方法，然而，对鉴别工具和方法有效性的评估尚比较缺乏。已有研究指出，虽然各鉴别工具理论上是有效可行的，但仍然需要经过教育实践的检验。为此，鉴别效果还需辅以实际行为表现（如学业成就、竞赛表现、工作绩效等）来检验。建议加快构建鉴别、教育、追踪三位一体的效果评估体系，以发展的视角通过纵向追踪来检验鉴别效果，避免将当前的、暂时的、个人的超常状态作为鉴别和教育的唯一依据，最终推动形成鉴别为教育、教育促发展的良好循环系统。同时，也建议结合追踪研究和实践探索，使用动态评估方法、多元标准，将鉴别覆盖学前、小学、初中和高中四个学段，以发现、总结对不同年龄、性别、才能超常儿童最具预测效度的鉴别工具和方法，进而不断改进、提升超常儿童的鉴别效度（王寅枚，刁雅欣，张兴利，2022）。

三、我国超常儿童鉴别设计

（一）超常儿童筛选比例

各国在有关超常儿童教育的立法或政策文件中并没有明确界定超常儿童筛选比例这一概念，本研究将它界定为"进入教育安置环节，在实践中能够接受特殊的服务或参与特别设计活动的超常儿童在同龄儿童中的占比"。这一比例的确定既与超常儿童的数量在一定的人群中究竟占多大比例，或者说超常儿童在儿童中的占比密切相关，也与一个国家对超常儿童教育的重视程度、发展战略及经济条件有着紧密联系。

设定超常儿童筛选比例对于我国超常儿童教育发展，尤其是超常儿童早期培养的顶层设计与规划非常重要，因为它决定了各种超常儿童安置方式的规模、投入的人力物力以及超常儿童教育的治理等各个方面。由于研究者对超常儿童的定义不同，鉴定超常儿童的方法、工具与标准不同，用于判定超常儿童的指标不完全一样，因而对超常儿童在儿童中的占比的估计也就不完全相同。目前就全球范围而言，虽然对超常儿童的界定存在不同，但智商无疑始终是一个重要的鉴别指标，因此，使用智商标准估测超常儿童的占比几乎成为约定俗成的做法。

1. 依据智商标准估计超常儿童的筛选比例

由于天才的定义与智力的定义密切相关，当前的观点通常把智商作为鉴别超常儿童的决定性指标，认为智商高就代表智力高（查子秀，2006：46）。经合组织 2021 年对现有研究超常儿童教育的文献的综述显示，根据公认的智商测试评估，超常儿童通常被理解为拥有相当高的智商的人（Rutigliano，Quarshie, 2021）。数十年的相关研究也表明，在六大自然能力领域中，智力领域与杰出学术成就的出现有着独特的联系（没有任何其他天赋领域，甚至是创造力，与个人的学术成就之间存在实质性的因果关系）：智商分数与 K-12 学业成绩之间的相关性系数通常为 0.50 至 0.60；在高中阶段，这一系数的值有所下降，但仍然为 0.40 至 0.50（Smith, 2021：83）。这就是为什么教育工作者和家长会自然而然地把"超常儿童"的标签与高智商联系在一起。正因为如此，相关研究者主要根据对儿童进行智力测验得到的儿童智商分布情况，来估计超常儿童所占的比例。

（1）国外对于超常儿童智商标准的相关研究

20 世纪 20 年代，美国心理学家推孟用斯坦福－比奈智力量表鉴别出 1528 名超常儿童，平均智商为 150。此后，西方国家普遍采用标准化的智力测验来鉴别超常儿童。推孟曾使用斯坦福－比奈量表（1960 年修订）对 9900 名儿童的智力水平进行了一次测验，测验结果的统计分析见表 2.6。

表 2.6　天才与低能

	儿童智商	9900 名儿童中等于或超过者人数（人）	占比（%）	累计（%）
极优	160	3	0.03	
	150	20	0.20	0.23
	140	107	1.08	1.31
优	130	310	3.13	4.44
	120	860	8.69	13.13
中上	110	1800	18.18	31.31

	儿童智商	9900名儿童中等于或超过者人数（人）	占比（%）	累计（%）
正常或中等	100	2300	23.23	54.54
	90	2300	23.23	77.77
中下	80	1500	15.15	92.92
处于缺陷边缘	70	500	5.05	97.97
缺陷	60	200	2.02	99.99

注：本表根据查子秀主编的《超常儿童心理学（第二版）》（人民教育出版社2006年出版）第47页上的相关图表修改而成。

我们可以看出，不同的超常儿童的界定与不同的分数线的划分，会导致现实中超常儿童的比例的变化。例如，推孟规定超常儿童的标准智商应达到或超过140。这种方法一直沿用至今，成为鉴定超常儿童的最普遍也是最主要的方法。根据这一标准，超常儿童的占比大约为1.3%（苏雪云，张旭，2016：11）；美国加利福尼亚州的法律规定，智商达到150的为超常儿童，那么超常儿童在同龄人中的占比大约为0.23%；在加涅的"天才与专才"分化模型中，超常儿童的智商标准为120，那么超常儿童的占比大约为13%；而根据兰祖利对天才的定义，儿童的智商分数为不低于115，则超常儿童的占比大致将达到15%以上。

盖莱基尔（J. J. Gallagher）还用比奈-西蒙量表测验的结果统计了不同社会经济条件下儿童的智商分布情况，指出上层社会经济背景的儿童拥有高智商的比例要比一般社会经济背景下的儿童拥有高智商的比例高（见表2.7）。

表 2.7　不同社会经济条件下的儿童智商分布情况（查子秀，2006：48）

智商	在学龄儿童中所占百分比（%）	
	一般社会经济条件	上层社会经济条件
140 以上	0.5—1	2—3
130—139	2—4	6—12
125—129	5—7	15—20
120—124	10—12	30—40
115—119	16—20	45—60

（2）我国基于智商分布状况对于超常儿童占比的估测

我国学者施建农等在 2000—2003 年对北京市初中学生的智力状况进行了抽样调查，结果见表 2.8。

表 2.8　21 世纪初北京市初中学生智商分布（苏雪云，张旭，2016：13）

智商	理论分布（%）	实际分布（%）
大于等于 130	2.2	4.4
120—129	6.7	6.4
110—119	16.1	21.1
90—109	50.0	54.9
80—89	16.1	6.9
70—79	6.7	5.9
小于等于 69	2.2	0.5

我国心理学家龚耀先等在 20 世纪 80 年代初，运用修订后的韦克斯勒成人量表，对我国 16 岁以上人口的智力水平做了抽样调查，结果发现我国人口的智力分布也呈现与国外的调查结果类似的社会经济背景差异，见表 2.9。

表 2.9　20 世纪 80 年代初中国 16 岁以上人口智商分布（苏雪云，张旭，2016：12）

智商	理论分布（%）	实际分布（%）	
		城市	农村
大于等于 130	2.2	1.5	2.6
120—129	6.7	7.3	8.9
110—119	16.1	18.9	16.1
90—109	50.0	49.2	47.4
80—89	16.1	13.8	16.7
70—79	6.7	7.1	7.0
小于等于 69	2.2	2.2	1.2

（3）超常儿童的筛选比例

中外研究表明，虽然用不同的智力量表对儿童测查的结果略有出入，不同智商水平的人数比例在不同的人群中的分布不完全一样，但是分布的模式是基本一致的（见表 2.10），智商在 130—140 的比例大体都是 1%—3%（查子秀，2006：46），也就是说依据智商标准进行估计，超常儿童的占比大致是 1%—3%。

表 2.10　韦氏智商分级标准

智商	等级	理论百分数（%）
130 以上	非常优秀	2.2
120—129	优秀	6.7
110—119	中上（聪明）	16.1
90—109	中等	50.0
80—89	中下（迟钝）	16.1
70—79	临界状态	6.7
小于等于 69	缺陷	2.2

2.实践中能够获得超常儿童教育服务的儿童比例

各国纳入超常儿童教育的儿童比例目前还没有统一的标准，在实践中，除了参照超常儿童的理论占比，各国主要根据各自超常儿童教育的政策方针、对超常儿童的定义、鉴别工具、筛选标准以及各国的发展需要与经济实力，决定有资格接受超常儿童教育服务的儿童的比例。

（1）国外超常儿童的筛选比例

放眼全球，有的国家在其超常儿童教育立法、发展战略或相关计划中明确了接受超常儿童教育服务的儿童比例，如澳大利亚、韩国、英国、新加坡等；有的国家主要依据统计数据估算超常儿童教育实际覆盖的儿童的比例，如美国、墨西哥、欧盟的部分成员国等。

专栏 --

部分国家超常儿童的筛选比例

澳大利亚教育统计和评估中心（Center for Education Statistics and Evaluation, 2019）显示，澳大利亚目前采用加涅对超常儿童的定义，将排名前10%的学生归为超常儿童教育的服务对象。而澳大利亚维多利亚州教育和培训部在2014—2019年《志在高远：超常儿童和年轻人的策略》（Aiming High: A Strategy for Gifted and Talented Children and Young People）中也采用了加涅对超常儿童的定义，但这份文件将"超常儿童"的范围扩大到了最优秀的10%—15%的学生（Kronborg, 2018）。

虽然韩国通过立法将英才学生的目标人数设定为同龄学生群体的3%，但实际数字继续超过这一目标（Cho, Suh, 2016）。据英才教育数据库（GED）网站显示，英才教育2021年覆盖82012人，约占学生总数的4%。韩国"国家英才教育发展五年计划（2013—2017年）"提出将韩国的英才教育比率从2012年的1.78%提高到2017年的10%。

新加坡将本国学生中排名前1%的人列为学术天才（academically

gifted），教育部还进一步确定了"有超常天赋的学生"（exceptionally gifted students），正态分布的人口中每 10 万名儿童中有 3 人可归属为这一类别（Ibata-Arens, 2012）。

对智力的关注似乎是 1972 年"马兰德报告"的遗产，报告指出"天才和专才将包括至少 3%—5% 的在校生"（Jolly, Robins, 2016）。美国教育部民权办公室估计，2011—2012 年，6% 的公立学校在校生参加了超常儿童教育项目。接受超常儿童教育的学生比例在美国各州（特区）差异很大：在 8 个州（特区），11% 或更多的学生经过甄别接受了此类服务；而在 13 个州（特区），这一比例为 3%—10%；在 30 个州（特区），这一比例为 0—2%（Plucker et al., 2018）。

英国于 1999 年出台"追求卓越城市教育计划"，要求学校任命一名英才教育协调员，选拔 5%—10% 的在校生为"英才学生"，并设置不同的教学规定和教学计划。

根据墨西哥专为天才人士服务的主要网络"聚焦天才"中心（Mexican division of the Centro de Atención al Talento）提供的数据，2021 年墨西哥 3% 的未成年人（近 100 万儿童和青少年）被鉴定为天才。

欧律狄刻欧洲组织（Eurydice European Unit）2006 年的一份文件和 30 个成员国的比较研究显示，根据不同欧洲国家的估计和使用的标准，天才儿童占学校人口总数的 3%—10%（European Education and Culture Executive Agency, Eurydice, 2006）。

在德国，由于其精英主义的取向，天才的概念在学术和政治上面临很大的阻力，汉堡州被认为拥有最高比例的天才儿童，比例约为 0.07%（Tourón, Freeman, 2018）。

西班牙教育部估计在 2015—2016 学年，有 0.27% 的学生被鉴定为天才，比前一年大幅增加，但仍远低于 2% 的目标（Sastre-Riba, Pérez-Sánchez, Villaverde, 2018）。不同自治地区的学生被认定为天才的比率存在差异，巴伦西亚地区为 0.012%，穆尔西亚地区为 1.206%。

爱尔兰天才教育服务 5%—10% 的在校学生（O'Reilly, 2018）。

可以看出国外超常儿童教育服务实际覆盖的同龄儿童比例从澳大利亚的 10%—15% 到西班牙部分地区的 1.2% 不等，各国之间、各国的各地区之间存在很大差异，总体而言，这一比例较少超过 10%。

（2）国内对于超常儿童筛选比例的相关建议

在我国，一般认为按照智商的正态分布，1%—3% 的儿童为超常儿童。施建农等人曾采用测量学的方法，用五大标准界定超常儿童：学业成绩高于平均水平 2 个标准差；表现优于比自己大两岁的人的平均水平；智商在 130 以上；表现超越 95% 的同龄人；有非常特殊的才能。根据这一标准，他认为，接受超常儿童教育的超常儿童比例应该为 3%。另外，也有心理学家提出"超常"儿童是针对普通儿童而言的，在儿童或青少年群体中有常态（一般）、低常、超常三类，居于超常的儿童（占 5% 左右，天才占 1% 左右）可被界定为超常儿童、天才儿童（朱训明，谢天，周静，2010），根据这一标准，建议接受超常儿童教育的儿童比例应该为 1%—5%。

3. 超常儿童筛选比例建议

当前，我国超常儿童教育还没有上升到国家的立法层面，也没有专门推动或促进超常儿童教育的相关战略或发展计划，因此关于超常儿童的筛选比例没有明确的规定，只是对目前有资格举办超常儿童教育的学校设定了招生规模上限，就具体学校的录取比例而言，大概介于 1%—5%。

从上面的分析可以看出，依据智商标准得出的超常儿童的占比理论估值为 1%—3% 到 15%—20%，主要取决于如何界定超常儿童以及如何鉴别。而在实践中，超常儿童教育覆盖的儿童比例也从 0.012% 到 15% 不等，主要取决于各国的培养需求、价值观、对超常儿童教育的重视、政策制定及政策实施保障。无论是理论比例，还是实践比例，都没有统一的标准，因此，我们认为，设定超常儿童的筛选比例对于我国而言，首先也是最重要的是，在一开始就根据我国推动超常儿童教育的整体规划，设定明确的超常儿童教育发展总体目标，再根据各地区的经济发展条件、各领域对创新人才的需求，设定不同地区、不同领域超常儿童的具体筛选比例。

综观各国（地区）超常儿童教育的实际操作，其大多将超常儿童教育的对象设定为 1%—3% 的儿童（杜玫，詹丽峰，2013）。在我国，当前学者也普遍认同将超常儿童教育服务的儿童比例设定为 1%—3%。如果依此比例计算，按照第七次人口普查结果，我国目前 14 岁及以下儿童约有 24990 万人，超常儿童的数量为 249.9 万—749.7 万人。《2020 年全国教育事业发展统计公报》显示，全国共有义务教育阶段在校生 1.56 亿人[①]，按 1%—3% 的比例计算，有 156 万—468 万的在校超常儿童。由于我国目前举办的超常儿童班大多在 10 岁儿童中进行筛选，大致相当于小学五年级的学生，我们以五年级在校生数量作为基数，按照 1%—3% 的超常儿童筛选比例，假设全部采取集中编班的模式，对北京、上海、江苏、广东四省市所需设置的超常儿童教育班级数及学校数进行了粗略估算，结果见表 2.11。

表 2.11　我国部分发达省市超常儿童可能数量及所需班级与学校数量预测（约计）

省市	小学五年级在校生数（万人）	按 1% 的超常儿童筛选比例估算的数量（人）	所需班级数（个）	所需学校数（所）	按 3% 的超常儿童筛选比例估算的数量（人）	所需班级数（个）	所需学校数（所）
北京市	15.11	1511	38	2—3	4533	114	4—5
上海市	14.91	1491	34	—	4473	100	—
江苏省	87.99	8799	176	5—6	26397	528	15—16
广东省	145.54	14554	292	9—10	43662	874	25—26

备注：1. 北京市数据主要依据 2021—2022 学年度北京教育事业发展统计概况、《北京市中小学校办学条件标准（2018）》（初中班额不超过 40 人，一所初中学校不超过 30 个班）进

[①]　参见 http://www.moe.gov.cn/jyb_sjzl/sjzl_fztjgb/202108/t20210827_555004.html?ivk_sa=1024320u。

行计算。

2. 上海市数据主要依据上海市 2020 学年教育事业统计、《上海市义务教育阶段学校办学基本标准》(初中班额不超过 45 人，无学校规模标准)计算。

3. 江苏省数据根据 2018 年全国各省小学生人数统计、《江苏省义务教育学校办学标准(试行)》(初中班额不超过 50 人，一所初中学校不超过 36 个班)计算。

4. 广东省数据根据 2018 年全国各省小学生人数统计、《广东省义务教育标准化学校标准》(初中班额不超过 50 人，一所初中学校不超过 36 个班)计算。

1%—3% 是超常儿童大致的占比，是一个理想比例，或者说是一个目标比例，由于我国的人口基数大，各地区经济发展存在差异，而且如前所述，超常儿童在不同地区和不同文化背景下的筛选比例也存在差异，各地区可以参照超常儿童的大致占比，依据本地区经济和教育发展现状及需求、不同超常儿童安置模式确定各自的筛选比例。

(二)超常儿童鉴别程序

鉴别超常儿童的程序与超常儿童的年龄、鉴定的方法和使用的工具，以及支持超常儿童发展项目的目标等多个因素相关。例如，目前人们普遍认为，智商或成绩测试对非常年幼的超常儿童的鉴别是不可靠的，对他们的鉴别需要基于从各种来源收集的有关他们发展水平的信息，包括父母和家庭轶事、教师的观察及有关孩子的工作记录(如果教师有关于超常儿童特征的背景知识)，或者请其他了解孩子的合适的专业人士进行鉴别(Kettler, Oveross, Salma, 2017)。因此，对 6 岁以下的超常儿童进行鉴别程序相对简单，包括观察、相关信息的收集与分析。又如，当前五大学科(数学、物理、化学、生物与信息科学)国际奥林匹克竞赛是选拔高中阶段(也包括部分初中阶段)超常儿童的一个重要途径，各国普遍通过各级竞赛选拔参加国际奥林匹克竞赛的国家队成员，并通过夏令营或冬令营形式的集训挑选最后代表国家参赛的队员。例如俄罗斯主要通过竞赛，尤其是奥林匹克竞赛来发现具有特殊才能的超常儿童。俄罗斯的奥林匹克竞赛分为校级、市级、州级、联邦级四个不同等级，面向五至十一年级学生进行筛选，鉴别程序与竞赛的组织流程密切相关，在最后的筛选中，各类竞赛成绩是重要的指标，同时也会参考学生提供的相应影像资料与获奖成果。爱尔兰唯一的超常儿童正式项目"爱尔兰天才青年中心"（Irish Centre for Talented Youth, CTYI，与都柏林城市大学和约翰·霍普金斯大学超常儿童教育中心协商成立），每年会给全国所有的学校写信，要求他们找出那些在标准化考试中成绩达到或超过第 95 个百分位数的学生，为他们提供夏季项目和在学年期间的周六课程（O'Reilly, 2018）。

就全球超常儿童鉴别的普遍流程而言，相关研究指出，教育政策和实践中存在以下几种非排他性的鉴别方法，不同方法的组合构成了不同的鉴别流程设计（Sękowski, Łubianka, 2015）：

A. 心理学和儿童心理诊断，由心理学家和专业教育工作者进行，"通过专业心理学家实施的复杂的智商评估，提供关于认知表现细微差别的综合报告"；

B. 能力测试，大多数侧重于学生的学业表现，尽管也有一些测试关注学生学习方式和（或）他们在特定领域的参与；

C. 教师提名，这被认为是最可靠的方法之一，因为教师花大量的时间与他们的学生相处，他们也有丰富的教学经验；

D. 父母提名，这是鉴别过程中的一个主观工具，通常不单独使用；

E. 同伴的意见，也不能单独使用，但通过这个途径可以快速和充分地了解哪些学生在某个领域的表现是最好的；

F. 自我鉴别，包括让学生参与校外教育及科学、艺术、创意等活动和项目，以确定他们的动机和潜力。

通常，方法 C、D、E，在一些国家还有方法 B，被用于初筛，鉴别谁有资格参加超常儿童教育项目；方法 A 通常还有方法 B 则用于证实初步评估结果并验证一名儿童是否可以参与超常儿童教育项目。大多数国家通常同时使用以上方法的组合，构成不同的鉴别程序。例如法国"高潜力学生"的鉴别主要依靠教师和家长的提名，随后由学校董事会决定学生是否应该从特殊服务中受益。

1. 国外超常儿童鉴别流程设计的模式

国外超常儿童鉴别流程设计可以归纳为两阶段模式和三阶段模式。

（1）两阶段模式

斯旺辛（R. H. Swassing）认为超常儿童的选拔过程大致包括两个阶段，首先要对超常儿童进行系统的筛选，然后基于筛选的数据信息进行进一步的鉴定（Swassing, 1985）。一些国家对超常儿童的鉴别就简单分为初选与复选两个阶段，代表国家包括新加坡和以色列。这些国家通常在国家层面使用特定的测试对适龄学生进行普筛，选拔可以进入"天才教育计划"的超常儿童。新加坡每年8月所有公立小学三年级学生都可以参加初试，考试科目为英语和数学，初试成绩前4000名的学生（所占比例为10%）有机会参加复试。复试在初试科目基础上又增加了一般智力测验。根据复试的表现，录取前500名学生（所占比例为1.25%）进入"天才教育计划"学习。测试由国家统一组织。

以色列超常儿童鉴别过程也分为两个阶段：初始筛选阶段和选拔测验阶段，个别计划还存在第三阶段。一名学生从被选为天才学生到提名进入特殊的"天才教育计划"大约经历一年的时间。初始筛选在校内进行，所有学生（二年级或者三年级学生）都要参加测试。进入选拔测验阶段的学生分组进行测试，并由以色列教育部指定的索尔德学院（Szold Institute）的教职员统一管理。测试地点在全国性的特殊测试中心。针对某些计划，选择过程还存在着第三阶段：计划负责人对有可能进入特殊班级的学生进行面试。

（2）三阶段模式

卡恩斯（M. B. Karnes）、伯恩（J. M.Burns）、克拉克（B. Clark）以及费德户森（J. F. Feldhusen）等人都主张超常儿童的选拔应包括三个阶段，即在筛选和鉴定之前增加招募环节，广泛地搜罗超常儿童，教师通过成绩、表现等各种信息进行初选，利用各种科学鉴定方法进行复选，最后评估是否漏选了超常儿童并核对所选儿童是否为真正的超常儿童（Feldhusen, Jarwan, 1993）。代表性国家有美国。

一般来说，美国超常儿童的鉴别是在学区层面进行的。学区通常遵循一个系统的、多阶段的甄别超常儿童的流程，以找到在普通教育课程之外需要特殊教育服务的学生。第一阶段是提名，通常会决定哪些学生在哪些领域应该被提供更高层次的服务。在这个阶段通常使用提名（通过评级量表使用正式或非正式的数据，或在一个或多个内容领域提名优等生）的方式。第二阶段是鉴别，在这个阶段会构建一个多层面的鉴别方案，不仅鉴别那些在该领域已经取得高成就的学生，也鉴别那些有潜力但开发不充分的学生。通过审查现有的数据源，可能还会要求进一步测试学生的个人成就或智力，挑选出有资格进入超常儿童教育计划的学生。第三阶段是安置，由专业人员审查所有数据源，并确定学生的状态为具备 / 不具备资格或安排进一步的评估程序（Gubbins et al., 2018）。美国鉴别超常儿童的正式工作通常从二年级开始，在一年中有一个相对固定的时间顺序，每个时间中会有不同的工作任务。在第一次完成了数据收集之后，需要进行科学合理的数据分析，之后还可以再次实施鉴别程序来确保筛选的效度。

2. 我国超常儿童鉴别操作实践

我国大陆地区在国家或省市层面没有统一的超常儿童鉴别流程，完全由学校层面进行流程设计，近年来，在实践中也普遍形成了初选—复选—动态观察三级选拔体系（施建农，2008），如北京八中、人大附中、中科大少年班等。以北京八中为例，经过多年实践探索，该学校将鉴别超常儿童的过程不断优化，形成了如图 2.1 所示的超常儿童鉴别流程。

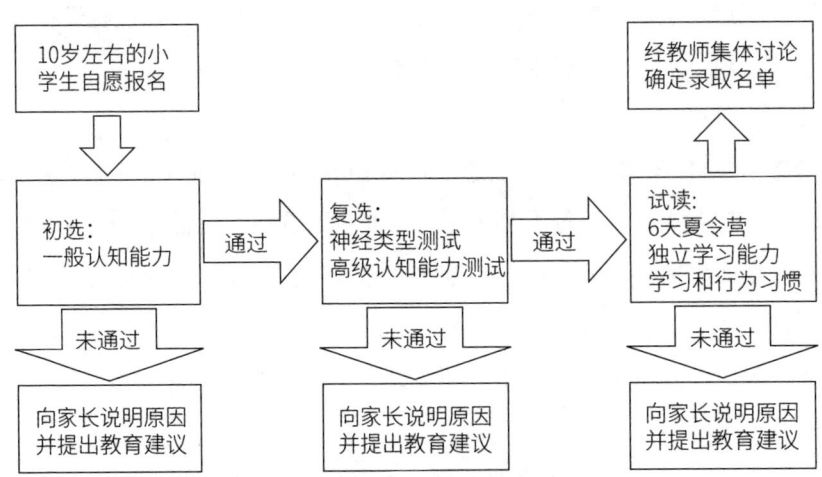

图 2.1　北京八中超常儿童鉴别流程

每年北京八中面向全北京市公布招生简章，符合条件的儿童在网上完成报名和初试，初试主要对报名者的主要学科知识和能力及一般智力发展状况进行考查；复试阶段使用标准化（或非标准化）的智力量表、创造力测验及非智力个性问卷对初试通过者进行进一步鉴别；第三阶段是试读，通过复试的儿童参加为期 6 天的夏令营，以了解他们听课能力、自学能力、学习习惯及个性品质等的实际情况，综合所有资料进行分析，最后经教师集体讨论确定录取名单。2016 年前初试、复试中的文化课测试各有侧重。初试阶段以客观题为主，复试阶段增加主观题。从 2016 年开始，完全取消文化课测试，通过考查思维能力确定试读学生名单。在试读阶段运用 ASEA 因人因才评价系统分析学生的发挥系数，科学确定录取名单。在鉴别过程中，该校充分考虑家长及学生的个性化需求，结合报名时的两种模式的选择，力争选择最适合的学生开展超常儿童教育。

人大附中早培班招生的鉴别流程为初选筛查—夏令营活动—见面交流。初筛阶段主要通过各种测试进行选拔，包括智商测试、学科测试、特长测试等；复选阶段通过组织夏令营，在活动、面谈、特殊场景的设置中观察学生的反应，进一步鉴别出有特殊潜能的孩子；最后通过见面交流，综合前两个阶段的情况分析确定录取名单。人大附中早培班学生从小学三年级进入仁华学校至初中、高中，历时 10 年之久，这使超常儿童的鉴别与选拔有了时间的保障。在学习过程中，班主任、任课教师对每个儿童做细致的观察和记录。这种长期、连续的动态鉴别与选拔、拥有大量数据的定量定性评价，使鉴别与选拔的科学性大大提高（刘彭芝，2013）。

经过多年的尝试和探索，中科大少年班逐步形成了普筛、高考初选和本校有针对性地复试、面试相结合的选拔方法（朱芬，孔燕，2020）。高二（含）以下学生向学校提出申请，中科大组织专家组，结合考生德智体美劳发展情况、平时成绩、获奖、爱好特长、遵纪守法、诚实守信等方面情况对申请材料进行审核；通过的学生在当地参加全国统一高考，科目与当地高考（理工类）科目相同；学校根据高考成绩确定进入复试阶段的学生。复试环节注重对学生创造力、批判性思维能力、问题解决能力和社交能力等综合素质的考核，由面试、笔试和非智力因素测试三个环节组成。笔试即"现学现考"环节，由教师讲授大学物理和高等数学课程，然后组织所授课程的现场考试，重点观察和了解学生的理解接受能力、反应速度和学习潜力。面试和非智力测试重点评估学生的自我管理、社会交往、沟通协作、价值观和情绪稳定性等综合素质。

一些学校的超常儿童鉴别流程已经出现一些创新设计，如新乡市第一中学超常教育实验班选拔超常儿童的方式是在学生自荐的基础上，通过审核、核心素养潜能考查择优确定 600 名学生进行展示与考查，最终录取 120 名学生。核心素养潜能考查的具体办法是采用多维互动和电脑智能评价等方式对学生的道德品质、协作精神、学习能力、行为素养等方面进行综合评价，然后再以展示活动来考查学生的智能、体能、意志品质、创新精神和实践能力等。而西安市第一中学少年班的选拔过程采用人－机对话方式，结合资料审核，分别从品德修养、学习习惯、身心发展、团队合作、艺术素养、创新实践等方面，对学生进行综合评价。上海建平实验学校在选拔、培养等各个环节都依托北京八中的技术支持，但该校在选拔中使用了脑成像图鉴别超常儿童，这在国内是新的尝试。

我国台湾地区将超常儿童分为三类：一般能力优异、学术性向优异和特殊才能优异。前两类超常儿童的鉴别程序分为三个阶段（苏雪云，张旭，2016：52）。第一阶段，初选。先由各班教师推荐，由学校辅导室提供学生团体智力测验的资料，并结合参照学生平时学业表现和教师对学生的观察，对申请者进行初选（一般初选出前 10% 的学生）。第二阶段，复选。对初选的学生实施个别智力测验、创造力测验、逻辑思考能力测验、学业成就测验及其他性向测验。第三阶段，录取。综合各项资料进行判断，通常录取智商在 130 以上的学生，综合考虑其他创造力、成就与性向测验结果，由我国台湾地区甄试委员会召开会议决定录取名单。对特殊才能优异学生，在鉴别过程中，则偏重对其能力倾向的鉴别。

3. 超常儿童鉴别流程建议

虽然目前由主办学校确定的超常儿童鉴别流程持续完善，科学性和准确度得到了不断提升，但是由于缺乏国家或地区层面统一设计的鉴别流程，在超常儿童的鉴别过程中公平性、覆盖面、各人群的代表性等方面的问题逐渐凸显。制定更加易于理解和操作的鉴别方法，牢牢贯彻鉴定的全面性、规范性和严谨性，是进一步落实超常儿童教育的必须环节（张鹏飞，杨义英，张纪法，2008），也是当前规范超常儿童教育的迫切需要。结合国内外的实践和经验，我们建议超常儿童鉴别流程采取如下三阶段模式。

　　第一阶段：推荐。在这个环节，教师、家长、学校管理人员、辅导员、学生同伴或学生自己提名，启动鉴别过程。综合分析各方信息得出需要特别关注的儿童名单。这一阶段可以从幼儿园开始，持续、动态进行。这一阶段推荐出的儿童，需要教师和家长特别关注，设计特别的教育教学活动以满足他们的需求。在这一阶段，可能会因为教师自身能力和价值观的局限而错过潜在的超常儿童；或者可能因为不同社会经济背景的家长对学校活动的参与状况以及学校的服务意识和主动性各不相同，错过低社会经济背景的超常儿童。因此，迫切需要通过各级各类教师职前培训及《中华人民共和国家庭教育促进法》的推广的契机，扩大宣传，让教师和家长掌握超常儿童的特征及表现的相关知识并提高鉴别能力。

　　第二阶段：初选环节。建议此环节安排在儿童 10 岁左右。遵循自愿的原则，由家长决定带推荐环节选出的儿童到省级主管部门指定的智力测试机构进行智商测试、一般能力测试等通用测试，或进行脑成像扫描，并按照 1%—3% 的超常儿童筛选比例确定并出具初选合格证明。

　　第三阶段：复选环节。在主办超常儿童教育的学校进行。仍然遵循自愿的原则，拥有初选合格证明的儿童按照就近原则并结合自己的兴趣爱好到举办超常儿童教育的不同学校参加复选。

　　以上的三阶段流程是面向所有儿童的普筛建议流程，与通过各种国家级或国际竞赛等其他环节筛选超常儿童并不冲突。

（三）超常儿童的鉴别主体

　　超常儿童的鉴别主体与超常儿童教育的治理体系、国家层面对超常儿童教育的重视程度、超常儿童教育的目标、超常儿童的鉴别流程设计和鉴别方法的选取等诸多因素密切相关。

　　1. 国内外超常儿童鉴别主体

　　国外超常儿童鉴别实施可以分为国家统筹、地区承担主要责任、学校作为主要实施者、专业机构负责四种模式。

　　（1）国家统筹

　　这一模式的主要代表国家包括新加坡和以色列。新加坡由教育部下设的天才教育处对天才儿童的教育进行专门管理，天才儿童的鉴别和选拔是其重要职责之一。学生进入"天才教育计划"之后，基本已经脱离所在学校的管理，由教育部的天才教育处专门管理，该部门会负责跟踪考察"天才教育计划"的学生，并统一管理学生档案。为了公平起见，以色列教育部委托索尔德学院采用统一的标准为"天才教育计划"鉴别真正适合的学生，此外，教育部还运用一套统一的规则和标准来监督全国性的选拔过程。测试由教育部统一命题，并由索尔德学院的教职员统一管理，测试地点在全国性的特殊测试中心。

（2）地区承担主要责任

这一模式的代表包括美国和加拿大。美国几乎所有关于超常儿童教育的决定都是在州和地方一级做出的。其中超常儿童的鉴别由各州组建专门团队来实施。筛选团队的人员职业可以不固定，教师、心理学专家、教育行政领导、学生家长等都可以参与，他们要对数据分析和选拔超常儿童程序比较熟悉，以便对鉴定程序本身的质量及是否合适等因素表达自己的想法和意见。该团队的工作是为超常儿童设计鉴别程序，组织学校和团队按照程序进行筛选，从而选拔出各类型超常儿童，并随时发现他们在不同发展阶段的表现及特征，无论该特征是预示着学生有未开发的潜能还是偶然出现的。筛选团队的成员以讨论、访谈或问卷调查的方式，从教师和学校管理者中搜寻有用信息，同时，信息采集人员应达到管理人员和社区教师数量的5%。加拿大也由地方机构负责甄别、设计和实施超常儿童教育计划，加拿大超常儿童的教育服务服从每个省和地区的监管与教育指导，地方学区委员会有自己的条款和程序鉴别超常儿童，这意味着一名儿童可能在不同州面对不同的超常儿童鉴别流程（苏雪云，张旭，2016：52）。

（3）学校作为主要实施者

这一模式的代表包括中国、俄罗斯、爱尔兰等。

我国台湾地区对于超常儿童的鉴别由学校实施，校内外专家对学生进行智力测试及创造力测验、逻辑思考能力测验等。最终，由我国台湾地区甄试委员会召开会议决定超常儿童名单。我国台湾地区教育部门下设特殊教育学生鉴定及就学辅导委员会和特殊教育咨询委员会，以协助学校开展超常儿童鉴定。我国大陆地区超常儿童的鉴定主要由各实施超常儿童教育项目或计划的学校负责，如北京八中、人大附中、中科大等。自 2016 年开始，俄罗斯总统普京多次在公开场合专门提及"天狼星"教育中心，并呼吁俄罗斯各地区以本地区的大学和中小学为基础，建立更多像"天狼星"教育中心这样的超常儿童补充教育机构，以此来进行专门的超常儿童的鉴别与培养。2019 年的俄罗斯国情咨文预计，到 2024 年，基于"天狼星"模式的超常儿童补充教育机构将出现在俄罗斯各个地区。俄罗斯"天狼星"教育中心作为超常儿童教育的实施机构，组织专家委员会根据不同学科特点制定相应的选拔标准并对学生评审。作为爱尔兰唯一的超常儿童教育正式项目的组织者，爱尔兰天才青年中心负责通过国内和国际的人才搜索，鉴别出在数学和（或）语言推理方面非常优秀的"大学前儿童"（pre-college children），通过每年的夏季项目和在学年期间的周六课程，为来自爱尔兰和海外的超常儿童提供具有挑战性和活力的课程与相关的教育机会，并为参与爱尔兰天才青年中心项目的学校提供教师培训和支持服务，也通过提供信息和资源，帮助家长提升超常儿童的能力。

（4）专业机构负责

这些专业机构通常是拥有超常儿童教育专业知识的人员所工作的大专院校及专业协会。如我国台湾地区有关特殊教育的规定中将"资赋优异儿童"作为特殊教育对象，并要求各师范院校设特殊教育中心，负责协助其辅导区内特殊教育学生的鉴定、教学及辅导工作，同时要求各级主管教育的行政机关设特殊教育学生鉴定及就学辅导委员会，聘请卫生及有关机关代表、相关服务专业人员及学生家长代表为委员，处理有关鉴定、安置及辅导事业，请有关学生家长列席，并确认了各级学校在鉴别中的作用（苏雪云，张旭，2016：52）。

在美国，在超常儿童教育研究方面比较有影响力的机构，如美国超常儿童教育协会、美国超常儿童家庭教育联合会（Parent Association for the Exceptionally Gifted）等，都在不同层面积极促进了超常儿童教育的发展。各个机构都有大量学者对超常儿童教育进行理论和实践研究，并广泛参与超常儿童的鉴别、选拔及相关工作（范明丽，2010）。此外，成立于 1979 年的美国第一个超常儿童教育中心，即约翰·霍普金斯大学超常儿童教育中心，是美国第一个由高校发起建立的甄别和教育基础教育阶段超常儿童的中心（陆一，朱敏洁，2019）。

在实践中，超常儿童鉴别主体正呈现多样化的特征，以克服单一模式的局限性。例如，美国既有州和地方层面组建的筛选团队进行超常儿童鉴别，也有超常儿童教育研究机构和专业协会负责超常儿童的鉴别；我国台湾地区既规定了拥有具备超常儿童教育专业知识的人员所在的大专院校及专业协会在超常儿童鉴别中的责任，也明确了各级学校在超常儿童鉴别中的作用；俄罗斯既有国家层面统筹的各级奥林匹克竞赛对超常儿童进行鉴别，也有如"天狼星"超常儿童教育中心这样的实施机构负责对超常儿童进行鉴别；我国大陆地区超常儿童教育的实施机构也越来越多得到中科院心理研究所等专业机构的支持，如首批进行超常儿童教育实践且一直坚持到如今的北京八中就采用与中科院、社科院合作对超常儿童进行鉴定选拔的方式。

2.超常儿童鉴别主体的建议

当前我国主要还是由实施超常儿童教育项目的学校作为主体负责超常儿童的鉴别和服务，借鉴国内外超常儿童的鉴别经验，未来在超常儿童教育中，建议超常儿童的鉴别采取国家统筹、各省市组建筛选团队、学校参与鉴别相结合的模式。

首先，应该凸显政府在超常儿童教育中的主导作用，在国家层面，通过专门立法或纳入现有法规为超常儿童教育提供保障，设立国家级的教育和研究管理机构及实施网络，为超常儿童教育和研究的具体实践提供支持和指导。可以在教育部下设"超常儿童教育"专门机构，或者在"特殊教育"管理机构下设"超常儿童教育"的主管办公室，负责制定"超常儿童教育指南"，内容包括超常儿童的鉴别工具推荐、超常儿童鉴别流程设计建议以及对鉴别主体的认证标准等，同时负责认证参与超常儿童鉴别的机构或机构联盟。

其次，在地区层面，应成立由超常儿童教育的实施机构、经过国家认证的省市级教育科研机构、高校心理学院（部）、教育学院（部）及心理研究机构等构成的超常儿童教育专业联盟，负责超常儿童的联合鉴别。为了确保鉴别的效度，该专业联盟还要对数据进行科学分析并分类整理，如有必要还要对学生进行再次鉴别。

最后，在学校层面，尤其是实施超常儿童教育的学校，应组建由学校校长、协调者、教师（超常儿童教育的专家）等组成的委员会，确保能够收集学生在鉴别流程的各个阶段的所有信息，保证在做出最终决定时予以重要考虑。

　　教师和家长在超常儿童鉴别中的作用也不应被忽视，他们的推荐提名是超常儿童鉴别的起点。针对教师和家长的超常儿童教育专业知识方面的培训也迫在眉睫。

第三章　超常儿童的教育安置方式

　　超常儿童的教育安置方式直接关系到超常儿童在何种环境中接受教育。它不仅是超常儿童教育领域中的一个重要概念，也是事关超常儿童教育对象以何种方式接受教育的一项重要的制度安排。教育安置方式不仅直接影响超常儿童教育教与学的方式，而且影响着超常儿童教育的课程设置、师资配备，它在很大程度上决定着超常儿童教育的质量和效果。因此，它是保障超常儿童接受适宜教育的前提和基础。超常儿童的教育安置方式有哪些？每种安置方式有何利弊？人们对超常儿童的教育安置方式存有何疑虑和争议？影响超常儿童教育安置的因素是什么？如何对我国超常儿童的教育安置进行制度设计？这些都是人们非常关切的问题，也是本章探讨的主要内容。

一、超常儿童教育安置的内涵和意义

（一）教育安置的不同界定

　　国内外学者对教育安置的界定不尽相同。

　　在英文语境下，"教育安置"最广泛的表述是"educational placement"。英国学者考夫曼（J. M. Kauffman）认为，教育安置不仅包括学生所处的物理空间，还包括教学方法、教学材料及所用的器材、特定的学生对象、提供教学的教师及学生所要达到的目标（朱媛媛，2012：4-5）。显然，这种概念的内涵几乎囊括了特殊教育的所有关键要素。这可以理解为广义上的教育安置。

我国台湾地区的学者郭纭均认为："教育安置是指根据个案在教育情况中的学习的特殊性与本身的障碍程度将学生安置于最适当的受教育环境中学习。"（朱媛媛，2012：4）该定义的核心指向学生受教育的"环境"。

我国台湾地区的另一位学者林宝贵则给出了一个操作性的定义：教育安置由"监辅会委员依身心障碍儿童各项诊断评量资料、志愿顺序、居住远近、障碍程度，参考家庭因素、适应问题及所需之相关服务措施进行综合研判，必要时得请评量小组或学校教师提供其他具体资料供讨论之参考。监辅会委员依综合研判结果，提出最适合各个特殊儿童所需之特殊教育服务"。（朱媛媛，2012：4）该定义是根据我国台湾地区的相关规定进行界定的，其核心要义指向特殊儿童所需要的"特殊教育服务"。

我国大陆地区有多位学者也提出了各自的理解。王梅（2004：30）认为"教育安置主要指诊断后为实现教育目标而确立的接受各种教育和训练的形式，主要涉及安置对象、场所、适合度等问题"。该界定主要包括对象、场所和适合度三要素。

葛新斌（2006：50）认为："所谓'特殊儿童教育安置模式'，是指为各类特殊儿童提供特殊教育服务的机构和设施所组成的一个有机系统。它是能否对特殊儿童实施有效教育并提供特殊服务的制度框架与前提。"该界定的核心要义指向"机构"和"设施"，同时指出，它是一种"制度框架"。

吴金航、余舒（2014：59）认为："所谓教育安置（placement）是指根据个体在教育情况中学习的特殊性与本身的障碍程度，将学生安置在最适当的受教环境中学习。"其核心要义指向"受教环境"。

华国栋（1999：8）认为："所谓教育安置就是根据超常学生的特殊教育需要，将他们安置在一定的教育教学组织形式中。"其核心要义指向教育教学的"组织形式"。

朱媛媛（2012：5）归纳国内外学者不同观点后认为："特殊儿童的教育安置一方面指的是学生所处的物理空间，同时包含该空间内所发生的教育与服务，即教育安置方式；另一方面指的是根据各种因素为特殊儿童选择适当的教育安置的程序，即教育安置程序。"这种观点认为，教育安置包含教育安置方式和教育安置程序两方面内容。

从上述学者关于教育安置的不同理解可以看出，我国学者大多是针对有特殊教育需要的残疾儿童来对"教育安置"进行界定的。这为本章专门针对超常儿童的教育安置的界定提供了有益的参考。

（二）超常儿童教育安置的内涵

综合国内外学者的观点，我们认为，教育安置就是根据特殊儿童的个体情况，对其教育场所和措施所做的制度安排。它主要包括安置对象、安置场所、安置措施和安置程序四方面内容。超常儿童的教育安置就是根据超常儿童的个体情况，对其教育场所和保障措施所做的制度安排。

准确理解超常儿童教育安置的内涵，需要把握以下四点。一是安置依据。超常儿童的个体情况是决定其教育安置的最主要依据。二是安置场所。安置场所不同，超常儿童接受教育的环境和教育教学组织形式也会有所不同。三是安置措施，通常指超出常规的特别措施，如提前入学、跳级、提前毕业、提前升学等制度安排，这些安排也会影响超常儿童的教育进程。四是安置程序，即采取何种程序对超常儿童进行合理的教育安置，使其接受适合其特殊需要的教育。

（三）超常儿童教育安置的意义

超常儿童的教育安置事关超常儿童在何种环境中接受教育。我国开展超常儿童的教育实验证明，"超常儿童具有很大的发展潜力"，"但超常儿童的潜力，并非在任何教育条件下都能得到充分发掘。超常儿童具有较好素质，但这只是发展的可能性，只有在适宜的教育条件下，这种可能性才会转变为现实性，他们巨大的潜力才能得到表现或施展"（查子秀，周林，1993：342）。关于超常儿童成长的研究表明，"超常儿童教育的成功，需要先天的资赋还需要后天的努力和良好的教育环境"（黄伟杰，2012：60）。可见，超常儿童的教育安置方式影响和制约超常儿童的培养模式，进而会对超常儿童教育的质量和效果产生很大影响。

拔尖人才的培养范式已从天才儿童范式发展到天资发展范式和区分教学

范式（阎琨，吴菡，2020）。天才儿童范式强调儿童的天赋是先天的，无法通过后天的培养来造就。天资发展范式则强调后天培养和教育的作用，这显然与教育的环境密不可分。区分教学范式不仅强调后天的培养，而且特别强调对课程与教学是否与超常儿童的能力相匹配的评估和改进。区分教学范式的出现对个性化教育环境提出了必然要求。因此，无论是从拔尖人才培养的角度还是从超常儿童潜能开发的角度，都迫切要求超常儿童教育环境的设置科学合理。要满足这种迫切要求，必须对超常儿童进行合理的教育安置。

二、超常儿童教育安置方式及其影响因素

根据安置场所是否处在基础教育阶段的学校之内，可将超常儿童的教育安置方式分为学校形式的教育安置和非学校形式的教育安置两种方式。这里我们重点围绕安置场所和安置措施这两个方面探讨学校形式的教育安置方式和非学校形式的教育安置方式。关于安置程序将在本章最后部分简要介绍。

（一）国外超常儿童教育安置方式

世界各国对超常儿童的教育安置方式主要有两种，即集中式（或抽离式）教育安置与融合式（或分散式）教育安置。所谓集中式教育安置，即为超常儿童专门设置特定的教育机构，包括特殊教育学校、特殊班和暑期学校等。我国大陆地区中小学举办的超常儿童实验班就属于典型的集中式教育安置。所谓融合式教育安置，即将超常儿童教育融入主流教育，通过普通学校和普通班这种传统形式来实施（黄伟杰，2012：60）。比如，学校按程序鉴定出的超常儿童，这些儿童大部分时间在普通班级与同辈群体共同学习，这种安置方式就属于融合式教育安置（姚红玉，2013）。

1.学校形式的安置方式

具体来说，国际上对超常儿童的教育安置主要有在专校专班、资源教室、普通班中进行三种模式（安升华，2010）。下面分别对这三种安置模式的特点

和利弊进行分析。

（1）专校专班

专校专班模式即建立专门的超常儿童特殊教育学校或在普通学校内为超常儿童设立专门的班级，对其施以特别教育。超常儿童特殊教育学校有专科（单科）性质的学校，也有综合型的学校。超常儿童特殊教育学校适合于超常儿童比较集中的大、中型城市。设置专门班级适合于超常儿童相对比较集中的城市地区。

专栏 --

从国际上看，不少国家采用设置特殊教育学校的方式安置超常儿童。比如：韩国的特殊教育目的高中（简称"特目高"）是根据韩国《英才教育振兴法》设立的以培养专门领域英才为目的的全日制学校，主要设在高中阶段，其招生对象为英才教育班和英才教育学院表现优异的学生。其类型包括科学高中、外国语中学、艺术类中学、国际中学等，对在科学、外语、艺术、体育等方面有天赋的学生进行特长培养。

韩国的科学高中始创于1983年。目前韩国已有16所这样的学校，其主要目的是培养具有数学和科学天赋的学生。另外，作为试点，韩国在釜山建立了一所新型的科学高中，称为釜山科学高中，又名科学英才学校。这所高中是韩国科学技术部为了培育世界级科学家而特别设立的学校，自2004年春天起每年自全韩挑选144名优秀中学生，全部安排住校、密集授课，在前两年教授完高中与大学的课程，第三年将送他们到韩国或国外的知名大学参与科学研究。（盛志荣，周超，2010）

2006年，澳大利亚新南威尔士州教育部实施选拔性中学和机会课堂政策，确保教育资源基于学业成绩公平分配，提出集中学校资源、使用特殊教学方法等措施，面向成绩优异、有学术天赋的学生，为其提供良好的智力和情感全面发展的机会，满足超常儿童的特殊学习需求。[1] 新南威尔士州全州设置了针对七至十二年级的超常儿童的不同类型的选拔性中学（selective secondary school），供超常儿童及其父母选择。2023 年，新南威尔士州共有选拔性中学 21 所，其中有完全选拔性中学 17 所和农业中学 4 所，进入这些学校的学生均为超常儿童。此外，新南威尔士州还有 27 所部分选拔性中学，此类学校通常只设有英语、数学和科学学科的特殊教育班，其他学科仍在普通班级中教授。[2]

在美国，特殊高中是纽约市面向超常儿童的一种特殊教育机构，允许全市范围的学生不受按学区就近入学的政策限制，参加统一组织的选拔考试，经选拔后录入这些学术型特殊高中。

日本设有超级科学高中（SSH）项目。日本文部科学大臣于 2002 年 4 月 10 日发布实施《超级科学高中实施要项》，旨在通过多种方式在高中阶段培养在科学方面有潜力的学生，既培育科技领军人才的苗子，又通过以数理及相关科技领域为重点的高中课程的开发，为高中教育特别是科学教育的改革积累经验（魏能涛，2012）。

----

①优点

专校专班模式的主要优点是，可以基于超常儿童卓越的认知能力，在专校专班中对其所学的知识进行纵深扩展，缩短超常儿童在校就读的时间，使之尽早成才。其学习有专职教师提供指导。所有的课程和教学都关注学生能力的提高，学生的学习进度和速度与预期能力相称，同时，与智力相当的同学在一个学校或班级会促使超常儿童表现更好（超常儿童在一起相互交流和鼓励，形成共生效应）。可以充分照顾到学生的天赋和个性品质，让不同天资的学生享受不同的教育，可以使学生得到符合其自身特点的发展，进而最大可能地挖掘

---

① 　参见 https://education.nsw.gov.au/policy-library/policies/pd-2006-0353?type=history&refid=285839。

② 　参见 https://education.nsw.gov.au/public-schools/selective-high-schools-and-opportunity-classes/year-7/what-are-selective-high-schools。

超常儿童的潜能，不使有天赋才能的学生被忽视、埋没。

刘彭芝（2008：76-77）指出：根据人大附中长期超常儿童教育实践的结果，集中编班培养有利于超常儿童的发展。其一，将这些智力超常且有理想抱负的学生集中在一起后，班集体形成了浓厚的学习风气，形成了发奋进取的良好的班级氛围，这种环境又使每个成员受到影响，促使他们挖掘潜能，努力向上。其二，这些学生有共同的兴趣爱好，这使他们之间有共同语言，容易产生心理共鸣。心理共鸣又会促进成员之间的频繁交往，这将有助于班集体在心理上建立起相容性。心理相容或不相容是团体、集体工作的一个重要因素，它在很大程度上决定了事业的成败。其三，在学科学习上，这些学生智力水平相近，会自然形成若干群体，相互碰撞，彼此互补，这几乎成为出现杰出学生的一个必要条件。这种碰撞和互补作用还表现在其他方面，如社会活动、艺术、体育等。其四，从教育教学的角度讲，集中编班易于为超常儿童安排适合的教学进度、教学内容和教学方式，易于针对超常儿童的特点开展班级活动，进行非智力因素培养，创造适合他们成长的外部条件。集中编班的方式能最大限度地激励、发掘超常儿童的潜力，创造一个既包容个性、又彰显共性的良好的教育环境，使他们的综合素质得到全面的发展，也促使他们成为某一学科领域的高精尖人才。

还有人指出，将超常儿童混合在普通班中，他们常要面对这样的选择：要么继续保持"自我"，进而产生孤独感或居高临下的优越感；要么降低"自我"来适应环境，从而放慢自我发展的步伐。而开办专门学校和专门班级可以为他们提供处于同一发展水平的群体，可以激发他们的竞争精神，充分发挥和发展他们的天资与天赋，并使他们能以平等的心态待人处事。[1] 还有人指出："把具有特殊发展前途的儿童少年集中起来办班办学，进行特殊教育，创造一个相互影响、相互促进的群体环境，这将对杰出人才成长产生无可估量的'共生效应'（或称'群体效应'），这是一种多、快、好、省的培养途径。"[2] 集中式教育安置的最突出优势是集中资源，提高教育效率，能更有效地提高超常儿

---

[1] 来自北京八中提供的材料。

[2] 来自葛朝鼎《超常教育与教育公平》，引自《超常人才专业委员会暨北京八中超常教育三十周年研讨会论文集》，2015 年 11 月 7—9 日，内部资料。

童的个体发展水平。

②缺点

有学者认为：专门的教学计划只能使学生在某一方面得到极大发展，不利于学生的全面发展。这样的学生在单一的环境中成长，容易脱离正常社会环境、远离正常生活。将超常儿童集中在一起学习，他们固然可以从适合他们能力的课程中得益，满足他们在智力某方面的超常发展的需要，但超常儿童在一起也会有互相竞争带来的压力，如果压力大，也会影响他们的健康发展。从这个角度来讲，超常儿童教育学校或班级也有其自身难以突破的瓶颈。（安升华，2010）

有学者（李颖，施建农，2005：625）指出："由于超常班中，每一位同学均非常优秀，这会使他们压力过大，导致自我概念降低，从而引发学业成绩的下降，降低学习热情和成就动机。"

还有学者（程黎 等，2018：64-65）指出："中国超常儿童数量众多，且分布不均。单独编班、编校的方式不仅难以满足众多超常儿童的教育需求，而且会造成人力、物力、资源的过度集中，引发社会对教育公平问题的再激化。"

（2）资源教室

在资源教室的安置方式下，超常儿童平时大部分时间都留在普通班级中，与普通儿童并不隔离，他们只在特定时间到资源教室或资源班接受辅导或拓展学习。可以混合编班，即将来自不同年级或同一年级不同班级的超常儿童集中在一起组成资源班，这是一种校内联合设班模式。与此相对应，还有校际联合设班模式，在这种模式下，面向超常儿童的特殊教育班级由多所学校联合设立，服务于多所学校的超常儿童。这种设班模式主要有两种考虑：一是单独一所学校的师资力量可能无法为超常儿童提供充分、优质的特殊教育，因此，可以由几所学校联合设立面向超常儿童的特殊教育班级；二是学校所处地区比较偏远，或者学校内的超常儿童数量较少，因此，采用区域内联合设班的方式举办超常儿童教育。国外针对超常儿童的资源教室一般配备专门的超常儿童教育教师。

专栏 --

　　韩国根据《英才教育振兴法》，在小学、初中、高中均设立超常儿童特殊班级（英才教育班）。英才教育班由一定区域内的学校相互整合形成，具体做法是：选取区域内的一所学校作为中心学校，然后整合区域内其他学校的教师、设备等资源，通过资源共享来实施超常儿童教育。英才教育班中的学生均来自本学区，人数限定在20人以内，利用课后和周日进行授课，每周2—4个学时，主要课程是数学和科学。（肖广军，2014）在我国的台湾地区，小学和中学面向学术性向的超常儿童，除了集中设班的方式，还在超常儿童人数较少或偏僻的地区，通过设立巡回辅导班或区域卫星班，为一定区域内的超常儿童提供教育服务。以色列三至六年级的学生如果在超常儿童鉴别考试中取得优异的成绩（成绩处于前3%之列），就会被推荐到超常儿童训练中心参加午后额外课程的训练。通常这种训练每周安排一个下午，向超常儿童提供普通学校不开设的一些特殊课程。（兰继军，蓝岚，2006：93）

　　资源教室使用的形式分为抽出式和附加式。抽出式是指利用普通学校正式上课时间，将学生带到资源教室进行教育。附加式主要是让学生在早自习、班会、放学后等课余时间到资源教室上课，具体实施要依据学生的情况及资源教室的时间安排。（朱媛媛，2012）

　　资源教室一般适合于教育资源比较充裕的地区。

　　①优点

　　资源教室不但具备了专门超常儿童教育班级的许多优点，而且避免了与普通教室完全隔离的缺点。超常儿童与普通儿童并不隔离，又能获得特殊教育服务。分班计划较易操作，既满足了超常儿童和同辈群体接触的需要，也为普通儿童提供了榜样，有利于整体的提高；普通教室中的教师有更多的时间帮助超常儿童；留在普通教室的学生有机会出类拔萃，有更大的信心去努力学习；

超常儿童们有一定的时间相互讨论自己的学习兴趣，而这是他们和普通教室中的学生无法进行的。

②缺点

学校要同时配备普通教室的教师和资源教室的教师，这无疑会提高人力资源成本。

（3）普通班

普通班的安置方式即将超常儿童安置在普通学校中的普通班里，实现超常儿童教育和普通教育的融合与一体化。普通班的教育安置方式属于融合式，需要教师对学生额外进行辅导，并为学生提供额外的学习资源。这种教育安置方式用我国特殊教育领域的一个专用术语表达就是"随班就读"，即有特殊教育需要的儿童在普通学校的普通班里就读。目前，美国、英国、新加坡的超常儿童教育主要采用这种教育安置方式。

在普通班这种安置方式中，学校可采取多种"能力分组"的教学组织形式，使高能力或表现较好的学生聚集在一起，接受恰当的有挑战性的教学（安升华，2010）。例如，班级内分组，将同一个班级中的不同学生根据他们的学业成绩进行分组。最常见的一种班级内分组形式是根据学科重新分组，实行分层教学。学生被大体上分成三组或三组以上，他们以不同的能力水平学习不同的学习材料。

班级内分组的另外一种形式是集群分组（cluster grouping）（王立雪，衣新发，李梦，2018：85）。教师认为某几个学生是超常儿童，就对他们进行集中的专门训练。集群分组可以跨学科进行，当某个特定学科的分组安置学生人数不够时，这种分组就很有必要。在农村或对少数超常儿童的恰当安置有困难的地方，集群分组是很受欢迎的一个选择。这种分组的优点是它不但符合超常儿童教育的一体化氛围，而且能为超常儿童提供一个同伴群体。集群分组对于普通学生的学业成就也有帮助。

能力分组的另外一种类型是跨年级分组。跨年级分组是进行区别性教学的一种有效的途径，它能取得与年级内分组相类似的成就。在我国，学校组织学科竞赛班有时就采取跨年级分组的形式。

另外，暂时性超常班或单科超常班也可以被视为能力分组的一种形式。

对于智力超常的学生，在学习有些课程，如体育、音乐、社会、劳技等时，他们也可以和其他同龄学生一起学习，而在学习有些课程时则可以根据他们的特殊需要，将其组成暂时性超常班进行学习。对于那些在某方面有特殊才能的超常儿童，如英语能力超常或美术能力超常等，可以在学习相关的课程时，将他们集中在一起，组成单科超常班。这种将超常儿童在部分时间相对集中的安置办法，对于那些在某方面有特殊才能的超常儿童是一种较好的形式，这种形式也有利于超常儿童和普通儿童交往，获得与他们年龄相符的各种经验（华国栋，1999：9）。

对于那些没有条件建立超常学校或超常班的地区，或者超常儿童"超常"的程度不是很高的情况，可以采取普通班的安置方式，安排超常儿童随班就读（华国栋，1999：9）。

①优点

有学者（李颖，施建农，2005：625）认为，超常儿童在普通班学习更能凸显出超常儿童卓越的认知与学业能力，使他们获得较高的学业自我概念，更易获得较高的成绩水平。

还有学者（华国栋，1999：9）指出，超常儿童随班就读有利于其与普通儿童在一起获得与自己年龄相符的各种经验，特别是社会化经验。而且，为超常儿童采取的一些教育教学措施，特别是培养他们创新精神和创造性思维的方法策略也适用于其他课程，对普通班的普通儿童也大有益处。

②缺点

有学者（李颖，施建农，2005：625）认为，超常儿童在普通班中所学的知识缺乏挑战性。普通班中和这些超常儿童能力相当的学生很少，致使这些超常儿童没有与相近能力的学生互相学习的机会。许多教师并没有针对如何教育这些超常儿童受过专业训练，而且在普通班学习，教师会按照大多数学生的理解水平组织教学，教学内容通常对超常儿童来说显得过于简单，导致超常儿童感觉没意思，上课注意力不集中。教师常常只能照顾到班上的大多数学生而无法顾及少数超常儿童。而那些教师顾及不到的学生又容易在课堂上因为"吃不饱"而"闲暇"，因为"闲暇"而"生事"，因为"生事"而"受批评"，因为"受批评"而成为"差生"，因为是"差生"而被忽视。

有学者（华国栋，1999：9）指出，采用随班就读这种安置形式对学校和教师都提出了更高要求。也就是说，随班就读的实施条件还是比较苛刻的。事实上，在现有环境下很多学校难以照顾到超常儿童的特殊教育需要；在班额很难控制的情况下，教师也难以兼顾超常儿童和普通儿童的不同发展需求。采用随班就读的安置方式，要求学校增设选修课，允许超常儿童提前考试、提前毕业；要求教师在教学中注意照顾学生的差异，注意满足超常儿童的特殊需要，在教学中多采用个别化教育的模式，为超常儿童制订专门的个别教育计划，采用适当的能力分组方式，帮助他们建立和其他同学不一样的超常发展的目标，为他们提供适合他们学习的有相应深度的内容和有一定难度的思考性强的作业，多给他们提供自学和独立研究的机会，多为他们提供各种资源和条件。

专栏--

新加坡超常儿童教育安置方式的演变

新加坡政府自 1983 年开始制定"天才教育计划"，并于 1984 年颁布实施该计划。计划实施之初，新加坡对超常儿童实施的是集中式编班制。随后，在融合教育的国际趋势下，该国于 2007 年发起超常儿童与普通儿童的互动项目，鼓励他们互相交流，建立密切的伙伴关系，并明确规定两个群体每天必须有 1/3 或 1/2 的上课时间在一起度过，形式有班级互动、课程辅助活动和社区服务等。截至 2008 年，9 所超常儿童教育小学均开始实施融合式编班，使超常儿童与普通儿童一起学习和成长；中学的超常班全部被淘汰。自此，新加坡超常儿童的教育安置总体上呈现出融合的趋势。（王寅枚，冯超，程黎，2014）

新加坡教育部鼓励学校探索和建立特色天才教育模式，因此，不同的学校有不同的融合方式和倾向。概括起来主要包括两种模式：一种是超常儿童与普通儿童被编入同一班级，共同学习，但英语、数学、科学仍然分开上课。另一种是超常儿童与普通儿童分别组班，但在一起学习艺术、手工艺、行政学、礼仪和道德教育、中

文、音乐、物理等课程。（唐科莉，2021：127）

除正常上课外，超常儿童还可以根据自己的兴趣参加个性化研究（individualized study options）、充实活动（enrichment activities）、特殊课程（special programmes），以扩充课程内容并提高运用知识和研究问题的能力。当然，这些拓展性活动并不都是由学校提供的。比如，"充实活动"就是由新加坡教育部天才教育处组织开展的，而"特殊课程"中有许多内容是由大学等各种社会机构提供的。这属于非学校形式的教育安置形式。

----

2. 非学校形式的安置措施

为了更好地满足超常儿童的特殊教育需要，除了在基础教育阶段的学校给予超常儿童适当的教育安置之外，还需要包括大学和科研院所等在内的社会机构和家庭提供各种支持。我们把这种由基础教育阶段的学校之外的社会机构和家庭所提供的教育安置方式统称为非学校形式的教育安置，主要包括充实中心安置、大学超常班（部分时间制）安置、虚拟学校安置和在家上学四种方式。

（1）充实中心安置

在美国，一些大学和超常儿童协会设有超常儿童充实中心，提供夏（冬）令营课程或特殊项目、课程（兰继军，2001）。在以色列，小学和初中阶段的超常儿童平时在各自的学校就读，但每周有一天到地区性或跨地区的充实中心参加特殊训练，学生根据自己的兴趣选择喜欢的课程（兰继军，蓝岚，2006：93）。在新加坡，天才教育处组织了各种课程、营地及课外活动，这些被称为"充实活动"项目；新加坡还开设了大量的"特别课程"对"天才教育计划"学生的充实课程进行拓展，为他们提供机会拓展该领域的兴趣，并向专业人士学习（唐科莉，2021：124-125）。

此类充实中心一般设立在高等院校和研究机构较多的大城市。

专栏 --

爱尔兰天才青年中心（O' Reilly, 2018）

1992 年，爱尔兰天才青年中心于都柏林城市大学正式成立。这是到目前为止爱尔兰唯一为超常儿童提供服务与支持的正式项目。

爱尔兰天才青年中心较早开展的针对超常儿童的校外项目包括星期六丰富课程和暑期项目。1993 年，爱尔兰天才青年中心启动了星期六丰富课程，涉及的学科包括法医学、医学、未来科学、工程学、计算机编程、新闻学、法律研究和心理学。这些课程通常为大学水平的课程，由学科专家或来自主办该课程的高等教育机构的研究生讲授，以便让学生有机会学习他们通常在学校不会接触到的课题。通过这种方式，学生可以使用高等教育机构的设施并接触到他们感兴趣的领域的教师。1996 年，爱尔兰天才青年中心启动了暑期项目。爱尔兰天才青年中心在都柏林城市大学为超常儿童提供 2—3 周的暑期课程，包括生物医学诊断学、理论物理、犯罪学、企业商业、社会心理学、国际关系和写作。这些课程要比他们在学校学习的课程更具挑战性。到目前为止，爱尔兰有超过 6 万名 6—17 岁中小学生参加了都柏林城市大学的爱尔兰天才青年中心项目。

----

①优点

课程设置和服务内容的安排比较灵活，能为超常儿童提供学校所不能提供的一些课程和服务，能较好弥补学校教育的不足。

②缺点

指导教师对超常儿童的了解一般不多，指导的针对性可能会有所不足；课程的系统性、针对性不一定能很好地契合超常儿童的实际水平和需要；对高等院校和研究机构不多的地区难以适用。

（2）大学超常班（部分时间制）安置

与基础教育阶段的学校形式的教育安置不同，一些国家的大学还利用周末或假期举办超常班，为超常儿童提供专门的教育服务。

专栏 --

在以色列，大学设立非全日制的超常班。超常儿童可以定期到大学选修课程。课程形式有两种，一是为学生设计一组课程并对其进行系统指导；二是由学生自选，导师加以辅导，不强调系统性（兰继军，蓝岚，2006：94）。又如在韩国，为了鼓励大学参与中小学的超常儿童教育，韩国科技部在全国范围内建立了 15 所隶属于大学的英才教育中心（Gifted Education Center, GEC）。这 15 所英才教育中心目前都在推行数学和自然科学的拓展课程，每年大约有 3000 名中小学生利用周末、寒暑假参加英才教育中心组织的拓展班（盛志荣，周超，2010）。

此类教育安置主要适用于安置距离大学较近地区的高年级的超常儿童。

①优点

充分利用大学的教育资源，弥补基础教育阶段学校课程、师资及设施条件等的不足。

②缺点

其主要缺点是仅适用于大学周边地区。

（3）虚拟学校安置

借助现代信息技术构建的虚拟学校实际上是一种线上超常儿童学习平台或线上的"充实中心"。"它能够以现代技术手段和网络媒体传播超常儿童教育资源，是实现超常儿童教育课程、师资等信息化、共享化、便捷化的重要利器。"（贾志国，朱怡萍，2021：27）

专栏 --

　　以色列教育部专门设立的负责超常儿童教育的超常儿童部为进入中学阶段的超常儿童设立虚拟学校，提供网络课程。超常儿童可以根据自己的兴趣爱好选择课程。虚拟学校提供 12 节在线课程，每节课都有讲解和习题环节，超常儿童可以按照自己的进度完成习题，并通过网络提交给教师，教师给儿童反馈，在必要时会提供远程指导（周菲菲，孙妍，2016：170）。澳大利亚的新南威尔士州依托极光学院（Aurora College）开办了虚拟的机会班。[①] 经过鉴定的超常儿童如果就读于农村和偏远地区的公立学校，且获得授权参与机会班，那么，儿童家长可以申请同时加入虚拟机会班。学生日常主要是在当地的公立学校上课，并通过在线会议系统学习机会班的科学、技术和数学等课程。需要说明的是，如果学生所在学校已经设有机会班，那么学生将不具备申请加入虚拟机会班的资格。

　　虚拟学校安置适用于信息网络所能覆盖的任何地方，尤其适用于农村和偏远地区。

①优点

　　这种开放的信息化学习平台能实现超常儿童的交流互动，为超常儿童潜能的激发提供无限空间。超常儿童不仅可以依据自身特点自由选择适合自己的学习内容，而且能够不受时间、空间限制，随时随地学习适合自己的课程，充分满足其特殊的学习需求。尤其对于那些地处偏远地区的超常儿童来说，这种线上学习平台可以有效弥补当地实体性的校外学习资源的不足。

②缺点

　　对软硬件尤其是网络有较高要求，并由此带来经费需求；缺乏师生之间面对面的互动，影响教与学的效果；缺乏同学之间的互动和集体学习的氛围，

---

① 参见 https://aurora.schools.nsw.gov.au/learning/primary-school.html。

难以形成共生效应；对低龄儿童适用性差。

（4）在家上学

在一些西方发达国家如美国，在家上学现在依然是很多中产阶级家庭选择的对超常儿童进行教育的方式。这也是一种非学校形式的超常儿童的教育安置方式。20世纪80年代末至90年代初，美国就有许多州通过法律形式确立了在家上学的合法性。

严格来讲，在家上学这种教育安置方式是针对超常儿童的一种特殊的教育制度设计，属于制度性的教育安置措施。这种教育安置方式适用于获得法律认可且有教育指导能力或有较好经济基础的超常儿童家庭。

①优点

在家上学能够以灵活多样的教学方式为孩子提供有针对性的个性化教学，超常儿童的学习倾向在父母敏锐细心的观察之下，更容易被发掘并发挥出来（唐璇，2010）。有研究证明，在家上学的培养效果优于在普通学校上学（贾志国，朱怡萍，2021：26）。

②缺点

其主要缺点是家庭投入过大，一般家庭承担不起；另外，儿童缺乏集体成长环境，不利于其社会性的发展。

3.制度性的教育安置措施

（1）制度性教育安置措施的种类

国外针对超常儿童这类特殊群体，除了有在家上学这种特别安置措施以外，还有提前入学、跳级（包括单科跳级）、提早结束课程或提前毕业、提前升入大学等多种特别措施。这类特别安置措施与常见的学校形式的教育安置和非学校形式的教育安置有较大区别，我们称之为制度性教育安置措施。

所谓提前入学指的是允许超常儿童在常规入学年龄前进入学校学习。所谓跳级是指让超常儿童打破常规，跨越年龄进入更高年级的普通班级进行学习，使学生在跳级后学习适合其能力的内容。

在不改变主流教育秩序和形式的前提下，通过实行提前入学、跳级、缩短修业年限、提早结束课程或提前毕业、提前升入大学等教育安置措施，仍可满足超常儿童的特殊教育需要。因此，它是针对超常儿童的特殊教育需要在入学、结业、升学等制度层面做出的特殊规定，是一类面向超常儿童的特殊教育安置措施。这正是制度性教育安置措施与常见的学校形式的教育安置和非学校形式的教育安置的区别所在。

（2）制度性教育安置措施的利弊

提前入学、跳级、缩短修业年限、提早结束课程或提前毕业、提前升入大学等教育安置措施本质上均属于压缩学制或加速教育模式。"加速教育是一种对于高天资学生的高效干预手段。"（Colangelo，Assouline，Gross，2004）需要注意的是，跳级并不适用于所有年级段的学生。一般来说，跳级适用于低年级段的学习。小学阶段跳级往往能取得显著效果。越往高年级，知识容量和课业难度越大，跳级的难度也加大，有时会适得其反（安升华，2010）。

①优点

使课程的水平、难度和进程与学生的准备状态和动机水平相适应（范明丽，2010：63）；用更短的时间完成规定的学业或教育计划，节省受教育时间，从而变相延长了工作时间；节省费用，教育成本低，效益高。

②缺点

提前上学和跳级都存在儿童是否适应班级集体生活的问题。跳级还容易出现知识断层和知识体系不连贯、不完整等问题。超常儿童跳级后往往置身于一些身体、社会经验和思想比他们更为成熟的学生之中，这种环境不利于他们的发展。跳级有时会加重学生负担，处理不好则会使其自信心受到打击，丧失学习兴趣。

从以上介绍可以看出，超常儿童的教育安置方式多种多样，每一种教育安置方式各有利弊，也有其特定的适用对象、条件和范围。并没有一种教育安置方式能够满足所有超常儿童的特殊教育需要。

（二）我国主要超常儿童教育安置方式

1.大陆地区超常儿童教育安置方式

我国大陆地区的超常儿童教育安置主要有以下三种方式：第一，设立专门学校；第二，在普通学校中设立专门班级，如超常班；第三，在普通学校的普通班级中进行能力分组或组建单科超常班。其中，以第二种安置方式最为常见。个别学校，如人大附中，采用超常班与普通班相结合的教育安置方式。

专栏 --

音乐教育的专门学校——中央音乐学院附中附小

中央音乐学院附属中等音乐学校（简称中央音乐学院附中）于1957年建校，是国家级重点中等专业学校，被誉为"中国音乐家的摇篮"。该校致力于发掘和培养有特殊音乐才华的孩子。中央音乐学院附中的学制分为三年制与六年制，主要招收小学六年级和初中三年级的应届毕业生。

中央音乐学院附属中等音乐学校小学培训部（简称附小）是中央音乐学院专业音乐教学体系中的一个重要组成部分。其办学性质为培训性质（既非义务教育也非学历教育）。附小面向全国招收包括钢琴、管弦乐及民族乐器等表演专业的小学四、五年级学生。这些学生是中央音乐学院附中六年制中专学历教育之前的非正式学籍学生。所有附小学生一律在原户籍所在地保留户籍、学籍。附小的办学目标主要是向中央音乐学院附中输送优秀的后备人才。

北京八中的超常教育实验班

北京八中设有超常教育实验班（以下简称少儿班）和智力优秀学生综合素质开发实验班（以下简称素质班）。少儿班招收年龄10岁左右、具有小学四年级文化程度的智力超常儿童。经过四年的培养，使他们完成小学五年级、六年级、初中和高中的全部课程。素质班同样招收有小学四年级文化程度的智力超常儿童，不缩短学制，通过大量的选修课和研究性学习提升学生的整体素质。经过多年实践，这两类超常儿童教育安置方式都取得了较好的效果，培养了一批具有创新精神和创新能力的人才。

----

2. 我国台湾地区超常（资优）儿童教育安置方式

我国台湾地区主要有四种超常（资优）儿童教育安置方式，分别是集中式资优班、分布式资优班、资优特殊教育方案、资优巡回辅导班（佘丽，王昆，2016）。其中，集中式资优班通过多种方式鉴定学生后将其集中起来，在普通班之外成立特别班，以班级为单位开展教育教学活动。分布式资优班的学生大部分时间在原有的行政班内学习，只是每周在固定的时间（通常有6—10节课）被抽离所属行政班，通常以年级为单位集中起来，由资优班教师为他们提供相应的课程，以充实课程为主。资优特殊教育方案分为个别化资优教育方案和区域教育方案。个别化资优教育方案主要针对个别有特长和潜质的学生。学校凭一己之力难以提供其所需的师资等，因而不能满足其特殊学习需要。针对这种情况，由学校、资优教育中心、特殊教育行政部门等共同为该学生制订一套满足其特殊学习需要的教育方案。根据方案，学生可以在学校所在区域内通过跨校、到特殊教育中心学习等途径接受专门辅导，或者在校内享受由专门机构和专人为其提供的教育指导（徐士强，2011：45）。区域教育方案由几个学校合作，其中一个学校举办课外充实课程，其他学校的资优生也可以参加。通过各学校举办不同领域的资优教育课程，能够让资优学生有更多选择，尤其可以让那些没有资优教育资源及人力的学校的资优学生获得资优教育的机会。为了鼓励和支持承担区域教育方案的学校，地方教育行政部门会为其提供经费补助。区域教育方案这种安置方式与北京市"翱翔计划"课程基地的做法非常相似。

巡回辅导是指将特殊学生安置在普通班中，由经过训练的巡回教师机动性巡回有特殊学生的学校，为特殊学生提供直接服务，或为教师、家长提供咨询等间接服务。（陈全银，肖乐，危玲玲，2019：124）而资优巡回辅导班，一般是指由经过训练的巡回教师机动性巡回有资优生的普通学校，为资优生提供辅导。它是实施融合教育的一种重要路径。这种方式属于非学校形式的教育安置方式，主要适用于资优儿童数量较少或偏僻的地方。

分布式资优班实际上采用的是普通班的安置方式，而资优特殊教育方案、资优巡回辅导班实际上都可归类于普通班安置方式之下的特别措施。

就安置程序而言，在我国台湾地区，资优儿童少年的教育鉴定与安置一般结合在一起进行。我国台湾地区资优儿童少年的教育安置内容较多，包括学术性向方案、艺术才能方案、提早入学、缩短修业年限等多项内容。对于不同的教育安置内容，其鉴定与安置的主体、对象、依据和程序也有所不同。[1]

 专栏 --

我国台湾地区的资优教育班

我国台湾地区在小学、初中和高中阶段实施资优教育，设置集中式资优班、分布式资优班、资优特殊教育方案及资优巡回辅导班（见表 3.1）。

表 3.1　我国台湾地区不同学段资优儿童少年的安置方式

学段	办理项目	类别		安置形态				
		一般智能	学术性向	普通班	资优班		资优特殊教育方案	资优巡回辅导班
					集中式资优班	分布式资优班		
学前	申请提前入学鉴定	√		√				
小学	一般智能鉴定	√				√	√	√
	缩短修业年限	√	√	√				

---

① 参见 http://ser.ptc.edu.tw/CMSMain.aspx?tmid=3&mid=13。

学段	办理项目	类别		安置形态				
		一般智能	学术性向	普通班	资优班		资优特殊教育方案	资优巡回辅导班
					集中式资优班	分布式资优班		
初中	学术性向资优班（语文、英语、数理）		√			√		
	学术性向资优特殊教育方案（语文、英语、数理）		√	√				√
	缩短修业年限	√	√	√				
高中	学术性向资优班（语文、英语、人文社科、数理）		√			√	√	
	缩短修业年限	√	√	√				

（三）超常儿童教育安置的影响因素

从世界范围来看，超常儿童的教育安置方式呈现出多样化的特点。不同的国家、同一国家的不同地区、同一地区的不同学校，其超常儿童教育安置方式都可能有所不同。那么，究竟是哪些因素影响着人们对教育安置方式的选择呢？

1.超常儿童教育安置影响因素研究概述

有学者（葛新斌，2006）指出，特殊儿童教育安置模式的制约因素主要有以下五种。一是哲学与价值观。尽管哲学与价值观并不会直接决定特殊儿童的教育安置形态，但哲学思潮和基本价值观念仍会透过各种渠道制约特殊教育安置模式。二是社会思潮与运动。国际风行的特殊教育思潮对一个国家的特殊教育安置模式有着重大的影响。三是经济与社会发展水平。由于对象的特殊性，特殊教育对物质技术条件的要求远远高于普通教育。所以，社会经济发展水平对特殊教育安置形式会产生极其重大的约束作用。正因如此，同一个国家不同经济发展水平的地区，出于经济保障能力的不同很有可能采取不同的教育安置方式。由于集约化的教育安置方式更为节约成木，并能使有限的资源发挥较大效能，因此，集约化的教育安置在经济保障能力相对薄弱的地区可能更为有效，也更为可行。四是教育立法与教育制度。一个国家的教育法律与制度，也可能会在很大程度上影响其特殊教育安置模式。美国开放型的特殊教育安置模式就是在1975年国会通过94-1425公法后建构而成的。五是其他偶然性因素。除上述四个较为稳定的重要因素外，一些偶然性的相关因素有时也会影响特殊教育安置模式的形成，这在国内外都能找到佐证的例子。可以说，上述分析从价值观念、社会思潮、经济与社会发展水平、法律制度等宏观层面，对特殊儿童教育安置方式的制约因素进行了深入分析，为我们系统思考、顶层设计我国超常儿童的教育安置方式提供了重要参考。

也有学者（王梅，2004）认为，影响教育安置的因素主要包括特殊儿童的心理发展、社会资源特别是物质条件、社会接纳度、特殊教育发展特别是特殊教育师资力量等因素。其从特殊儿童的"教育性"和"特殊性"的双重视角对特殊儿童教育安置方式影响因素的分析，启发我们从中观层面和实操层面进一步思考和设计更为具体、更符合实际也更具可操作性的中国特色超常儿童教育安置体系。

还有学者（赵梅菊，肖飞，2016：100）指出，特殊儿童的安置决策既应该考虑特殊儿童的类型和程度，又应该考虑某种安置环境能否为儿童提供最合适的教育。对超常儿童来说，就是要考虑其超常类型和程度。

可见，影响超常儿童教育安置方式的因素必然涉及超常儿童教育的"特殊性"，尤其是教育对象的特殊性，具体包括教育对象天赋领域的特殊性、教育对象学习的特殊性、教育对象学习需求的特殊性、教育对象学习资源的特殊性等。

还有学者（吴武典，1997：17）认为，对于特殊儿童群体中的一端——残疾儿童来说，最适当的教育安置应该考虑四个因素：一是障碍程度，即障碍程度轻者尽量统合，重者可以隔离；二是进步情形，即在教育过程中有进步者尽量往下回归，情况恶化者可向上远置；三是障碍类别，即根据残疾儿童的类别决定其安置方式；四是居家远近，即以靠近住所或方便通勤上学为原则，以便于享受家庭温暖及获得父母家人的协助，此尤以年幼者为然。综合考虑、弹性运用以上四种因素，即"最适当的安置"。这显然是从教育对象的个体特征及就学便利性方面考虑的。它对于特殊儿童群体中的另一端——超常儿童来说，也具有一定的启发和借鉴意义：一是超常程度，对于超常程度轻者可采取融合式安置，重者则可采取集中式安置；二是超常类别，即根据数理、音乐、美术、体育等超常类别决定其安置方式；三是进步情形，根据超常儿童发展情况动态调整其教育安置方式；四是居家远近，是否就近就便也是影响安置方式的因素之一，对于低龄儿童更需注意。

2. 我国超常儿童教育安置的主要影响因素

综合各学者观点，我们认为，影响超常儿童教育安置方式的主要因素包括价值观念、社会思潮、法律制度、经济与社会发展水平、教育对象的个体特征及就学便利性、师资条件、教育规模，同时还要考虑超常儿童个人及其监护人的意愿。

概括来说，影响我国超常儿童教育安置方式的主要因素有六个。

一是超常儿童的个性特征，包括天赋领域、超常程度、性格及年龄。

二是当地的经济与社会发展水平，即实施超常儿童教育所需要的内外部教育资源保障能力和水平。超常儿童教育属于基础教育范畴。由于我国实行基础教育由地方负责、以县为主、分级管理的体制，超常儿童教育理应由县级政府具体负责组织实施，由省级政府统筹。县域经济社会发展水平很大程度上决定着超常儿童教育的保障能力和实施水平，并直接或间接地决定着超常儿童的教育安置方式。

三是超常儿童教育的规模，即纳入当地政府超常儿童教育规划的超常儿童数量。这个数量直接决定了政府、学校应为此付出的财力、人力等教育投入，从而决定了当地所应采取的超常儿童教育安置方式。在超常儿童占人口比例确定的情况下，一个地区（以县为单位）的超常儿童数量与当地常住人口总量或密度成正相关。

四是超常儿童的地域分布。按照我国惯常采用的教育事业统计分类，超常儿童所处地域可划分为城区、镇区、乡村三类地区，城区又可细分为大中城市的城区和县城。超常儿童的地域分布不仅直接影响到超常儿童的教育安置方式，而且事关超常儿童教育的可行性、便利性和效益。

五是当地师资的保障水平。这包括教师数量和质量两个方面，其中尤以学校师资质量为要。实施超常儿童教育对教师素质提出了很高要求，并非所有具有教师资格证书的普通教师都能胜任。由于我国没有超常儿童教育师资培养系统，绝大部分教师没有接受过有关超常儿童认知、特点和教学方式方法的学习和培训，胜任超常儿童教育的教师严重短缺。这是目前制约我国在基础教育阶段大规模开展超常儿童教育的巨大障碍。

六是儿童及家长的意愿。超常儿童不仅在群体层面与普通儿童存在较大差异，在个体层面也存在较大差异。并非所有超常儿童都适宜采用同一种教育安置方式。由于超常儿童教育是一种增益性的教育制度设计安排，而不是一种强制性的教育行为，因此，必须坚持自愿性原则。超常儿童及其家长的意愿也是确定超常儿童教育安置方式的一个必须考虑的因素。

三、超常儿童教育安置方式的争议与回应

尽管超常儿童的教育安置方式多种多样，但归结起来无非就是集中式教育安置和融合式教育安置这两类。究竟哪一类教育安置方式对超常儿童的发展更为有利，学术界一直存有争议。

（一）超常儿童教育安置方式的争议

随着 20 世纪 80 年代融合教育在美国的兴起，是否应该将所有的特殊儿童都安置于普通教室这一问题成为国际特殊教育领域讨论的焦点。事实上，国际上关于融合教育背景下如何安置包括残疾儿童和超常儿童在内的特殊儿童的问题一直争论不断，争议的焦点主要集中在完全融合与多元安置上（赵梅菊，肖飞，2016）。

有人主张采用集中式教育安置方式，认为这种安置方式有利于更好地满足超常儿童的特殊教育需要，效率比较高，可操作性也比较强。我国中小学超常儿童实验班的实践证明，"将智力水平、特点和潜力接近的儿童和少年集中起来编班，进行超常集体教育是有益的。不仅便于教学收到较好的效果，而且这样的集体对他们具有更大的挑战性，可以促进他们互相学习共同前进。同时由于年龄接近，情趣相投也能满足他们情感和友谊正常发展的需要"（查子秀，1995：6）。我国长期从事超常儿童研究的施建农教授坦言："对待常态儿童的教学方式方法，很难适应和促进超常儿童的发展。现在如果真把超常儿童放到普通班里边，从教学实施的角度来说，老师很难避免顾此失彼的情况发生，这个孩子通常会被冷落，甚至会被认为是有问题的。所以，无论从哪个角度来说，在目前的情况下，为超常儿童组建专门的班级，对孩子有好处，对老师教学效率的提高也有好处。"[①]

也有学者（戴爱华，2016：90）认为，这种单独编班的形式不利于学生

[①] 引自"北京市超常儿童早期培养调查研究"项目组对中科院心理研究所施建农教授的访谈，2019 年 10 月 29 日，未公开发行。

的成长，甚至会出现超常儿童与正常儿童的隔离，不利于他们社会适应能力和社会交往能力的发展。有人（程黎 等，2019：88）直言："超常教育并不需要以某种特殊的、特别的形式来开展。"他们主张超常儿童的"安置和教育方式要向融合教育模式迈进。……采取融合的教育安置方式和充实制的课程模式，在普通学校和普通班级中开展超常教育，制定个别化教育计划，并配以弹性和灵活的课程、丰富的课内外活动和多样的资源班将是可行的超常儿童培养之路"（程黎 等，2018：64-65）。人们担心集中在单一环境中成长容易让超常儿童脱离正常社会环境、远离正常生活，导致其竞争压力过大，阻碍其健康成长。

心理学者关于"大鱼小池塘效应"的研究揭示了由于教育环境不恰当所引起的动机损失现象。尽管人们关于该效应的研究并不充分，还存在一些争议和没有得到解决的问题，但是，该效应的存在对于超常儿童的教育安置还是具有启示和警示意义的。它提醒教育工作者权衡关于超常儿童的各种教育安置方式，以期为超常儿童提供能最大限度发挥其潜能的最适宜的教育方式（李颖，施建农，2005）。

在超常班教育实践中，要想合理规避"大鱼小池塘效应"并使其他负面效应最小化，可以从以下四个方面做出改进：一是在组建超常班时，要申明利害，明确指出超常班并不一定适合每一位超常儿童，让孩子和家长慎重做出选择；二是在超常班中构建开放积极的竞争激励制度，积极引导学生进行纵向比较，同时，榜样教育、竞争机制要适度，应建立开放灵活的超常班进入与退出机制；三是构建多元的超常儿童评价体系，引导学生从成绩竞争转向综合素质提升和特长、专长发展；四是加强学生心理健康教育和心理建设，引导学生正确看待并处理好成长过程中的挫折和磨砺，坚定成才信心（于海琴，陈亮亮，2018）。

专栏 --

大鱼小池塘效应

拔尖（超常）学生在平均成绩较高的学校或班级里，信心、自我评价较低，而在平均成绩较低的学校或班级则信心、自我评价较高，这种现象被称为"大鱼小池塘效应"，比喻当普通班中比较优秀的学生进入重点班或重点学校，就如同一条大鱼从小池塘进入大江，不再占有绝对的优势，由于竞争对象都比较强大，会导致其学业自我概念受到负面影响。反之，当重点（超常）班学生回到普通班时，如同大江中的一条小鱼进入了小池塘，虽然是小鱼，但他们在小池塘里面却相对是大鱼，这时他们的学业优势就凸显出来，其志向和自我定位得到激励。（于海琴，陈亮亮，2018）国内外研究者分别从班级、学校和跨文化等不同层面证实了该效应的存在。

大鱼小池塘效应的存在表明，学生在衡量自己的一般学业能力或者具体科目的水平时，通常会将他们所在的群体（包括学校和班级）作为一个参考框架。也就是说，学业自我概念不仅受学生个人能力的影响，也会随着学生所在班级环境的不同而变化。学生学业自我概念的变化与其所选的参照标准有关。而学生的学业自我概念对其今后的学业成就具有直接的影响，会影响其志向、自我定位、学业投入水平等。因此，大鱼小池塘效应所揭示的是一个由于教育环境不恰当所引起的动机损失现象。

（二）对超常儿童教育安置方式争议的回应

通过以上关于超常儿童教育安置方式的争议和大鱼小池塘效应研究成果的介绍不难看出，没有一种教育安置方式能够满足所有超常儿童的特殊教育需要，也没有一种教育安置方式能够适用于所有国家和地区。集中式教育安置和融合式教育安置各有利弊，也各有其适用的对象和条件。由集中式教育安置导致的大鱼小池塘效应并非无法规避。在特殊教育领域大力推行融合教育的今天，不应得出集中式教育安置一无是处的结论（葛新斌，2006：53）。正如有学者指出的，完全融合式教育安置模式并不能满足所有特殊儿童所有发展领域的需要，也没有足够的证据证明完全融合式教育安置的效果优于其他安置形式的效果。完全融合式教育安置的观念虽然占据了特殊教育领域理论与伦理的制高点，从道德的高度对传统的隔离式特殊教育体系完全予以否定，但是其政策目标在特殊教育实践中很难实现。有研究表明，完全融合在实施过程中所依赖的差异化教学并未得到有效实施，集体教学依然是普通教师的核心教学形式，教师在课堂教学时很难考虑到特殊学生的个体需要和个别化的目标。实践证明，完全融合并不能为所有的特殊儿童提供合适的教育。与此相反，多元安置模式充分考虑了特殊儿童多样化的需要，为特殊儿童提供了多样化的安置环境和多元选择，是一种更加合理和现实的安置模式。

同时我们还要看到，对超常儿童教育安置方式的争议往往只考虑到集中式或融合式教育安置方式正面的或负面的教育效果，而很少考虑到经济条件、师资队伍、教育覆盖面等其他制约因素。事实上，任何一个国家、地区的超常儿童教育安置方式都是其社会价值观、历史文化传统、经济发展水平、自然环境和师资队伍等多种因素交互作用的结果。从教育效果等某个因素出发评判超常儿童教育安置方式的优劣，显然过于简单化了，其结论必然是片面的，也是不够客观的。

四、超常儿童教育安置的制度设计

要实现对超常儿童这一特殊儿童群体的规模化、系统化、制度化的教育，必须明确超常儿童教育安置的理念和原则，建立并完善包括教育安置制度在内的各项相关制度。超常儿童教育安置制度是继超常儿童甄别筛选之后的一项十分重要的制度性安排，包括明确超常儿童教育的安置主体、安置方式和安置程序。

（一）超常儿童教育安置的理念与原则

1. 超常儿童教育安置的理念

在特殊教育领域，"全纳教育"已成为通行的理念。推行全纳教育，需要构建全纳学校。"将儿童安排进特殊学校或进普通学校中固定设立的特殊班级或小组，应该是种例外。只有在如下不多见的情况下，即普通班级明显表明不能满足儿童的教育需要或社会需要，或为了特殊需要儿童的福利或其他儿童的福利需要这样做时，才可建议有这种例外。"（李拉，2013）可见，"融合"是特殊教育的基本原则与旨趣，"全纳"是基本趋势与要求，"个别化"教育是基本手段与支持，安置方式多样化是实现个别化教育的必然要求（易凌云，2018）。

对于超常儿童这一特殊群体，其教育安置的基本理念如下。第一，坚持以人为本。从超常儿童个体的实际情况和特殊教育需要出发，以为超常儿童个体的身心健康发展创造最适宜的教育环境为首要原则。第二，坚持实施个别化教育。超常儿童教育与主流教育的最大的区别就是对个别化教育的高度依赖。可以说，没有个别化教育就没有超常儿童教育。这就要求对超常儿童的教育安置必须把有利于实施个别化教育放在首位。需要注意的是，个别化教育不等于一对一的教学，有时候也可以分组的方式进行。对超常儿童的个别化教育并不排斥集体教学，但要求有适时的个别指导。第三，坚持多元化教育安置。超常儿童的异质性决定了不同类型、不同程度的超常儿童有着不同的特殊教育需要，由此决定了没有一种教育安置方式能够满足所有超常儿童的特殊教育需要。要实现为每一个超常儿童提供最适宜的教育环境的目标，就必须坚持多元化教育安置。第四，坚持务实可行。从超常儿童个体实际和当地经济社会教育发展实际出发，努力协调儿童－教育－社会三者间的关系，因人因地制宜，努力使每一个超常儿童获得与其天赋、能力、准备状态、动机水平和需求相适应、相匹配的教育。

2. 超常儿童教育安置的基本原则

根据我国超常儿童教育理念和国情，应确立以多元化教育安置为核心的超常儿童教育安置的基本原则。

（1）集中安置与融合安置等多种方式相结合

理论与实践表明，没有任何一种教育安置方式能够满足所有超常儿童的教育需要，也没有任何一种教育安置方式是十全十美的。因此，要将集中安置与融合安置等多种方式相结合，以此满足超常儿童异质性所带来的对安置方式多样性的需求，弥补集中安置与融合安置的缺点和不足并实现优势互补。

（2）学校安置与非学校安置相结合

事实证明，单靠学校形式的教育安置难以满足所有超常儿童的特殊教育需要。因此，必须积极争取各种非学校形式的教育安置措施的配合。非学校形式的教育安置措施包括各种大学、科研机构等提供的各类专门针对超常儿童的特殊项目，也包括提前入学、跳级、提前毕业、提前升学等各种制度性的教育安置措施。

（3）动态调整，弹性安置

超常儿童的发展并不是一成不变的，超常儿童的教育安置方式也不是固定不变的，需要根据其学业水平、心理发展状况、动机水平和教育需要等方面的发展变化，适时调整其教育安置方式。应允许其根据个人的情况在不同安置方式之间进行转换，且不受学期、学年等教学周期的限制。为此，必须构建开放、灵活、动态的进入－退出机制，为各种安置方式之间的相互转换提供通道。

（4）因地制宜，就近就便

国内外的教育实践表明，没有一种教育安置方式能够适用于所有国家和地区。由于我国各地区尤其是城乡之间经济、社会、教育发展水平存在较大差异，实施超常儿童教育的各方面保障能力存在较大差异，因此，在考虑超常儿童的教育安置方式时必须从当地实际出发，因地制宜，量力而行，同时还要兼顾学生上下学的便利性，在尊重学生及其家长意愿的前提下，尽可能就近就便安置。

（二）超常儿童教育安置的具体设计

1.安置主体设计

政府教育行政部门和学校是超常儿童教育安置的共同责任主体。超常儿童的教育安置应由政府主导、政校合作进行，并根据安置事项明确各主体的责任分工。

对于超常儿童的招生入学、提早入学、缩短修业年限、提前毕业、提前升入大学等安置事项，应由教育行政部门负责；对于超常儿童入学之后的具体安置方式、跳级等安置事项，应由所在学校负责。

总的来说，教育行政部门主要负责超常儿童初次安置和涉及学制的安置事项，学校主要负责超常儿童教育过程中的二次安置。

2. 安置方式设计

超常儿童的教育安置方式有很多，每一种安置方式均有利弊和适用条件。各地应根据超常儿童教育安置的指导思想和基本原则，结合当地实际，因地制宜，采取灵活的安置方式，最大限度地满足超常儿童的个性化教育需要。

鉴于地区经济、社会、教育发展水平及常住人口密度和分布是制约超常儿童教育安置方式的主要因素，我们按地区分类，提出不同地区超常儿童教育安置方式的建议（见表3.2）。

（1）城市地区的教育安置方式

可优先考虑采用专校专班的安置方式，还可考虑普通班与资源教室相结合的形式。对于省会城市，可以大学附中形式建立超常儿童专门学校。

（2）城镇地区的教育安置方式

可优先考虑采用专门班级的安置方式，还可考虑普通班与资源教室相结合、区域教育方案等安置措施。

（3）农村地区的教育安置方式

可优先考虑普通班与资源教室相结合的方式，还可考虑区域教育方案、巡回辅导等安置措施。

而个别化超常儿童教育方案则适用于上述任何地区的个性化程度突出的超常儿童，尤其是那些超常程度特别突出的儿童。本书中所列举的各种制度性教育安置措施和虚拟学校，则几乎适用于全国所有地区。

表 3.2　超常儿童教育安置方式及其适用地区

安置方式			适用地区		
			城市	城镇	农村
学校形式的教育安置方式	专门学校		**	*	—
	专门班级		**	*	—
	资源教室		**	**	
	普通班	能力分组	**	**	**
		单科超常班	**	**	**
		区域教育方案	**	**	***
		个别化超常儿童教育方案	**	**	**
		巡回辅导班	—	**	***
非学校形式的教育安置方式	充实中心		**	**	—
	大学超常班（部分时间制）		***	—	—
	虚拟学校		**	**	**
制度性教育安置措施	提前入学		**	**	**
	跳级（包括单科跳级）		**	**	**
	提早结束课程或提前毕业		**	**	**
	提前升入大学		**	**	—

注：*** 为特别适合，** 为适合，* 为比较适合。

3. 安置程序设计

从我国大陆地区现行残疾儿童教育安置程序和我国台湾地区超常儿童的教育安置程序中可以发现，超常儿童的教育安置程序通常与超常儿童的鉴定程序前后相继、紧密结合。安置事项不同，安置程序亦有所不同。

安置事项主要涉及学术性向超常儿童教育、缩短修业年限和提早入学三类。对于学术性向超常儿童教育的鉴定与安置，其程序为：索取并下载申请须知—报名申请—初审—复审—决议录取—安置。对于缩短修业年限的鉴定与安置，其程序为：教师或家长向就读学校推荐或申请—学校受理—校内甄别小组初审—政府统一复审—鉴定—公布鉴定通过名单—通知原就读学校按规定办理。对于提早入学鉴定及安置，其程序为：索取并下载申请表—报名申请—审查—初试—复试—录取—通知家长及所属学区学校—登记入学。

总之，我国超常儿童的教育安置应坚持多元化安置的总原则，因地制宜、因人制宜，尽最大努力、尽最大可能，为各种类型的超常儿童提供最适合其发展的教育环境。

第四章 超常儿童的加速与充实培养

　　加速和充实培养为超常儿童提供了适合其特点的和更灵活、更高效的学习进度，更有趣、更深入、更广泛和更具有挑战性的课程，更具自主、开放、合作和探究性质的学习方式，是满足超常儿童需要的灵活的教学管理方式和有针对性的课程设置方式，有助于激发学生学习动机、提升学生学业成就、促进学生创造力发展和追求卓越。加速和充实培养对超常儿童教育项目的整体规划、课程设置、教学策略和评价指导等均有重要的影响，对培养当前我国急需的拔尖创新人才具有重要意义，并不是一些人错误理解和实施的拔苗助长式教育或超前教育。本章将从加速和充实的定义、种类、适用对象、实践操作、典型案例、优势与如何避免不足及政策建议等方面进行阐述。

一、超常儿童的加速培养

（一）定义与类型

1.加速的定义

　　美国学者普雷西（Pressey, 1949）把加速培养定义为一种教育干预模式，认为其是促成学生比一般水平更快速、提前升学的教育方案。加速培养非常适合有天赋和学习能力强的超常儿童，为学生提供了与其智力水平相当的挑战，减少了学生完成传统学校教育所需要的时间。

然而，加速的含义常常被人们误解和狭隘化。直至 20 世纪 50 年代初，美国的加速方案也只限于跳级。20 世纪 50 年代中期有人提出 8 种加速方式，引起了教育界更大的关注。20 世纪 80 年代后期有学者认为"加速"是个使用不当的名称，其含意并未得到更全面的表达。

随着超常儿童教育的发展，人们对加速培养的实践和研究有了更多的了解和认识。更多的学者认为加速培养是以学生的学业需求为主要参照来提供较快的学习进度、缩短就读时间的一种教育干预模式。它超越了年龄的限制，允许学生根据个人需要和意愿、能力和知识基础匹配学习内容、调整学习时间，用较短的时间完成常规时间内的任务，从而转向更高层次的学习，促进学生知识、能力和创造力的发展（Maker, Schiever, 1989）。

加速并不意味超前学习或拔苗助长，也不意味着强迫儿童在做好心理准备前学习更高深的材料或与年龄更大的孩子交往。事实正好相反，加速是一种更适合超常儿童的教育规划，可以把课程的进度和难度与儿童的心理准备和学习动机相匹配，让学生进步更大，是对个体差异的尊重，也体现了教育本身应该具有的灵活性。

2. 主要类型

加速培养主要有两种分类。

第一种分类是：服务导向与课程导向。服务导向指提前入学（提前进入小学、中学、大学）、跳级（小学、中学，包括单科跳级）。课程导向指加快掌握学习内容的速度，通常是压缩课程，向学生提供资源教室、配合其专长发展的指导和资料、加速特殊班、自我调控学习进度的课程等。

第二种也是更普遍的分类是：基于年级水平的加速与以学习内容为标准的加速。前者让超常儿童进入比同龄人更高的年级接受教育，后者旨在为处于正常年级水平的超常儿童提供更具挑战性的学习内容。

（1）基于年级水平的加速培养

基于年级水平的加速包括提前入学（小学、初中、高中、大学）、跳级、缩短学制等形式。超常儿童经过鉴定直接进入比同龄人更高的年级进行全日制学习，因而他们完成小学、初中以及高中教育所用的时间少于同龄人。

跳级的跨度一般是一学年，比如一年级学习结束后在新学期开学时直接进入三年级学习，或者结束上半学年学习后在下半学年直接进入二年级学习。

缩短学制通常是指用比正常学年更短的时间完成所有科目的课程内容，比如两年内完成三年的初中课程，或者四年内完成六年的初高中课程。

（2）基于学习内容的加速培养

这种加速培养的超常儿童绝大部分时间和同龄人一起上课，但在某些方面接受更高水平的课程教育，涉及单科跳级、课程浓缩、先修课程、竞赛课程、冬夏令营高阶课程、寄宿高中、国际文凭预修课程、远程教育以及人才搜索项目（Talent Search）等。

单科跳级是指已经掌握了本年级某门科目内容的学生每天到高一个年级或者高两个年级的班级听课，大部分时间仍留在本年级学习其他科目。比如，数学方面超常的高一年级学生学习高二年级的数学课。

课程浓缩通常在常规教室内进行。如果学生某科目的考试成绩已经达到或超过了本年级的最高要求，就由任课教师掌握进度，给学生提供更难的学习内容或进行更高水平技能的培养和锻炼。

先修课程项目为中学生提供大学水平的课程选择。根据考试成绩，预修大学课程的学生能提前取得大学学分，为进入理想的大学增添筹码，还可以为后续在大学里的加速学习和提前毕业奠定基础。

很多大学提供远程学习、在线或独立学习课程，以计算机和互联网为基础，很多内容远远超出大学课程的范畴，这可以为农村和小城镇有才华的学生以及希望学习某些学校无法提供的高级课程的学生提供宝贵的机会。例如，美国的杜克大学人才识别项目、西北大学人才发展中心、斯坦福大学天才青年教育项目和兰祖利学习系统在线项目（Renzulli Learning）等，都是为美国超常儿童提供远程学习的典型代表。

有的寄宿高中、国际文凭预修课程、人才搜索项目等也为超常儿童提供加速培养服务，如美国人才搜索项目中的约翰·霍普金斯大学数学早慧少年项目（The Study of Mathematically Precocious Youth, SMPY）。中国的一些大学也有类似的人才搜索项目，如北京大学（简称北大）心理与认知科学学院自 2018 年发起成立"北京大学全球精英人才 A 计划"，选拔对象为全国各级中学在读的初中二年级到高中二年级学生，对入选的青少年按照"G+S"（即

General + Specific, 通识性与专业性相结合）模式培养。清华大学（简称清华）丘成桐数学科学领军人才培养计划面向全球招收中学阶段综合素质优秀且具有突出数学潜质及特长的学生，从本科连续培养至博士研究生阶段，致力于自主培养一批具备扎实的数理基础、能够引领中国乃至世界基础数学及相关应用领域发展的优秀人才。还有一些著名大学在进行自主招生时举办了夏令营和冬令营，如北大、清华、复旦大学等重点高校以"优秀中学生体验营""暑期学校""学科竞赛营""院系专业营"等多种形式组织了人才搜索项目。

在基于学习内容的加速中，超常儿童大部分时间和同龄人一起学习，这种模式有可能也被认为是充实模式的一种。可见有时候，加速模式和充实模式的界限并不是绝对的，或者这种截然的二分法本身就是不存在的。有美国学者（Fox, 1979）认为，加速模式和充实模式的区别可以按照人们的经验法则进行界定：能使学生进入更高年级或获得高年级学分的项目属加速模式，其他则属充实模式。

虽然很多人喜欢截然区分加速模式和充实模式，或者支持一方而反对另一方，但事实上，加速模式和充实模式经常是同时存在而且互相补充的。例如，一个缩短学制的项目中，可能有充实课程。参与国际奥林匹克竞赛的高中学生，往往需要学习很多中学高年级和大学课程，这既涉及充实模式也涉及加速模式，同时还为学生未来在大学中加速学习该课程奠定了基础。由于学生平时仍然留在原来的年级中与同龄人一起学习，因此他们往往容易被人们认为在接受充实培养，其实更多是在接受加速培养。

（二）操作与案例

1.实践操作

教育公平并不意味着教育内容、节奏的一致。真正的教育公平意味着尊重学习者的个体差异，为不同的学习者提供不同的学习内容和学习节奏。对于超常儿童来说，根据他们的需要对学习内容进行加速显然是科学合理的，更重要的是探讨如何进行加速。

加速培养首先要考虑学生的适应性（人的因素），其次要考虑加速培养过程的科学合理及内容的全面系统，以满足学生身心健康发展的整体需求。

（1）加速培养前需要考虑的因素

加速培养前需要考虑的因素包括学生的智力情况、健康状况、读写能力、计算能力等。

超常儿童教育专家建议，提前入学的学生智力测试分数需要在130或以上。但是，130分不应该作为一个严格的分界点，因为不同的测试工具或者测试时学生的情况等各种因素都会影响学生的测试成绩（Feldhusen, 1994）。

健康状况是一个重要的因素，健康状态良好的儿童能更好地专注于课堂学习。健康状态不太好再加上年幼，即使是非常有天赋的孩子也会承受较大的压力。身体和心理成熟度也是一个考虑因素，在小学或初中阶段女孩可能比男孩在身体、语言、情感方面发育得更早、更快，但并没有研究证据表明加速培养在性别上有显著差异。

加速培养的学生与高年级学生在一起学习时，测验结果的正确率如果达到80%，就可以获得学分。正确率低于80%的学生可以补习和重新测试。

参与加速培养的学生也不能只限于学习成绩好的超常儿童，对学习成绩不太好的超常儿童，如果智力良好、有加速的愿望、对现有的学习感觉不具有挑战性等，也可以申请加速。因为，虽然有些超常儿童在学习上的表现并没有那么突出，但是跳级也可能为他们带来好处。美国学者（Rimm, Lovance, 1992a）使用跳级或单科跳级帮助14名高智商儿童改善学业不良的实践和研究证明，对于这些不快乐、经常表现不佳，因此很难成为加速培养对象的孩子，跳级或单科跳级为他们提供了激发其兴趣和成就所需的学术挑战，取得了较好的效果，这让参与的家长和（最初不情愿的）学校管理者都认同了加速培养是正确的选择。

（2）加速培养前的准备和加速培养中的调整

加速培养过程中出现的少数问题主要是规划不完善或实施不力造成的。因此，需要做好充分的准备和陪护工作。在决定加速培养前，学校要与家长、学生本人、心理咨询师，甚至医疗护理人员等商议。原则上，在幼儿园和小学阶段只能跳一次级，除非学生能力特别突出。即使学生成绩不够好，但如果可以预期其在高年级会取得更好的成绩，心理测评也支持这一预期的话，可以跳级。心理测评和智力测试不是决定是否跳级的必要条件，但心理咨询师和超常儿童教育专家的意见是具有参考价值的。父母必须充分参与孩子是否加速培养以及如何加速培养的决策过程。

第一，家长和教师要向学生解释做出这种安排的原因，听取学生的意见和可能的担忧，要让学生做好充分的心理准备。

第二，学生要有相应的阅读和计算能力。阅读是学习成功最关键的技能，加速培养前学生需要有足够的阅读能力。许多超常儿童在入学前就有阅读能力。美国学者费尔德胡森（Feldhusen, 1994）建议，提前进入小学的孩子，在阅读理解和算术推理能力方面需要已经具备一年级或二年级的水平。

第三，加速培养的学生应该有一个适应期和试验期，使其能够对新班级和新课程逐渐适应。费尔德胡森（Feldhusen, 1994）还指出，所有的提前入学和跳级都应该建立在试验的基础上，并建议将试验期设为六周。研究者发现有些孩子需要一个学期才能顺利适应（Rimm, Lovance, 1992b）。甚至有研究建议将加速培养是否成功的评估推迟到高年级的时候再进行（McCluskey, Massey, Baker, 1997）。

第四，教学团队和家长定期见面，按学生的需要制定计划，考虑和帮助学生解决困难，给予学生和家长支持及信心。例如，北京八中少儿班（加速培养模式）建立之初，经常召开家长会，各科教师和家长充分交流学生情况，据此制定合理的教学安排，共同帮助学生调整和适应。

个别学生加速培养失败的主要原因往往是家长急躁焦虑、批评指责、追求完美等，影响了孩子的适应过程。如果经过严格鉴定，又有相应的准备，大部分学生能够适应良好。个别遇到困难的学生如果有家长和教师的耐心、宽容、积极鼓励和支持，经过一段时间的调整，往往也能发展好。

加速培养的教学进度和教学方法的高度科学与灵活，对学生的加速学习具有重要影响，需要学校根据学生的实际情况不断调整，不能设计好后就一成不变。此外，无论加速培养与否，学生在学习过程中都会遇到各种困难。如果不进行加速培养，超常儿童往往会对不具有挑战性的学习感到厌倦和沮丧，可能会产生各种行为和心理问题。如果学生在加速培养中遇到问题，家长和学校能共同努力帮助学生克服困难、解决问题，那么加速往往比不加速好。

（3）几种主要加速模式的具体实施

①提前入学（小学、初中、高中、大学）

超常儿童在经过严格的程序鉴别被筛选出来以后，根据学生和家长的意愿，以及学生的生理及心理实际情况，可以安排他们比平常规定的入学年龄早一些入学。

对学校来说，超常儿童提前入学避免了课程的不连续性、缺漏或重复，是一种管理成本低、简单易操作，而且收益较大的选择。

入学前，家长和学校可以综合考虑以下因素，如学生的智力情况、手眼配合能力、阅读和计算能力、社会性和情绪成熟度、健康状况以及家庭价值观等，关键是必须仔细评估儿童的认知、情感和身体准备状况。

超常儿童教育专家罗杰斯（Rogers, 2004）分析了 27 项针对大学早期入学者的研究，总结了提前入学能否成功的一些预测指标：智商测试成绩超过 150 分；高中时完成了大学先修课程；十一年级前 SAT 数学或英语考试成绩超过 650 分［或美国大学入学考试（ACT）同等成绩］；独立性、动机水平、社会成熟度、自信心和竞争力水平较高；喜欢快节奏的挑战；喜欢自学、听讲座、从事个人项目和讨论；对一个或多个学术领域感兴趣；有参与校外活动的经历；等等。

进入高年级后，各方面的挑战会增多增大，部分超常儿童可能会有不适应的方面，此时要帮助他们学会安排好学习生活、掌握新的学习和社交方法，给予鼓励，肯定其能力。对于幼升小、小升初、初升高的学生来说，由于学习环境发生了很大改变，上述支持尤其重要。教师和家长还应密切关注学生融入年长且不认识的同学圈子的过程，给予必要帮助，可能还要注意防范其受校园欺凌的风险。

对于提前入学的学生，还可以给予一定的试验期。试验期可长可短，如果不适应，学生也有中止的权利，教师和家长都要接纳，而且还要明白学生不会一下子就达到和高年级同学一样的水平，可能会有一个适应的过程。

②跳级

对于学习成绩优异的超常儿童，经过考核，达到标准后，可以允许他们升入更高年级进行学习，这是加速培养比较传统的方法，可以缩短学习年限。该模式不需要特殊的材料或设施，对超常儿童教育的指导和规划的要求也不高，非常便于在学校实施。如果学校不允许跳级，学生和家长可能会感到非常沮丧，尤其可能会挫伤学生的学习积极性，使聪明的学生变得怠惰和厌学。

事实上，让有天赋或才华的学生跳级是非常划算的。如果家长意识到自己的孩子比班上其他孩子学得快、学得好，或者感到学校讲授的知识浅显和无味，那么家长可以提议跳级，也可以由观察到这些现象的教师、心理教师等提议。

在美国，为了降低跳级的风险，学校和家长可以请经验丰富的学校心理教师进行评估，或者使用爱荷华加速教育量表（IAS）进行评估。爱荷华加速教育量表是在 20 年的临床工作基础上发展起来的一项经过验证的、行之有效的工具，能有效帮助学校做出加速决定（Assouline et al., 2004）。

关于跳级，需要注意两个问题：其一是漏学问题，可以通过测验发现并弥补；其二是社会适应问题，家长和教师要留心观察学生跳级后的学习生活，关注学生跳级后的心理变化及对环境的适应情况。

③单科跳级和其他类型的学科加速培养

单科跳级主要适合在某一领域能力突出的学生，属于部分加速模式，其中一种是与高年级学生一起学习特定科目。加速可以从小学开始，一直持续到高中。学校内的单科跳级不需要额外费用，主要取决于教师和管理者的灵活性。

单科跳级有许多优点，它允许学生在特定领域获取更大智力挑战，同时继续在其他领域正常发展。它还允许学生主要与同龄人在一起。单科跳级还可以通过试验来确定跳级是否合适，教师可以观察孩子在新环境中的学习和适应情况，并对完整加速培养做出更自信的决定。

其他类型的加速培养可以通过参加校外课程、暑期学校、课后或周六的课程或接受辅导来实现（Southern, Jones, 2004）。

④缩短学制

对于精力充沛、聪明能干的超常儿童，如果有教师的帮助，完全可以在短于正常学制的时间内完成学业。比如，在我国大陆地区，中小学实验班的4+4学制，即小学和中学分别读 4 年，14—15 岁升入大学；中学的（2+3）五年一贯制；大学的 4+2+2 学制，即 4 年大学本科，2 年硕士，2 年博士（万绍娜，冯淮，2009）。缩短学制也可以用于某个学科，比如将 3 年的初中数学课压缩为 2 年。

⑤修习先修课程

对希望在高中学习大学课程的超常儿童而言，修习大学先修课是最佳选择。美国的大学先修课程（AP 课程）包括大学课程和高中生考试。这些课程通常采取荣誉班的形式，由具有 AP 课程教授资质的教师讲授。近年来，国内也有越来越多的中学设置了大学先修课程。

⑥个体加速培养与集体加速培养

如果按照加速培养的群体划分，加速培养也可分为个体加速培养和集体加速培养。个体加速培养指的是针对超常儿童个人根据自身需要所采取的上述干预方案，主要由学生本人、家长和学校共同协调进行；很多国家和地区允许个体加速培养，我国教育体系一般不允许学生提前入学，对跳级和单科跳级也没有明确规定，全在于学校自己的把握。极少数学校会考虑学生的需要和要求，绝大多数学校不提供任何形式的加速培养，对大量能通过加速培养获得更大更快进步的学生来说，这是非常可惜的。

集体加速培养往往由学校或其他教育机构发起，为经过严格鉴定的一定数量的超常儿童设计，主要由主办方协调课程设置、教学模式等，往往采用的是缩短学制模式。集体加速培养的同时也可以兼顾充实培养和其他形式的加速培养，如单科跳级、课程浓缩、在线学习、独立课程、大学先修课程或大学冬夏令营课程等。世界上很多国家和地区允许具有相关资质的学校和教育机构为超常儿童实施相应的集体加速培养，例如我国加速式的大学少年班、中小学少儿班等。

2. 实践案例

（1）美国数学早慧少年项目

美国人才搜索项目中的数学早慧少年项目始于 1971 年约翰·霍普金斯大学朱利安·斯坦利（Julian Stanley）教授对数学早慧少年的研究。数学早慧少年项目的主要目的是发现早期数学能力特别强的超常儿童，并为他们提供加速培养机会，以促进这些学生的更优发展。

斯坦利教授曾指出，只要指导得当，这些才能超群的少年儿童将会在自己的一生中做出很大的贡献，他们的生活也将更加幸福；但是，如果没有对他们给予特别的帮助，其中许多人的才华会逐渐褪去，而遭受损失的则是国家（Stanley, 1979）。

数学早慧少年项目的选拔对象主要为七八年级具有极高数学天赋的学生，选拔过程中的主要鉴别工具是 SAT-M，SAT-M 是为高中三年级及以上学生编制的数学能力测验。

数学早慧少年项目为学生提供了多种加速选择，包括跳级、1 年内完成 2 年或 2 年以上数学课程、接受个别辅导、通过考试获得大学学分、提前进入大学等。该项目还在周末或寒暑假开设专门的数学加速班，为超常儿童提供多种教育促进机会。

数学早慧少年项目现已扩大到美国的许多州，并成立了数学早慧少年项目协作研究机构。自成立以来，已有 300 多万学生参与了该计划。除了提供多种考试和暑期项目外，数学早慧少年项目还增加了远程教育、周六和周日课程、领导力计划以及为超常儿童、家庭和教育工作者提供的其他教育服务。这些服务包括竞赛、职业和教育咨询、表彰、家长活动、教师计划和家长资源等。

研究发现，参与数学早慧少年项目对于学生的发展具有以下几项益处：增加学生的学习热情，减少学校无聊感；提升学生的自我价值感与成就感；与智力相当的同龄人相处减少了超常儿童的自大与傲慢等情绪；提供了更好的高等教育准备；增加了提前入大学和研究生院的机会；在研究生期间获得奖学金的机会更多。多年参与数学早慧少年项目工作的专家指出：智力超常的儿童"如果被剥夺了与其能力水平相适应的教育，就无法取得如此高的成就"，"当发现差异时，不管加速方式如何，他们都倾向于加速而不是非加速"，此外，超常儿童"对自己的加速感到满意"（Benbow, Stanley, 1983）。

（2）北京八中少儿班

北京八中少儿班创办于 1985 年，招收 10 岁左右智力超常儿童，实行以缩短学制为主要特征的集体加速培养模式，1985—2014 年，学生用 4 年时间完成小学五、六年级及初、高中共 8 年的学业，2015 年改为 5 年。

少儿班课程设置以国家规定的基础教育阶段课程为依据，以高中课程标准为目标，遵循基础和发展结合、教学和实践统一、过程和结果并重的原则，建立了必修课＋选修课＋综合社会实践活动课的课程体系。必修课包括语文、数学、英语、物理、化学、生物、政治、历史、地理、体育、音乐、美术、信息技术、通用技术、心理。选修课设置的目的是提高学生的人文和科技素养，拓展学生的知识视野，发展学生的兴趣和特长，在不加重学生负担的前提下每学期开设 7 门左右。综合社会实践活动课包括三部分：一是以参观、考察和军训等活动为主的社会实践课程；二是以公益活动为主的志愿者活动；三是以学科教学延展为主、社团活动为辅的研究性学习项目，如科技创新项目、北京市"翱翔计划"等。

少儿班主要采用浓缩课程的方式进行加速培养，用 4 年或 5 年完成 8 年课程，进行了大量的教材整合和教法改革。对教材进行统筹整合，以科学高效的教学方法、精心设计的教学过程激发学习兴趣，保护学生旺盛的求知欲。开设富有特色的自然体育课，每周用半天时间组织学生到大自然中开展丰富的体育活动，如远足、爬山、游泳、跳水、滑冰、骑独轮车、自行车旅行等，全面提高学生的综合素养。还组织每学期两次共 10 天左右的外出社会实践活动及贯穿整个学习过程的研究性实践活动，促进学生的全面发展。

从 1985 年至 2021 年，少儿班培养了一大批优秀高中毕业生。跟踪研究表明，这些毕业生身心健康、学业成绩优异、竞赛成果突出、社会适应良好，很多人成为各自领域的佼佼者。

钱学森先生 1995 年在看到北京八中少儿班调查报告《这里已走出 94 名少年大学生》后，给于景元和钱学敏写信称赞：北京八中的确办了件好事，证明教育改革，18 岁成硕士是完全可能的，不是空想。

北京八中少 24B 班一位即将毕业的学生说："少儿班让我心态更平和、做事更专注。在这个集体中，我意识到强中自有强中手，我一方面努力学习不懈怠，另一方面，也逐渐磨炼出平和的心态，能够在自己低迷和落后的状态下自我调节，坚持努力，不轻言放弃。我想，这是少儿班给予我的一笔宝贵财富。"

少 2 班毕业生 ZXC，现任弗吉尼亚大学物理系教授，其在 2015 年当选美国物理协会会士时说："成功与否，智力和情商固然重要，机遇也很重要。少儿班给我提供了这个机遇。节省四年时间让女孩子成家立业两不误。我 29 岁当教授后生了三个孩子。如果我正常毕业 33 岁才能立业可能就没有精力生三个孩子；如果我在正常研究生或博士后时生孩子可能就达不到现在这个职业状态……"

少 20 班的一位家长在孩子 14 岁生日会上（毕业前）用亲身体会说，孩子在八中少儿班读书省时、省钱、省力。

少 5 班毕业生 YX 9 岁多考入少儿班，在少儿班学习 3 年后考入中科大少年班，17 岁进入哈佛大学读博士，博士毕业后留校任教，31 岁成为哈佛大学物理系正教授，曾获美国国家科学基金会颁发的事业奖（CAREER）、西蒙研究奖、斯隆研究奖、2017 年"科学突破奖"中的"新锐奖"等，是国际物理学界寄予厚望的青年物理学家之一，而且还是攀岩、马拉松等多个运动项目的达人。他认为他最幸运的是曾就读北京八中少儿班，因为少儿班整个的学习计划和对学生的培养在他眼里是中学中最好的。

（3）中科大少年班

中科大少年班创办于 1978 年，是我国第一个高校少年班。

中科大少年班的招生采用高考初选和本校有针对性的复试、面试相结合的方法。报考少年班的考生在当地参加全国统一高考，科目与当地高考（理工类）科目相同。复试注重对学生创造力、批判思维能力、问题解决能力和社交能力等综合素质的考核，由面试、笔试和非智力因素测试三个环节组成。笔试即现学现考环节，由教师讲授大学物理和高等数学课程，然后组织所授课程的现场考试，重点观察和了解学生的理解接受能力、反应速度和学习潜力。面试和非智力测试环节重点评估学生的自我管理、社会交际、沟通协作、价值观和情绪稳定性等素质。

中科大少年班实行宽口径通识教育和个性化教育结合的培养模式、注重一元和多元的平衡。"宽口径"和"个性化"是中科大少年班人才培养模式的精髓。中科大少年班通过打造"2+2"两段式学科平台，实行宽口径的通识教育机制：将学生的在校学习分为基础和专业学习两个阶段，学生入学两年内学习基础知识而不分专业，两年后再根据个人志趣和特长在全校范围内自主选择学科和专业。这种宽口径培养模式妥善解决了基础课程和专业课程的平衡与衔接问题，确保了学生基础的宽、厚、实。中科大少年班的"个性化"主要体现在：其一，允许学生自选专业；其二，实行导师制；其三，实行弹性学制，允许表现突出的学生提前选课、跳级、提前毕业或报考研究生等。

中科大少年班的培养模式将学习的层次、复杂程度和进度与学生的准备状况和主动性相匹配，如增加教学内容的难度和深度，用物理学导论和化学概论代替起点低的普通物理和普通化学等。经过四十多年的发展，中科大少年班培养了一大批优秀的毕业生，包括国内外科学院、工程院院士。少年班也由最初 21 人的一个班级成长为以"少年班"命名的、每届招收 300 人左右的"少年班学院"。截至 2018 年，少年班学院共培育了 4140 名毕业生，其中少年班毕业生 1589 人。据中科大新创校友基金会的追踪调查显示，这些毕业生绝大多数已成长为各领域的佼佼者，成为我国各行各业的中流砥柱。历届毕业生进入国内外教育科研机构继续深造的比例超过 80%，超过 250 人成为国内外知名高校和科研院所的教授。这其中有 2 人当选美国科学院院士，1 人当选中国科学院院士，10 人当选美国物理学会会士，8 人当选美国电气电子工程师学会会士（朱芬，孔燕，2018）。

（三）加速培养的优势

社会各界对加速培养的效果一直存在着争议，通过追踪研究和元分析研究发现，加速培养明显利大于弊，而且特别适合擅长基础学科和外语的超常儿童（尹慧娇，2016）。

1. 加速培养的优势

大量的实践和研究都证明，加速培养是超常儿童教育中最有效的干预措施。一方面，从社会的角度看，它是一种几乎没有成本的干预，为国家和个人节约了时间、精力和成本，缩短了人才生产周期，满足了"早出人才""快出人才""出好人才"的社会需求（缴润凯，张锐，杨兆山，2008）。另一方面，从个体的角度看，它满足了个人学习需要，缩短了传统意义上的学习年限，或者说缩短了个人在学校的学习期，延长了其在社会中的工作创造期（龚正行，2010）。自古英雄出少年，很多杰出人才都是在最具有创新精神和创造力的青年时期做出杰出贡献的。因此，加速培养对于个人的成长和成才具有重要作用。总体而言，加速培养的优势主要有以下几点。

（1）强化学习动机，避免行为和心理问题，提高学业水平

普通教育课程一般按照大部分学生的学习进度而设置，如果按照普通儿童的速度学习，超常儿童往往容易因为课程内容不具有挑战性而无法产生兴趣，对浅显的内容产生厌倦，导致学习动机降低，甚至养成学习不专心、不合作、怠惰等坏习惯。加速培养能激发超常儿童的学习动机，防止行为和心理问题引起的不良后果。

在美国一项早期研究中，有研究者比较了 550 名提前入学的超常儿童和4000 名普通儿童。平均而言，在小学，提前入学者的学业表现比年长的同年级同学要好。加速培养使超常儿童在学业成就、学习态度方面出现积极的改变，他们能主动寻求突破、拓宽学习领域、保持学习热情等，有利于最大限度地发展他们的智力潜能，提高学业水平。库利克（Kulik, 1992）通过对众多研究结果的元分析得出结论："在成就测试中，加速培养的超常儿童比同龄、智商相同的非加速培养的超常儿童的水平高出一年。"

（2）在情感和社会性发展上更加成熟

超常儿童往往比同龄人在情感和社会性发展上更加成熟。对于许多聪明学生来说，加速培养能更好地匹配其个人成熟度。超常儿童往往选择年龄稍大者或高年级学生为朋友。他们觉得与较"成熟"、见识较广的朋友交往，能有更多探讨学业和兴趣的机会（曾有娣，1999）。跳级、提前入学等有弹性的学制，能给予超常儿童自然地跟能力相当的同学交流学习心得及培养友谊的环境，能够增强超常儿童的自我效能感，促进其社会性发展。

美国研究者格罗斯（Gross, 1992）描述了五名极早慧的学生（智商为160—200），在精心规划和调控的跳级与大幅度的单科跳级干预下，他们比那些没有跳级的同水平超常儿童在智力上得到了更大的激发，享受着更密切、更富有成效的社会关系，并表现出更健康的社会自尊水平。她还警示说，如果天赋极高的儿童不能得到加速培养，就存在严重学业不良和沮丧的风险。

（3）促进长期的职业成功和提升个人满意度

跳级或提前入学最明显的效果是加快了超常儿童完成学业的步伐，造就了年轻的专业人士或社会的生力军。超常儿童提前进入大学的学业成功，促进

了其长期的职业成功和个人满意度提升。较早期的研究指出，提前升入大学的毕业生较多完成更高学历及有更稳定的后期成就。

北京八中少儿班的毕业生发展现状就凸显了加速培养在其大学学业和职业成就方面的优势。根据 2015 年数据统计，该校首届少儿班中的 33 名毕业生在 38—41 岁共取得了 18 个博士学位和 27 个硕士学位（有两人获得双硕士学位）。前 8 个班学生大学毕业共 271 人，其中取得研究生学历者 229 人，占 85%，其中取得博士学位者 130 人，占 48%，仅取得硕士学位者占 37%。9 班到 13 班共 148 人，有研究生学历或研究生在读的有 106 人，该比例随着时间推移还将继续增加。毕业生的就业去向涵盖科研、教育、技术、商业、金融、法律乃至艺术、体育、军事等各领域，地域遍布中国、美国、加拿大、英国、澳大利亚等国家和地区。有国际公认的力学界新一代领军人物，有入选"千人计划"的科学家，有全美华人金融协会的现任主席与华尔街的董事长总经理，有中国首位数字电影调色师，有 27 岁获高级职称的少校军工专家，有国家部委智库的博士研究员，有创投基金的明星天使投资人，有在香港开办金融控股公司的投资银行家，有波音和湾流的双料机长飞行员，有资产管理公司的首席投资官，有眼科、神经科等医学专家，更有多位在公司企业任职的中高层管理人员与创业公司的首席执行官。

2. 避免加速培养的不足

虽然大量的实践和研究都证明了加速培养的诸多益处，但一直以来，人们对加速培养仍持有很多疑虑和担忧。其实很多担忧并不是事实，而且少数加速培养失败的案例也不一定是加速培养本身导致的，而是功利性偏差或某些特殊原因造成的。有的是因为评估学生的能力并予以跳级或提前入学的测试和分析的方法尚不完善，获得加速培养安排的学生不一定名副其实，因此不适合加速培养；也有的是因为家长的过度焦虑和求全责备；还有的是因为学生以前只是靠聪明学得好，其实并没有养成良好的学习习惯；还有的是对新环境不适应；等等。有学生个人和家庭教育的原因，也有学校和教师的原因。一方面，这样的学生非常少；另一方面，即使没有加速培养，在普通班级和普通学生中，同样也存在各种学习和行为问题。提前规避加速培养的不足，确保加速培养的真正良好收益，显然是非常必要的。

（1）加速培养需要根据学生自己的兴趣、需要和能力，而不是源于任何其他的要求或目的

加速培养应该根据学生的需要随时开始，也应该根据学生的实际情况随时放慢、加快、调整或终止。既可以加速培养，也可以减速培养；既可以开始，也可以停止。其目的都是满足学生的实际需要。在加速或充实培养中，一定要注意其中的辩证法原理，保持自由和灵活的操作，确保学生在其中最大化受益。

（2）避免只注重知识学习或贪多求快的情况，随时监控和调整学业与作业负担

加速学习的内容需要经过精心的安排和计划，避免使之成为压缩饼干，避免学生消化不良。如果不注重思维能力、综合能力和实践能力的培养，而只是在较短的时间内生吞活剥式地教授知识，则可能使学生消化不良或适应困难。所以，不能在加速培养学生的过程中，只求学生学得快，而忽视学生其他潜能和思维能力的发展。

教师和家长需要密切关注孩子的学习，及时帮助和支持学生克服学习中的困难，调整和安排合适的学业与作业负担。例如，北京八中少儿班在创办初期，一方面确保课时不超，另一方面，为了不给学生增加作业负担，每天各科老师都要一起协调布置的作业量，确保每天的总体作业时间不超过同龄普通班学生的作业量，但可以少于普通班学生的作业量。

（3）避免只是学业上的加速，增加自然探索、体育锻炼及社会实践

不少人认为，加速学习的超常儿童在较高年级的班上难以结交朋友，不比待在同龄群体中的超常儿童快乐，情绪也不稳定。这可能有多方面的原因，一是他们自身的性格特点可能比较内向或更多关注自己的学习而不是人际交往；二是过多关注学习可能导致其缺少和同学的交往，因而交往能力不足；三是虽然他们学习能力较强，但其他方面的发展并不都超常，不一定具备足够的社会交往经验去应付复杂多变的人际关系。因此，需要充实自然探索、体育锻炼和社会实践等内容，通过体育锻炼提高学生的抗挫折能力，通过丰富学生的社会体验增强其社会适应能力。

（4）更多发挥集体加速的优势

实践证明，设置良好的集体加速模式，比跳级、提前入学等模式更适合超常儿童。因为集体加速项目必须有整体的系统化设计，可以很好地避免知识断层或缺失。而且，集体场能效应还能有效促使学生相互帮助和支持启发，即使个别学生暂时学业跟不上，或出现行为问题，也能继续留在班里和智力水平相当的同龄人一起学习，通过一段时间的适应和调整，往往能不断取得进步。

实践证明，集体加速对超常儿童的培养效果很好，其做法的优点在于：一是教育的针对性强，有利于因材施教。由于超常儿童有很多共同点，把他们集中在一起进行教育针对性强、效率高，可以花最小的力气取得最大的效果。二是利于德育，利于进步。聚集在一个班里，超常儿童过去在普通班里的那种"鹤立鸡群"、高人一头的优越感没有了。现在，大家都是超常儿童，大家的总体差别有限，又各有强项。超常儿童在一起，可以互相取长补短，学生们产生的更多的是"鹤立鹤群"的感觉，只有谦虚、努力才不会落后。进入少儿班后，超常儿童的优越感少了、骄傲少了，变得更虚心。学生对自己的要求也高了，因为在班里总有比自己还要强的同学。（龚正行，2010）

二、超常儿童的充实培养

（一）定义与类型

1. 充实培养的定义

充实培养在不改变学生学习班级或年级的情况下，在课内或课外，为超常儿童提供其需要的，在广度、深度、难度上都更加丰富的学习机会，培养学生的才能。因此，"充实"也被称为丰富、加深、增益或增润。

充实培养的显著特点是没有固定教材，主要由教师自己根据学生特点选择并设计教学材料。因此，理想的充实培养是基于学习者自身特点设计的更丰富、更多样化的教育经历，体现在适切的课程内容或灵活的教学策略以及项目形式的服务中。

针对超常儿童的充实培养活动应该达到的高阶目标如下（Davis, Rimm, 1989）。

·不是根据学生实际年龄，而是根据学生实际需要，促使学生在基本技能方面取得更大成就。

·有超越规定课程的内容和资源。

·广泛涉猎各种研究领域。

·学生可以自选内容，包括深入研究。

·学生可以选择高度复杂的理论、概括和应用。

·能提高学生的创造性思维水平和问题解决能力。

·能提高学生的高阶思维水平、批判性思维水平、信息检索和研究能力。

·能促进学生的情感发展，包括自我认识和道德发展。

·能提升学生的学习动机、自我导向和职业抱负水平。

·能促进学生信息技术技能的发展。

2. 主要类型

充实培养主要包括常规课堂内的加深学习、额外辅导和独立学习研究；以及课堂外的独立学习和研究项目，涉及学习中心、实地考察、课后和周末计划、暑期项目、导师指导、学术竞赛等。

（1）校内充实项目

①加深学习

对于仍在常规课堂中学习的超常儿童，为了解决常规课堂中的教学深度和进度不能满足他们需求的问题，由任课教师提供特殊的学习机会和材料，进行加宽、加深学习。

②额外辅导

分为两种情况，一是由任课教师对超常儿童进行辅导，二是聘请学生感兴趣的某一个领域的专家与学生一起工作或一对一地辅导学生。

③独立学习研究

学生以个人或小组为单位根据自己的兴趣和能力选择某一问题进行研究。独立学习研究旨在培养学生的独立学习及研究能力（陈剑，2014）。

（2）校外充实项目

在美国，校外充实项目非常丰富，包括独立学习项目，涉及图书馆或互联网研究、科学研究、艺术、戏剧、创意写作等。学习中心可以教授语言、科学、数学、计算机、社会研究、创造性写作、音乐欣赏和其他科目。实地考察对于学生来说是很好的体验。"州长学校"是为有天赋的中学生开设的暑期住宿项目。许多大学提供"儿童学院"类型的暑期课程。艺术、语言和计算机夏令营也提供有价值的暑期课程，供学生自行选择。留学项目可以在暑假或某个学年进行。导师项目可以是高中生与社区专业在职人士的一对一互动，也可以是大学生或专业人士指导一个或一群中小学生。优秀导师的一个特点是能提供愉快且富有挑战性的学习体验，激发思考，帮助学生发现自己的潜能。少年名著项目使学生熟悉经典文学名著，并提升阅读、解释和讨论技能。未来问题解决项目有助于儿童面向未来，增强创造力、解决问题的能力、沟通能力和团队合作能力。国家历史日项目是一个受欢迎的比赛，鼓励学生在探索历史主题时使用初级和中级研究资源。数学计算项目是在学校、地区、州和国家层面进行的比赛，可以提高所有学生的数学技能，同时培养学生对数学的热爱。心灵奥德赛和目的地想象力项目不仅提供短期的课题，还提供了可在学年内解决的长期课题。还有数百项针对各个年龄段学生的全国性竞赛项目，涉及学术、美术和表演艺术、领导力和服务等领域。计算机互联网技术为各种主题或研究提供了无限的可能。翻转课堂可以增加学生的差异化选择。移动设备可以帮助学生获得更多的知识和能力。（Rimm, Siegle, Davis, 2018）

随着我国科技、经济和文化的迅速发展，国内也形成了可供超常儿童选择的各种课内外充实项目，例如：独立学习和研究项目，"雏鹰计划"，"翱翔计划"，少年宫项目，博物馆项目，周末和暑期课程，大学自主招生冬夏令营，艺术、语言和计算机夏令营，留学项目，导师指导，各种国内和国际竞赛，等等。国内的充实项目很多，有中小学校内的、政府层面的、大学的和培训机构的，形式虽然多种多样，但其内容和质量的科学性与创造性与发达国家的相比还存在较大差距，有待提升。

（二）操作与案例

1. 实践操作

在进行充实培养的实践操作中必须考虑两个因素：一是如何设计课程或

项目内容（考虑充实培养的目的、内容和方法），以提升学生在某些领域的知识、技能、高阶思维水平，及创造能力；二是学生的兴趣爱好、能力水平、性格特征，以及未来的职业发展愿望（考虑人的因素）。

有研究者（Howley, Howley, Pendarvis, 1986）描述了三种充实培养的路径：面向过程、面向内容和面向产品。如果能采用整合内容、过程和产品三条路径的方法，或有意识地努力整合这三条路径，就能更好地满足超常儿童的需要。

以过程为导向的充实培养路径旨在培养学生的高阶思维，在某些情况下，还可以培养学生的创造性思维。面向内容的充实培养路径强调特定领域内容的呈现，可以满足学生多领域充实的需求。面向产品的充实培养路径主要强调教学的结果或产品，产品可以是有形的，也可以是无形的，有利于学生形成创造性产品。

（1）校内运用经典充实模型实施系统充实培养

某些经典充实模型或方法在整合内容、过程和产品路径方面是全面的，如美国的平行课程模型、全校范围的充实培养模型（Renzulli, Reis, 1997）和自主学习者模型（Betts, 1985）。其他模型包括小组调查和基于问题的学习。这些模型都是被广泛运用且经过实践检验具有良好效果的，可以在课堂内外大胆试验和使用。

（2）课堂内实施的充实培养

充实式课程内容要求拓展基础教学大纲的深度和广度，充分满足学生的需要和兴趣，建立跨学科之间的联系，鼓励学生调查和研究现实生活中的问题。在实施充实式教学的过程中，要特别注重发展学生高水平的思维能力，给学生提供更多探究式学习的机会，提高学生解决问题的能力和独立进行科学研究的能力，鼓励教师采用不同的教学策略来满足不同学生的需求，积极开展小组学习。在对学生的学习情况进行评估的时候，要鼓励学生采用个人展示的形式代替传统的作业，鼓励学生的作业内容反映真实客观的世界，给予学生创造性表达的机会，提高学生的演讲技巧。在整个过程中，尽可能地为学生提供良好的学习环境和条件。

具体做法是：以现有学校普通课程水平为起点，在保留主体课程（语文、数学、英语、自然科学等科目）任务的基础上，在深度与广度两方面挖掘，引入新内容。可充实以下三个方面（冯艳艳，2009）。

第一，充实内容。延伸基本课程的深度和广度，涵盖更高层次的内容，匹配更多学生的需要和兴趣，建立更多跨学科之间的联系，鼓励学生研究实际生活中的问题、考察对各个学科领域有影响的问题。

第二，充实过程。使用各种教学策略适应不同学生的学习风格，提供解决开放式问题的机会，培养更高层次的思维技能，教会学生独立研究的技能，通过小组活动的形式进行教学，为学生的体验式学习提供机会。

第三，充实学习成果。鼓励传统作业以外的其他表现形式，为创造性表达提供机会，对现实世界的变化做出及时的反应，评估真实的学习成果。

（3）课外充实活动

在课外活动中，也可以鼓励学生根据自己的兴趣收集资料、进行调查、掌握学习技巧和写作与交流的能力，养成动手和独立思考的习惯，培养对问题的研究能力，比如专业的 IT 技能、创造性的问题解决技能和创业技能等。每项个性化学习选择强调培养的具体技能内容略有不同，如电视台举办的诗词大会可以极大提高学生在诗词方面的学习和表达能力。还可以鼓励学生参与各种充实活动，使超常儿童成为自主的、终身的和独立的学习者。或者鼓励学生参与特别课程，如南极探险项目，为学生提供机会拓展对该领域的兴趣，并向该领域的专业人士学习，为他们实现抱负与愿望提供平台。还可以组织学生进行个性化选择性研究，如参与"翱翔计划"中的项目，培养学生的研究能力、信息技术能力、创造性思维能力和解决问题的能力等，并为他们提供一个广阔的舞台，用以展示和分享成果（高琛，2012）。

此外，还要充实学习环境。提供以学习者为中心的环境，支持冒险任务，提供更能激励学生的自然环境，提供校外学习经验（如田野旅行、实地考察和社区参与课程等）和校外扩展机会等（冯艳艳，2009）。

（4）超常儿童自主学习模式与导师模式

自主学习模式下，超常儿童有大量的学习机会，可根据自己的兴趣爱好、能力和知识水平，自主选择学习项目、学习内容、学习进度，最大限度满足学习需求，从而在认知、情感和社会领域等逐步发展成为自主的、自我导向的多元才能发展的高效学习者。典型的自主学习模式主要由定向、个性发展、活动参与、专题研讨和深入研究五个维度构成。

在加速和充实培养中，均可实施超常儿童自主学习模式，该模式如果和导师模式结合，能更好发挥加速和充实的作用。

（5）个体充实培养与集体充实培养

如果按照接受充实培养的群体划分，充实培养也可分为个体充实培养和集体充实培养。个体充实培养指的是超常儿童个人根据自身需要接受上述干预方案，主要由学生本人、家长或学校共同协调。个体充实培养可以采取上述各种形式，由于很多充实培养不涉及教育制度的突破，很多国家和地区的学校都可为学生提供各种充实培养。

集体充实培养往往是由学校或其他教育机构发起的，招收一定数量经过严格鉴定的超常儿童，主要由主办方协调课程设置、教学模式等，采用班级形式进行集体充实培养。国家和地区应该允许具有相关资质的学校和教育机构对超常儿童群体实施相应的集体充实培养，如举办各种类型的充实式实验班等。集体充实培养也可以兼顾各种形式的加速培养，如组织在线学习、独立课程、大学冬夏令营课程等。

2. 实践案例

（1）未来问题解决项目

未来问题解决项目（Future Problem Solving, FPS）是一项非常受欢迎的充实培养项目，由美国佐治亚大学著名创造力研究专家托兰斯（E. P. Torrance）于 1975 年发起，随后发展成一个全州、全美国、全球项目。

未来问题解决项目的目标是帮助孩子们：更加了解未来，以便积极乐观地应对未来；变得更有创造力，学会超越显而易见的事物；提高沟通技巧，尤其是能够清晰、准确、有说服力地说和写；培养团队合作技能，如倾听、尊重、理解和让步；学会使用解决问题的模式，并将其融入日常生活；培养研究技能，包括如何以及在哪里收集信息（Crabbe, 1982）。

该项目针对参赛者的年龄段分为四个组别，分别是低年级组（四至六年级）、中年级组（七至九年级）、高年级组（十至十二年级）和成人组。

解决的问题涉及贫困、恐怖主义、垃圾处理、辍学、吸毒、虐待儿童、臭氧消耗、水资源短缺、酸雨、医疗进步、太空探索、体育道德、未来能源、教育差距、身份盗窃等诸多领域。

解决问题的方法为六步骤问题解决法：第一步，研究和确定问题；第二步，选择一个根本性的问题；第三步，产生解决方案；第四步，形成和选择评价标准；第五步，将评价标准应用于解决方案；第六步，形成一个最佳行动计划。

未来问题解决项目不仅实现了培养青少年解决未来问题的创造力的目标，也拓展了青少年的未来视野，提升了他们的写作、人际沟通等能力。因此，该计划自诞生至今不仅跨越了世纪，还跨越了国界，成为一个国际性的青少年创造力培养项目，在全球范围内的影响力和地位较高。

（2）北京八中素质班

北京八中2010年创办智力优秀学生综合素质开发实验班（简称素质班）。素质班实行"宽领域、厚基础、重体验、促自主"为主要特征的充实式集体培养。

素质班设置了"三类型六门类"课程体系，满足学生智力发展的需求，激发学生潜能（见图4.1）。

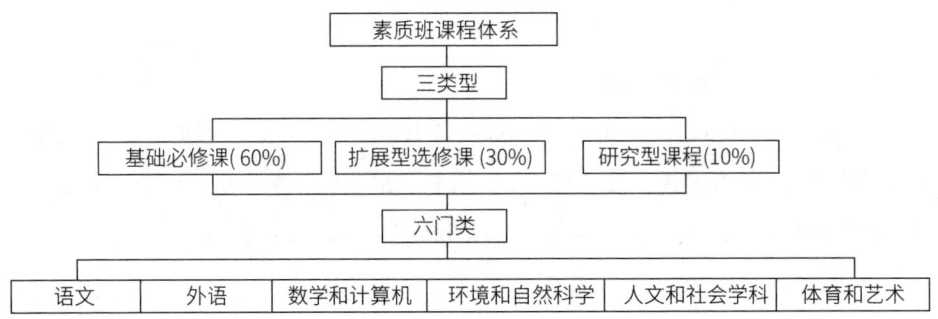

图 4.1　素质班"三类型六门类"课程体系

素质班构建了文理兼备、学科综合的课程体系。一方面，在落实国家课程的过程中对课程内容进行充实；另一方面，在课程建设上采取了一些新举措，充实大量新课程和研究性学习项目，增设人文社科方面的逻辑学、哲学、经济学、法学等课程，在文科增加中华典籍选读、自由阅读等课程，旨在强化传统文化学习与民族优秀文化传承，培养学生的创新思维、批判精神；理科增加专为素质班学生开设的校本选修课综合自然科学、探究实验等，要求学生在学习中"自选方向、自定课题、自主研究、自主评价、自动分享"。

　　平时各学科教师开展课内外学科兴趣辅导，向学生介绍本学科有研究价值和有研究条件的问题，鼓励学生自行提出课题，每学期集中一周时间进行研究。在每学期两周的社会实践和研究性学习中，学生4年可参与10项左右的课题研究，极大地提高了学生的创新意识和研究能力。一位素质7班毕业生家长说，孩子在素质班几年的学习经历，"满足了家长对教育所有的幻想和期待"。

　　素质1班学生RJX在上素质班期间，一直被英语老师允许以阅读英文书的形式完成英语作业，得以有时间满足自己的兴趣爱好。由于阅读了大量英文原版小说和人文科普书籍，以及国外原版初高中理科教材和国外大学的物理化学教材，其在保持旺盛求知欲的同时掌握了大量的学科知识和自学能力，成绩自然优异。出于对学校的感恩和有感于自由阅读之于学生的重要性，他在最后一年精选出229本英文书（包括初高中理科教材）和126本中文书捐给了以后的素质班，希望自由阅读的火炬能够传递下去。此外，素质班学生相互之间的影响非常大，有学生看到另一位同学的阅读书单后，一个月时间阅读了62本英文书。也有学生在同学的影响下，参加了物理竞赛和物理实验竞赛。集体加速和集体充实的好处之一体现在智力相当的同伴相互激励，能极大激发超常儿童多方面潜能。和智力相当的同学一起讨论交流，学到的东西以及撞击出来的火花大大丰富了学生的知识和思想，更不用说培养了深厚的友谊和团结合作的习惯。

　　社会实践、自然体育和研究性学习，这三门特殊的充实课程给了班里同学大量的时间相处。普通班里，每天同学之间能够交流的时间只有课间和中午休息时间；有了自然体育之后，学生每个星期多出来三个多小时的交流时间，这对于促进同学之间的交流有很大的帮助。研究性学习也是如此，在研究性学习的五天中同学们一起学习、一起研究，这对于同学之间的相互启发和帮助也有很大的促进作用。特别值得一提的是社会实践，三十多位同学在外地一周多时间同吃同住同玩，难忘的经历让同学之间结成深厚的情谊。集体加速和集体充实中有很多同伴交流的机会，极大促进了学生的学业和社会性发展。一位学生说："七年前，我很幸运地跨进了八中的大门，在八中度过了幸福难忘的童年和少年时光，素质班的教育对我的影响是一生的。我们比其他同龄的孩子享受了更多的幸运和待遇，我们也理应承受更大的责任，为国家和社会做出更大的贡献。"

（3）人大附中的超常儿童充实培养

人大附中1985年创办了数学实验班，开启了超常儿童培养探索，后拓展至外语、计算机、创造发明等多个领域。1994年华罗庚学校成立，后更名为"仁华学校"。2010年经上级主管部门批准，人大附中成立拔尖创新人才早期培养基地。该基地面向小学五年级学生招生，以在学科学习、艺术、体育、创造力、领导力等某一方面或某几方面有超常潜能的儿童为对象，采用4+3学制，在不缩短学制的基础上，形成了初中、高中一条龙的超常儿童教育体系。

在超常儿童的鉴别与选拔上，人大附中注重三个方面：一是智能的多样化，既注重学科能力突出的学生，也注重在体育、艺术等方面有超常潜能的学生；二是注重综合素质，强调智力与非智力因素的共同作用；三是过程与结果并重。鉴别与选拔方式有：测试，包括智商测试、学科测试、特长测试等；观察，通过活动、面谈、特殊场景的设置等来观察学生的反应，鉴别出有特殊潜能的孩子；动态的鉴别与选拔。

人大附中培养超常儿童采用的是集中编班与分散培养相结合的模式。集中编班培养有两种形式：一是组建超常儿童实验班，对数理、语言、计算机、创造发明等学科领域的超常儿童集中编班，进行培养；二是组建"三高足球俱乐部"，对在足球、棋类等方面有运动天赋的学生进行培养。分散培养也有两种形式：一是组建人大附中艺术团，对有艺术天赋的学生进行培养，这些同学平时分散在各班学习，课余时间进行集中艺术训练和演出；二是通过各种学生社团、选修课和学校文化活动，发现、培养普通班中有各类天赋特长的学生，为他们的成长成才搭建平台。

为培养超常儿童的创新意识和实践能力，学校为学生提供了丰富的课程设置。学校现已开设科技类必修课11门、科技类选修课40门；开设汽车模拟驾驶课、科学实践课、社会实践课、心理导向课等几十门校本课程以及150多门选修课程；开设了包括英语数学、英语历史等学科英语课程18门以及除英语外的法、德、日、韩、俄、荷兰、西班牙、意大利、阿拉伯9种第二外语课程。

人大附中还为超常儿童编写系列专门教材。先后编写出包括《现代少年》《发明与创造》《研究性学习指导》《高中化学竞赛实验教程》等几十种初、高中校本教材，这些教材有些已成为全国性教材。仁华学校小学部出版了自编的数学、英语、计算机、物理等教材，并配有全套的学生用书、教师用书、习题解析等辅助教材。

针对超常儿童的特点，人大附中改变传统教学整齐划一的固定模式，根据学生需要，为他们提供不同的教学内容和学习进度。对于学生已经掌握的知识可以免修；允许天赋优异、学业超前的学生去图书馆自修，去大学实验室做实验，给学生充分的自主支配的时间。弹性化的教学方式适合实验班学生的个性特点，提高了他们主动学习、自主学习的能力。

对超常儿童主要进行充实培养的还有江苏省天一中学少年部、东北育才学校超常教育试验部、天津耀华中学早期智力开发实验班等，目前耀华中学的早期智力开发实验班已停办。

（三）充实培养的优势

1. 充实培养的优势

充实培养在课程和教学上都为学生提供了个性化、丰富化和差异化的多样选择。好的充实课程内容丰富、有深度，允许学生根据自己的进度学习，能根据学生的能力和兴趣分组，允许学生独立学习，注重发展学生思维技能，学生还可以使用外部导师等。因此，充实培养也成为超常儿童教育中最普遍的一种培养模式。

充实培养能充分发掘学生的潜能，保持其学习兴趣，避免由于课程缺乏挑战而导致的厌学或学业不良现象，满足了超常儿童的智力、兴趣、社交及情感需求，对学生产生了积极的影响，培养了学生的思维技巧和创新能力，更可贵的是可以为超常儿童提供不可多得的校内外独立解决复杂问题的机会（Davis, Rimm, Siegle, 2011）。

（1）智力发展优势

在各种充实培养项目，尤其是夏季充实培养项目中，学生能与能力水平相当的同龄人互动，以更快的速度学习新内容，接受更复杂的技能和概念层面的指导；与能够塑造高水平职业行为和抱负的导师合作，接触常规学校课程通常不讲授的内容或科目，参与深入的创造性调查，有机会探索、询问、调查和发现问题，了解自己的特殊才能和能力（Feldhusen, 1991）。

研究发现，经过良好充实培养项目培养的学生在自我概念、学习动机、学业态度等各方面均有很大提升（Miller, 2011）。

（2）情感和社会化发展优势

充实培养的一个特点是超常儿童不离开同龄儿童的班级，或者大部分时间与同龄儿童在一起学习，这一做法既保证了超常儿童离开充实培养课程后能够回归正常教学，还让其有时间用于同龄人社交和其他活动，可以防止超常儿童产生社会适应问题。

最近美国一项关于充实培养对超常儿童影响的元分析表明，充实培养对超常儿童的学业成绩和社会情感发展有积极影响，产生最大影响的是暑期项目和学术项目的组合（Kim, 2016）。

美国学者的研究也发现，暑期项目的益处包括以下方面：其一，智力相当的同龄人分组以及教师和辅导员的支持，为超常儿童的学习和成就提供了社会支持；其二，更合适的学习难度和节奏，可以帮助超常儿童克服学习习惯差和过于简单、枯燥的课程造成的学业不良问题；其三，增进对大学课程和大学生活的了解；其四，提高教育期望；其五，在住宿项目中，培养独立性和生活技能；其六，提高自我概念和自尊；其七，在学习和社交上更多冒险尝试；其八，更好地接纳他人，了解不同的文化；其九，形成更好的世界观等（Olszewski-Kubilius, 1997, 2003）。

（3）未来职业发展优势

在各种充实培养项目中获得的多方面才能，以及导师的榜样和指导作用，有利于学生未来职业发展，为其奠定了未来职业发展的能力基础。

2.避免充实培养的不足

（1）提高教师素养

充实培养对教师专业素质要求较高。一方面，教师需要具有足够的专业水平和经验，能够选择有趣、有深度和难度合适且具有思维含量的内容；另一方面，教师还要注意课内外内容的衔接和完整，使学生能够有效地学习，并看到概念和学科之间的联系。充实培养过程中要注重思维的引导，而不是仅仅停留在知识甚至是碎片化的知识层面。以产品为导向的充实培养项目，更要帮助学生建立良好的知识储备，追求产品的准确性和卓越性，而不是让学生简单地制作产品交差。这些都要求教师对充实培养的过程、内容和产品有清晰准确的理解和把握，这样才能很好地帮助学生实现充实培养的目的。

（2）提高充实培养项目的质量

充实培养也被一些著名的超常儿童教育专家批评，他们认为学生只是忙碌其中，但收获并不大（Stanley, Benbow, 1986; VanTassel-Baska, 1986）。而且，如果充实培养项目没有和加速培养相结合，往往容易流于肤浅和零散。

因此，充实培养要预防学生肤浅地忙碌，不能使学习仅仅停留在知识积累或低级产品的数量上；还要预防学校在充实培养中将注意力越来越多地放在为应对考试而进行的学习上，避免因此影响学生创造性思维和动手能力的发展，影响充实培养的教育效果。

充实培养不仅要考虑学生的兴趣和能力，而且要有计划和系统性。除了避免不连续性，尤其要注意学习的内容是否具有思维含量，而不是简单地让学生忙碌，进行蜻蜓点水式的学习，或者看似给学生提供了"华丽的满汉全席"，实则吸收不良，造成虚假的忙碌和实质上的零散与肤浅。

（3）解决经费问题

很多充实培养项目需要额外付费，如果没有经费的支助，有些项目对于中低等收入的家庭来说可能过于昂贵。在中国也有和美国一样的情况，例如，大多数周末和暑期项目都是收费的，一些收费较高的课程可能挡住了最需要这些经验而经济条件较差的超常儿童（Olszewski-Kubilius, 2003）。解决经费问题，在很多情况下是实施充实培养项目的重要前提。

三、加速培养与充实培养的实施

（一）加速培养与充实培养的交汇融合

超常儿童并不是一个同质的群体，他们之间的差异和他们与普通儿童之间的差异一样大，他们的天赋、动机、兴趣、能力等都有不同的层次。因此，没有一种模式能满足所有学生的需要。

在实践中，加速培养和充实培养往往是同时进行的，在使用充实培养模式教授抽象和复杂内容时，也会不可避免地促使学生在其天赋领域的学习比普通学习者更快。福克斯（Fox, 1979）认为，加速培养意味着调整学习进度以满足学生的能力，这种调整将带来更抽象、更具创造性的学习成果，以及对更难内容的掌握。范塔赛尔－巴斯卡（VanTassel-Baska, 1981）指出，除非与良好的加速实践密不可分，否则"充实"一词对超常没有任何意义。戴维斯和里姆（Davis, Rimm, 1989）在调查中发现，在教育实践中充实和加速往往是紧密联系在一起的，很难截然区分。

实践和研究都证明，超常儿童的课程中往往同时包含充实培养和加速培养成分。任何全面的、连贯的、长期的超常项目都应该能提供充实培养和加速培养的机会。应该允许超常儿童以自己的速度快速学习，加速完成中小学学业，还有机会在内容上实现更高水平的多样性和深度性，并在情感、创新、科学等高层次技能方面得到发展。

由于充实培养可以在任何一所普通学校开展，能够服务于智力超常儿童，也可以服务于普通儿童，而且学生可以在普通学校和班级中与普通的同龄伙伴们一起成长，因此，这种模式成为国际上广泛认可的一种超常儿童培养模式。

1999 年，蔡德纳和施莱尔（Zeidner, Schleyer, 1999）对分别处于加速培养和充实培养条件下的 1700 多名以色列智力超常儿童进行了研究，发现后者表现出更积极的自我概念、更高的主观幸福感和更低程度的测验焦虑。该研究被广泛引用，但仅仅这一研究结果，并不能说明充实培养比加速培养更有利于促进智力超常儿童情感和社会性的发展。

美国超常儿童教育在发展初期一直采用加速培养模式，有跳级、缩短学业年限及提前入学等方式。随着美国超常儿童教育的发展，充实培养逐渐取代了加速培养，成为美国超常儿童教育的主要实施模式。2004 年，《国家被骗：美国学校如何阻碍了超常学生的发展》报告发布，尖锐地批评美国现行的实践和模式不适合超常学生的发展要求，重新倡导加速培养模式。此时期，加速培养模式并不只是单纯地注重加速，而会融合充实培养的一些内容，优化培养方案。尽管如此，具有明显特征的充实培养和充实活动仍然是美国超常儿童教育最为常用的培养模式。亚洲一些国家和地区也学习美国，更多采用充实培养模式，如新加坡、韩国、中国的香港和台湾地区等。

在《国家被骗：美国学校如何阻碍了超常学生的发展》这份著名的报告中，国际知名超常儿童教育专家们的大量研究肯定和澄清了加速模式的多种优势。报告表明，加速培养的优势在很大程度上被普遍忽视和低估了。该报告用大量的实证研究证明了各种加速模式的积极作用，而学校层面却弃之不用，导致最聪明的学生得不到快速发展。

事实上，加速培养对于绝大部分在学术上有天分但又没有其他更好选择的儿童来说非常关键。它在教育上很有效而又花费不多，无论对贫困还是富有的学生都非常公平，尤其是在贫困地区或针对贫困学生，加速培养无疑是比较好的选择。此外，加速培养能让学生更快地完成学业，减少在学校的受教育年限，增加工作创造期，让人在最具有创造力的青年时代更早开始工作，有更多的时间进行尝试、冒险探索和钻研。加速培养有利于青年英才更早进行创造性工作，取得更多创造性成果。莫扎特、爱因斯坦、李政道、邓丽君等都是比较典型的例子。

从表面上看，加速培养和充实培养似乎有很大的区别，好像是两种截然不同的模式。但事实上，加速培养和充实培养之间有很多重叠的地方，又有互补性。

首先，加速培养和充实培养的基本理念是一致的，都试图让超常儿童有权利使自己的潜能得到充分的发展，要求学校和教师理解超常儿童的特点并为他们提供特别的服务，让他们用相对较少的时间完成普通学生的任务，将剩余的精力投入更丰富、更富于挑战性的活动之中。学校和社会应该尽量提供条件，充分满足他们的这种特殊需要。

其次，加速培养和充实培养都能满足超常儿童的高能力和个人需求，都能使他们获得更多的知识和技能，都有助于创造力和其他思维能力的培养。二者可以同时用在某一个超常教育项目中，或者有机结合在一起，对超常儿童的培养起到更好的促进作用。北京八中少儿班实施以加速培养为主兼有充实培养的模式，素质班实施以充实培养为主加速培养为辅的模式。中科大少年班也实施加速培养和充实培养相互结合的模式。中科大少年班、北京八中和人大附中的加速培养和充实培养结合模式，其优势已经在多年的实践中得以充分证明。

（二）影响加速培养和充实培养实施的因素

1. 公众认识

社会各阶层中普遍存在的对教育公平的理解偏差（把公平等同于平均化或同一化），导致人们对超常儿童教育中的加速培养和充实培养产生了极大的偏见和误解。超常儿童教育理念的模糊以及功利化教育趋势的影响，使很多人以为超常儿童教育的目标就是取得好成绩、考上好学校、进入好大学、找到好工作等，这些错误的认识容易引起社会公众的误解和反对。此外，少数个别超常儿童教育失败案例，本来是教育目标或教育方法的错误导致的，却往往被媒体片面归罪于加速培养，更加深了人们的误会。近年来培训机构的唯利是图、急功近利、唯成绩是尊的填鸭式培训、提前学习和机械训练，误导和绑架了超常儿童教育，加深了人们对加速培养和充实培养的错误理解。

2. 法律制度与政策保障

实施超常儿童教育必须首先从国家层面明确超常儿童教育理念和培养目标，并制定相应的政策和法律来保障超常儿童教育的科学性和规范性。要从概念界定、培养目标、指导措施等方面为超常儿童教育顺利开展提供法理参考和保障，同时也为地方政府、中小学自主开展超常儿童教育提供重要参考和健全的框架。例如，很多国家和地区对加速培养模式中的各种类型都有明确的规定，允许提前入学、跳级和提前毕业等。但目前我国大陆地区缺乏加速培养和充实培养的政策保障。

3. 专业化研究和指导

我国目前对于超常儿童教育的实证研究非常少,对于加速培养和充实培养的实证研究极少,更缺乏相应的研究机构和大学专业。大学和科研机构的专家学者应通过严谨的科研方法,对各种加速培养和充实培养项目进行设计论证、追踪研究和评估,帮助学校和教师了解加速培养和充实培养项目的效果,并对后续培养予以改进,以利于各种项目的有效实施,真正实现加速培养和充实培养的良好作用。

4. 充足胜任的师资力量

根据国际通行的从业标准,我国大陆地区没有专门的超常儿童教育师资培养专业,超常儿童教育教师数量和质量都极其欠缺。对学生进行加速和充实培养,教师需要具备下列知识和素养:学科理解与专业素养,超常儿童培养的教育基本理论知识,超常儿童的心理特点和能力倾向知识,激发儿童求知欲和引导儿童主动有效学习的教育教学策略,跨学科主题教学的能力,针对每个儿童的特点制订个别化的课程学习计划的能力,有效组织校内外各种课程资源的能力,较强的科学研究能力和指导能力。提高教师素质是确保教师在加速培养和充实培养中能更好地促进超常儿童健康发展和卓越发展的前提。

(三)实施加速培养和充实培养的建议

1. 在制度层面:制定相关政策,加强宏观指导和微观监控

提供国家层面的宏观战略规划和指导:对各种加速培养和充实培养形式,要予以明确的政策规定,打破不允许提前入小学、中学、大学,不允许提前毕业、跳级、单科跳级等相关规定。加强微观层面的学校监管和调控:提供对学生的资质和潜力、学业规划和人生发展的专业指导,确保学生的实际需要不受限制,培养有所保障。

2. 在管理层面:满足学生实际需要,实施灵活的教学管理

改变教学管理一刀切的做法,允许学生根据自己的进度学习,允许免修、跳级或提前入学;允许学生参加班级以外的活动;承认学生提前修习的课程学分;发挥教学管理的灵活性和创造性,根据学生需要实施各种加速和充实培养。

3. 在课程层面：设置有针对性的多元化课程，开发各种具有创造性的加速和充实项目

实施个性化教育干预手段和进行丰富的课程内容设计，改变加速培养就是基于书本知识的超前教学的做法，改变充实培养就是围绕考试和竞赛的反复练习的做法，改变重知识轻思维、重动脑轻动手、重结果轻过程、重智力因素轻非智力因素的课程倾向，增加自然探索类、体育艺术类、人文社科类、科学实验类、问题研究类、思维审辨类等课程，鼓励开发各种有利于学生创新思维和实践能力培养的加速培养和充实培养项目。

4. 在社会层面：建立良好的社会支持系统，鼓励社会力量多方参与培养

通过体育、自然、艺术、人文、科技、经济和教育的合作，大学和中学牵手、校内和校外结合，建立全方位的社会支持系统。政府为各种加速培养和充实培养项目提供相应的政策和经费支持；大学和科研机构以各种方式参与其中，开设网上课程、夏季课程等；专业协会和各类教育文化机构提供丰富的加速培养和充实培养资源，在众多领域和不同层次满足超常儿童学习、成长和成才的实际需要。

第五章　**超常儿童教育的课程设置**

在任何一种教育类型中，课程都处于中心地位，超常儿童教育更需构建差异性的课程体系。本章在梳理超常儿童教育课程设置相关理论的基础上，充分借鉴国内外超常儿童教育课程实践经验，聚焦当前我国超常儿童教育课程设置中的突出问题，基于超常儿童的学习特点和发展需求，分析超常儿童教育的课程特点和建设目标，结合集中、分散等不同培养模式呈现超常儿童教育的课程形态，以及针对超常儿童特殊需求的特色课程，提出超常儿童教育课程设置的具体建议。

一、超常儿童教育课程设置模式及实践经验

课程模式是按照一定课程设计理论和一定学校教学任务建立的、具有基本课程结构和特定育人功能的、用在特定条件下课程设置转换的组织形式（廖哲勋，1999）。不同的课程模式有不同的教育哲学和心理学基础，代表不同的课程组织结构和教学过程，反映课程与相关领域间的不同关系。超常儿童作为国家重要人才资源储备，一直以来受到各国教育教学领域的关注，不少学者的理论研究以及相关国家的实践和我国的本土探索中出现多种课程模式，对我国新发展阶段超常儿童教育的课程建设具有借鉴和启示价值。

（一）超常儿童教育课程设置的主要模式

1. 超常儿童教育课程设置发展概况

超常儿童教育的课程研究包含在超常儿童教育研究中，英美等国的学者研究起步较早、成果较为丰硕，研究主要与提升智力和创造力的教育教学密切相关（张武升，2014）。

19 世纪末到 20 世纪 40 年代，受心理学对于天才人物创造性研究的影响，教育领域对超常儿童的教育教学较为关注，代表人物有推孟、霍林沃斯（L. S. Hollingworth）等。此阶段的课程研究主要针对超常儿童，课程功能在于丰富超常儿童的学习内容和生活，课程组织形式经历了从注重"加速越级"到注重"能力分组"的变化过程，目的是使天才学生的课业更加丰富、兴趣更加广泛、发展更为健全。

20 世纪 50 年代到 70 年代，随着心理学对智力和创造力要素、结构及形成机制研究的突破，加之第二次世界大战后美苏争霸带来的对创造性人才的需求，超常儿童教育、创造性教育受到高度重视，代表人物有吉尔福特（J. P. Guilford）、布鲁纳（J. S. Bruner）、帕内斯（S. J. Parnes）、托兰斯（E. P. Torance）等。此阶段创造性教育课程面向超常儿童和更多普通学生，突出活动内容的重要性和教育方法的多元性，课堂内的创造性教育扩展到更多教室之外的活动类创造性教育。

20 世纪 70 年代至今，随着创造性教育从面向超常儿童转到面向更多普通儿童，相关研究成果大大增多，实验规模不断扩大，部分模式得以普及应用。一方面，教师逐步形成共识和自觉行为；另一方面，创造性教育也由学校拓展到社会，成为一种得到广泛支持、参与的社会行为，极大地推动了创造力培养课程的发展。代表人物主要有费尔德胡森（J. F. Feldhusen）、加德纳（H. Gardner）、斯腾伯格（R. Sternberg）、梅克（J. Maker）等。

2. 超常儿童教育课程设置的典型模式

自 19 世纪末超常儿童受到心理学研究关注，到心理学、教育学、社会学等学科研究的突破，围绕智力和创造力要素、发展机制的理论研究和实验探索，为超常儿童培养的课程设置提供了理论基础和实践路径，形成了无限才能模式、才能发现模式、全校充实模式、自主学习模式、创造性问题解决模式、多元智力模式、普渡三阶段充实模式、卡普兰框架模式、梅克矩阵模式等代表性的课程设置模式（见表 5.1）。这些模式大都由著名心理学家、教育学家经过多年的研究和实践提出，并逐渐运用于超常儿童及创新人才的培养实践中，主要体现出智力倾向型培养、活动倾向型培养、综合型人才培养、问题解决型培养等取向，课程内容和组织形式也从"加速"走向"充实"、从课内走向课外、从学科走向活动、从学校走向社会。

表 5.1　超常儿童教育课程设置的主要模式

主要模式	提出时间	代表人物	理论基础	主要内容	基本取向
智力结构模型	20 世纪 60 年代	吉尔福特	智力三维结构模型	智力由智力的内容、智力的操作、智力的产物等多种因素组成，相关课程主要应用在学生评价和在职教师培训中，以筛选具备某种或某些潜质的儿童。	智力倾向型培养
无限才能模式	20 世纪 70 年代	泰勒（R. W. Tyler）等	智力三维结构模型	细化对特殊技能或天赋的描述，提供教学材料模板，设计教师在职培训项目，进行学生思考能力发展的评估。	
多元智力模式	20 世纪 80 年代	加德纳	多元智力模型	主要用于确定课程计划和教育发展进程中的学生个体差异，并以此来评估教学策略。	
三元构成模式	20 世纪 80—90 年代	斯腾伯格	智力三元理论、成功智力理论	根据智力的要素对学生的智力水平进行测评；根据智力形成过程针对薄弱环节进行培养和训练，对其强项进行提高和有效利用，以发挥个体的最大潜能，为社会创造价值。	

续表

主要模式	提出时间	代表人物	理论基础	主要内容	基本取向
普渡三阶段充实模式	20世纪70年代	费尔德胡森等	创造力的形成和发展机制	学习从简单的思考体验转变为复杂的独立活动可以分为三个阶段：第一阶段的重点是发展发散思维和收敛思维能力，第二阶段的重点是提高创造性解决问题的能力，第三阶段的重点是在发展独立研究技能中应用研究能力。三者是有序的，推动学生从简单的经验思考过渡到复杂的独立活动。	活动倾向型培养
自主学习模式	20世纪80年代	贝兹（R. Betts）	人的自主发展理论	人生的成功和幸福关键在于人的认知能力、情感和社会性的统一协调发展。超常儿童能够自己运用所学知识解决新问题或提出新概念，并且具备主动学习的意愿和独立学习的技能。	
个别化教育模式	20世纪50—70年代	斯金纳、罗杰斯、布鲁姆等	教育均等理论、人本主义理论	斯金纳的程序教学、布鲁姆的掌握学习、凯勒的个人化教学系统、个别规定教学、个别指导教育、按需学习计划等为课程教学提供依据。	综合型人才培养
才能发现模式	20世纪70年代	斯坦利（J. C. Stanley）	个别差异理论、工作适应理论	运用高水平测验鉴别学生；成立特殊班级，运用诊断测试-定向教学方法；支持与使用各种加速培养模式；注重课程的灵活性。	
全校充实模式	20世纪70—90年代	兰祖利	三环理论模型	通过智力和成就测验把得分前15%—20%的学生选拔出来，建立候选人才库；根据创造潜力及个性特征进行评定，并由教师、家长推荐或学生提名候选人；对候选人的兴趣、能力、学习风格进行评定，压缩、调整候选人的常规课程避免重复学习，使他们有更多的时间去从事更具挑战性的学习活动。	

主要模式	提出时间	代表人物	理论基础	主要内容	基本取向
创造性问题解决模式	20世纪60年代	帕尼斯	创造力的形成和发展机制	创造性问题解决模式是利用一种系统的思考方式解决问题的策划技术，创造性问题解决模式分为五个步骤：发现事实、发现问题、发现构想、发现解决途径、寻求接受。每个阶段又分为扩散性思考与聚敛性思考两阶段。	问题解决型培养
卡普兰框架模式	20世纪90年代	卡普兰（R. Keplan）	创造力的形成和发展机制	提出了五种创造性思考的策略，即改变现状、转换、类推、重组和综合，用于训练成人和儿童的创造力。	
梅克矩阵模式	20世纪90年代	梅克	多元智力理论	基于多元智能理论将问题分为"问题""方法""答案"三方面，并从师生两维度展开分析，从而形成连续且有序列的问题连续体，以此培养和评价学生的创新能力。	

（二）超常儿童教育课程设置的域外经验

美国、英国、新加坡、韩国、新西兰、以色列等国作为超常儿童教育的先行者，自20世纪50年代以来持续开展培养实践，在课程设置方面积累了可供借鉴的经验。

1.美国：突出自主、选择与资源支持

培养什么样的人直接规约课程目标，美国在超常儿童教育课程目标上突出公民教育、学术成就、自我实现、事业准备四大支柱性理念，课程体系体现四个特点："上不封顶"的教育、可供选择的教育、没有边界的资源、不断更新的资源（毛杰，2014）。具体表现在：一是以学生为主体的、侧重创新素养培养的课程体系，自然科学、综合课程、衔接课程较为突出；二是形式多样、内容丰富、自主选择的课程活动，突出教育目标、真实情景及资源的整合性，以及学习过程与教育方式的开放性、自主性、探究性；三是社会资源的整合、支持与更新，学校与社会合作共同为学生提供资源支持。针对超常儿童的课程的关键是体现差异，即课程体系的个性化。从组织形式而言，主要有加速培养、充实培养和在普通班里设置差异课程三种形式。

2.英国：凸显标准引领、多方面支持

基于公平和卓越的基本取向，英国英才教育的重点在于为具备潜质的儿童提供机会和支持，构建从国家到地方到学校再到课堂的金字塔结构的英才学生培养体系。英国注重提供英才识别工具及英才教育标准，其中学校英才教育教学水平识别指标较为精细，对适合于英才学生的课堂教学特征做了列举，并提出具体的细化指标和操作性说明。在课程层面，相关机构为英才学生提供了丰富多彩的活动和培养项目，其中课堂内的英才活动最为关键。全科教师或学科教师创设机会让学生展示能力，通过组织学生参与一系列学习活动发现学生潜力，从而对英才学生做出鉴别和培养。

3.新加坡：校内外多维充实，进阶发展

新加坡天才教育以充实培养为主，天才学生的课程主要包括充实课程、充实活动、个性化研究项目和特殊方案。充实课程在保证普通课程教学任务完成的基础上，从内容、过程、结果和学习环境4个维度进行丰富和扩充（见表5.2）（王寅枚，冯超，程黎，2014）。充实活动对充实课程进行必要的补充，目的在于使天才学生成为自主的、终身的和独立的学习者。个性化研究项目是具有多种选择性项目的研究性活动，强调培养儿童的研究能力、信息技术能力、创造性思维能力和解决问题能力等。在识别、筛选出在某一特定领域具有强烈兴趣和高能力的学生后，特殊培养方案为他们提供增强对这一领域兴趣的机会，促使其向专业人士和专家学者学习。

表 5.2　新加坡天才教育课程充实情况一览表

内容	过程	结果	学习环境
1. 在普通教育课程大纲的基础上增加深度和广度； 2. 包括更多的高难度主题； 3. 更多满足学生的兴趣与需求； 4. 跨学科教学； 5. 鼓励学生探究现实问题； 6. 倡导对各学科领域中的情感、态度等问题的考察。	1. 培养更高水平的思维能力； 2. 提供发现学习和体验学习的机会； 3. 展现开放式问题的解决过程； 4. 教授研究技巧，有助于学生独立进行研究； 5. 运用多种多样的教学策略，以满足不同学习风格学生的需求； 6. 开展小组活动。	1. 鼓励超越传统的作业或作品形式； 2. 展示一些创造性的陈述和表达； 3. 能反映多元的现实世界； 4. 重视真实的学习。	1. 提供以学习者为中心的支持性环境； 2. 鼓励冒险； 3. 提供校外学习经历（如对社区参与项目进行实地考察）； 4. 开展校外拓展活动（如与大专院校合作实行导师制）。

4. 韩国："三位一体"，侧重数理和科技

韩国 1983 年设立科学高中实施英才教育，1996 年指定韩国教育开发院为英才教育中心，1999 年通过《英才教育振兴法》，构建了英才班级、英才学校、英才教育院（在大学等设立的英才教育附属机构）"三位一体"实施模式（刘继和，赵海清，2012）。英才班级是在小学、初中、高中等开设的专门班级，课程主要集中在数学和科学科目，同时根据英才学生的不同资质开设其他特色课程，如人文课程和艺术课程等，授课一般是在放学后、周末和假日等非正常上课时间。英才学校是专门培养英才的全日制学校，主要集中在高中。学校根据学生的不同能力、资质自主设置不同水平和层次的课程，在课程实施上采用学分制。在数学和科学等科目上还采用充实制课程和活动，如引入大学课程、与国内外大学或机构交流培养，并且要求学生每学年选择一个主题进行独立研究。修满学分毕业的英才学校学生可不经任何选拔筛选直接升入较优秀的大学。英才教育院是各领域设立的提供相关英才教育项目的教育机构，其中心任务包

括：一是利用放学后、周末和假日等非正常上课时间为部分英才学生提供充实制课程和活动，发展和开发学生的潜能；二是进行研究和发展英才教育工作，为实施英才教育教师提供专业发展培训。

5. 新西兰：增强课程适应性，校内外协同育人

新西兰英才教育课程遵循全面性、灵活性、适应性、实际性、有效性等原则，力图满足学生多样化学习需求，促进其认知技能与潜能发展。按新西兰教育部（Education Review Office, 2008）颁布的《英才：学校对他们需求的满足》（Schools' Provision for Gifted and Talented Students: Good Practice），学校选择课程模式突出：能够灵活适用于不同年龄组、不同地区的英才儿童；能够为新西兰实施英才教育提供合适的支持；为英才教育研究提供良好的基础；为英才儿童提供差异化的学习环境，并拓展教师在教学内容选择方面的广度和深度；考虑英才儿童特定的社会和情感需求；提供明确的框架，方便学校实施英才教育；与修订的新西兰课程大纲保持一致；能够适应不同文化背景的英才儿童。英才教育课程主要包括普通课程计划、校内课程计划和校外课程计划三部分（匡冬平，2015）：普通课程计划主要包括独立调查、学习中心、分组讨论、小组（个人）研究、教师咨询、个别教育计划、浓缩课程、综合课程、函授学校；校内课程计划主要包括校本组织策略、特殊班级、提早入学、全年加速/跳级、抽离式/撤出计划、导师制、双重学籍、竞赛、选修课程、集群分组、网络教学等；校外课程计划主要包括每周一日活动、假期项目、私人补习、俱乐部或协会、社区活动等。

6. 以色列：以学校课程为主，适当充实拓展

以色列高度重视英才教育并突出教育目标的全面性，包括儿童认知、道德和情感的全面发展。以色列在确定英才教育内容时倾向于选择充实式课程，即在普通课程之外增加和扩充不同的教育内容，通过综合化的教育内容来满足英才儿童的不同需要和兴趣。课程组织策略主要有：提前学习、必修内容的加深与拓展、增加额外内容、组织突出创造性能力的专题课程等。充实式课程主要包括四类：强化类课程、无关类课程、文化背景类课程和相关类课程（Clark, Zimmerman, 1987）。除学校课程外课外学习也是重要的补充模式，参加下午课外学习的学生在放学后到特设中心参加英才教育，这些中心通常设在

大学里或社区中心，儿童从众多不同课程中选择。总体而言，以色列的英才教育课程主要根据学校主导课程来设置，在难度、深度和速度方面都有别于主流课程，但以主流课程为主（成建丽，2020）。

（三）超常儿童教育课程设置的本土实践

1. 我国台湾地区：多元整合，区分性教学

我国台湾地区的资优教育方案依据学理和相关地方规定，采取充实、加速和能力分组三大方案，整合各模式综合运用，从小学至高中一贯设计。在充实培养中，除课程、教材的深度、广度的拓展外，还有县市提供的弹性、多样化的教育方式，如资优特殊教育方案、区域巡回辅导班、假日研习、冬夏令营、竞赛、独立研究等，以充实资优学生的学习机会。台湾资优教育课程由专业团队，包括不同专业领域的教师、家长甚至学生共同参与、合作设计。资优教育班教师是主要的资优教育课程与方案设计负责人，他们大多从年级的课程本位、一般课程领域及教师专长为思考起点设计充实课程与方案，并根据课程内容、教师教学策略及学生学习结果进行调整，以在教学过程中满足学生的需求。在资优资源班课程方面，内容设计偏重以年级及班级为主，在运作方面则以抽离式或外加方式为主要模式。近年台湾资优教育体现出融合趋势，课程与教学方案设计渐趋多元，实施突出区分性教学，采用多层次教学（多层次服务）、合作学习、独立研究指导以及在特定学科中融入资优教学模式等策略，为资优学生提供更多元的服务。

2. 我国香港地区：三层架构，多维呈现

我国香港地区的资优教育鼓励学校采用"三层架构推行模式"。第一层即在一般课堂中运用教学策略，发掘学生在创造力、思辨力、解难或领导能力等方面的潜能；第二层即在校内为能力较强的学生提供专科或跨学科的抽离式培育计划；第三层即在校外为资优学生提供特定的专门学习机会。为满足不同特质资优学生的学习需要，香港资优教育课程主要涵盖三个方面。一是学习内容。在课程的深度和广度上有质变或调整，让学生能够在自己感兴趣的领域内进行更深入、更广泛的钻研。二是学习历程。提供更多的自主学习的空间和开放式学习活动，鼓励学生进行发散式思考，让他们有机会按自己的兴趣和能力选择学

习内容，允许他们有个别和不同的表现方式。三是学习成果。学习成果不只限于资料收集，还包括信息转换，即把收集所得的资料加以分析、重整，以另一种方式呈现，并鼓励学生自我评鉴。资优教育课程包括校内正规课程及校外非正规课程，校内正规课程以普通班课程为基础，再根据资优学生的特质做出修订，包括修订课程内容及调整学与教的方法，如加深、充实和浓缩内容及提高学与教的效果和效率，同时注重高层次思维技巧（包括运算能力、研习能力、解难能力、批判性思考能力、运用信息的能力）、创造力和个人发展及社交能力（自我管理能力、协作能力、沟通能力）的培养。

3. 我国内地（大陆）地区：从重点培养到融合实施

我国内地（大陆）超常儿童教育，20世纪30年代至40年代由沈亦珍等学者率先提出，改革开放后主要经历了重点培养和推进的实验探索阶段（1978—1998年）、以课程改革为核心的学校主体实践阶段（1999—2009年）和以学校为主多主体协同的整体推进阶段（2010年至今）等三个阶段。

改革开放之初基于"快出人才""出好人才"的考虑，重点针对超常儿童进行早期发现和专门培养，普遍采取加速培养模式，侧重智力开发。超常班课程设置的主要原则有：一是有利于学生德智体美劳诸方面的全面发展；二是有利于突出语数外基础课程和物理课程；三是有利于知识结构的合理化；四是有利于发展学生特长；五是有利于适应高中毕业会考和高考改革；六是有利于学生学习时保持最佳身心状态，减轻学习负担；七是有利于学生在一定的学习负荷中发展（全国中学超常少儿教育协作研究组，1996：112-114）。

进入21世纪，结合基础教育课程改革，我国内地（大陆）地区以超常儿童为对象重点进行创新人才教育的试验。在课程上兼顾常规教育目标和开发超常儿童潜能的原则，对现行国家课程内容采取压缩、加深和拓宽的方式进行改造，如提前开设相关课程，增大选修课程和活动课程比重，增开创造思维训练类型课程，有的编制学校特色校本教材，有的开设菜单式选修课，进行层级式课程开发（亢晓梅，2010）。北京八中、东北育才学校、天津耀华中学以及江苏省天一中学等在中学超常儿童教育方面进行了积极的探索。上海晋元高级中学在"选择教育"办学理念下实行"套餐式课程、走班制运作、学分制管理"的人才培养模式（王丽萍，2011）。北京市2008年成立北京青少年科技创新学院并启动"翱翔计划"，开始在普通高中阶段进行拔尖创新人才的培养实验，建立让学生"在科学家身边成长"的机制。

2010年后，结合素质教育改革试点、义务教育均衡发展改革试点、拔尖创新人才培养改革试点、考试招生制度改革试点等任务，上海市、重庆市、西安市等多地通过高中特色建设、人才培养模式创新，设立学校、社会资源整合的多主体协同机制，开启创新人才基础培养的区域及学校试验。在培养模式上呈现出：大学－中学－小学－科研机构一条龙培养模式，中学和大学、科研机构联合培养模式，学术型高中特色模式，超常儿童教育实验班模式，中学－国际高校合作模式，国际高中模式，政府推动基础教育阶段创新人才培养项目（如北京市的"雏鹰计划""翱翔计划"）模式等（刘彭芝，周建华，张建林，2013）。

在学校层面，自1985年北京八中率先创办超常教育实验班，全国先后有70多所中小学开办专门班级，如北京人大附中、育民小学，天津耀华中学，江苏省天一中学、苏州中学，以及东北育才学校、深圳中学、湖南师大附中、西安市一中等，并成立"全国中学超常教育研究协作组"开展相关研究。培养模式主要有三种：一是压缩制快速学习模式，主要以智力超常儿童为招生对象，进行4—5年的培养，学生完成小学和中学学业，达到高中毕业生水平并参加高考；二是单科强化能力迁移模式，即以某一基础学科为核心课程进行强化教学，在强化过程中开发学生潜能，注重学生非智力因素培养；三是开发潜能超越常态模式，即对智力处于常态水平的学生实施超越常规的特殊教育，充分开发学生潜力，使学生的智力、个性、创造力等方面得到超常态发展（北京教育科学研究院，中国人民大学，2020：38）。课程教学上有以下五个特点：一是课程设置上，兼顾常规教育目标与超常儿童培养目标，对国家课程内容采取压缩、加深和拓宽等方式进行改造，并进行针对性补充，丰富课程选择；二是课程资源上，注重自主开发，并有效利用当地大学、科研院所及所在社区资源；三是教学实施上，重视采用启发式、探究式教学方法，重视实验教学，重视合作学习、研究性学习、自主学习，增加学生实践与体验的机会；四是教学组织上，实施选课走班、小班化教学，实行导师制；五是学生评价上，采取多元评价方式，强化过程性评价（北京教育科学研究院，中国人民大学，2020：38-40）。

（四）超常儿童教育课程设置的启示与借鉴

1.有较为明确的研究基础和发展取向

国内外超常儿童教育课程建设具备明确的研究基础。主要体现在：在对超常儿童自身的认识上，对超常儿童的身心特点和突出特征的研究集中表现在对超常儿童的界定及其鉴定上；在超常儿童教育的目标取向上，集中体现为从更关注国家社会需求到更关注超常儿童自身发展，从更侧重智力投资到更侧重创造力发展和全面而有个性的发展；在超常儿童教育与普通教育关系的协调上，更集中体现卓越与公平的兼顾以及教育教学组织形式的差异、资源的统筹利用。近年各国超常儿童教育的共性和趋势体现在：一是虽从智力、创造力、能力等不同角度对超常儿童进行界定，但都扩大了对才能领域的理解，弱化了对智商的偏重，同时还强调特定环境和个人品质以及特殊才能（休厄德，2007：448）；二是培养目标上突出全面而有个性的发展，其中特别强调创造力和社会情感与交往能力等，尤其是创造力；三是在实施中兼顾卓越与公平的差异性融合教育较为普遍，力图在融合教育中通过组织方式的多样性和资源的丰富性实现因材施教。

2.类型特征鲜明并融入整体教育生态

超常儿童在人群中是客观存在的类型，这也就决定超常儿童教育是独立的教育类型，有特定的教育目标、培养过程、评价方式和运行系统。国内外超常儿童教育不管是融合在普通教育中还是作为特殊教育的一部分存在，其运行都包括了鉴别、培养、管理、评价等多个环节，有完整的闭环设计，体现出作为独立教育类型的鲜明特征。课程设置作为人才培养的核心载体，与培养的各环节密切相关，课程设置模式往往从学生特点、培养目标出发，涵盖培养全过程的多个要素。与此同时，超常儿童成长的个性化机制和复杂影响因素，决定其教育需打破更多时间、空间、制度、资源等的限制，构建生态化的运行机制。各国超常儿童教育发展实践，普遍从以特定组织形式运行发展到整合多元途径，以集成更丰富的资源为超常儿童提供支持和保障，超常儿童教育的类型特征也逐步体现为超常儿童在生态化的教育系统中的适性发展。

3. 共同基础上的差异性课程设计安排

超常儿童教育作为独立的教育类型，理论上需要独立的课程体系，但从各国实践看，其并未形成完全不同的课程体系，主要采取共同基础上的差异性设计策略。"差异性"是一种教育策略。它是指调整教学环境、课程、教学实践为不同学生设置适合他们的学习历程。特殊教育的前提（即不同学生在某些重要方面存在差异）是差异性指导。其要点是通过不同的学习方式让学生参与到教学活动中，满足其不同的兴趣需求，启动多样化的教学速度，在充满挑战的课程内以及课程之间向学生提出难度不同的要求（休厄德，2007：448）。面对大部分超常儿童，教育者一致认为制定合适的课程应该关注的是用性质不同的课程来干预和满足学生的特殊需求。实践中差异性课程体系设计主要体现在四个方面：一是共同基础课程的适宜性调整，主要是学科课程深度、宽度、关联度等方面的调整、整合；二是根据超常儿童的类型、特点、水平，有针对性地设计的特定的个性化课程；三是课程体系中各要素及其比例关系、学程安排的调整；四是实施过程中学习主体、课程内容、教育环境等关系的动态调整和意义生成。在超常儿童教育发展中，"加速式""充实式""能力分组""融合中的区分"等是主要呈现形式。

4. 多样化的学习方式和社会资源支持

因为超常儿童认知及情感发生机制、发展规律等的差异，其学习方式体现出自主基础上的多样化特征。对于超常儿童而言，其学习过程中的正式学习、非正式学习的边界与课堂、社会及生活的边界较为模糊，学习方式较为多样化和个性化。多样化、个性化的学习方式以超常儿童自身的主体性为主导，彰显其特有的学习发生机制，相应地需要更为丰富的资源作为支持和保障。超常儿童教育的课程除了包含以学科知识为主的知识学习，还包含大量的自我实践和探索，以及需要经历和体验的活动，且经验和活动对于超常儿童发展具有特殊意义。某种程度上讲，超常儿童教育的课程观即资源观：资源即课程。超常儿童所能利用的资源以及社会所能提供的资源都是其学习的课程。实践中超常儿童课程从学科走向活动、从课内走向社会与生活、从课程教材走向自我探索与实践，也体现了基于超常儿童特点及需求的课程观的变化。

二、我国超常儿童教育课程设置的主要问题

我国超常儿童教育起步相对较晚，实验规模较小，培养模式和课程设置主要借鉴国外相关理论和实践经验，在近 40 年的探索中虽积累了有益经验，但因在常规教育框架下实施超常儿童教育，始终没有真正建立超常儿童教育的专门的课程体系（贺淑曼，吴武典，刘彭芝，2008：218），普遍存在发展目标偏离、课程零散单薄、需求满足不足、课程受益面窄等问题（刘国伟 等，2015）。在新发展阶段建设高质量教育体系过程中，针对超常儿童开展特殊教育势在必行，课程设置也有待进一步优化以体现超常儿童作为特殊群体的教育需求和特点。

（一）培养目标有待明确细化

重视超常儿童教育是世界多国的国家战略，但我国由于目前国家和地方层面均缺乏明确的法律法规和政策支持，超常儿童教育总体处于覆盖面小、学校自发实验、在争议中求生存的艰难探索阶段，尚未形成健全的体制机制和成熟的培养模式（方中雄，张瑞海，黄晓玲，2021）。课程作为超常儿童教育的核心载体，需在明确超常儿童教育在国家教育体系中的地位、功能和任务的情况下，对超常儿童教育培养目标进行细化，并在遵循超常儿童身心发展规律及发展需求的基础上推进。人大附中、北京八中、东北育才学校、天津耀华中学、江苏省天一中学等在中学超常儿童教育领域形成了各具特色的办学模式。在实践中，超常儿童教育成为基础教育阶段拔尖创新人才培养的重要组成部分（王丽萍，2011）。也有学者明确提出超常儿童教育应将目标定位于创新人才的培养（贺淑曼，吴武典，刘彭芝，2008：219）。但同时，对于超常儿童教育与拔尖创新人才培养之间的关系，以及超常儿童教育与教育公平的关系，也有争论和质疑（刘彭芝，2010，2012；刘铁芳，2010）。在新的发展阶段，需进一步明确超常儿童教育的类型特征及其在教育体系中的地位，处理好超常儿童教

育与拔尖创新人才基础培养、卓越教育与教育公平的关系，进而准确定位超常儿童教育的培养目标，以及明确其能力素质结构中必备知识、关键能力及价值观等要素，为有针对性地提供差异化的课程提供参考。

（二）差异性的课程供给有限

超常儿童教育作为针对特殊群体的专门教育，其课程需在共同基础上体现差异性设置。国外超常儿童差异性课程设置体现在三方面：一是课程门类、数量和结构的差异化，二是课程实施路径、方式和策略的差异化，三是家庭、学校和社会提供资源的差异化。我国超常儿童教育仅限于小规模实验，加上基础教育阶段课程教材三级管理体制，学校和教师的课程自主权相对较小，常规教育模式下的超常儿童教育差异性课程供给面临较大挑战，主要通过国家课程适宜性调整、增加有限校本课程的方式关照超常儿童及其学习的差异性，课程的自主性、开放性、灵活性和选择性以及课程内容的前瞻性、综合性和创新性不足。此外，超常儿童课程主要在现行基础教育课程设置上调整，体现超常儿童特点和需求的结构化的课程体系有待建立，课程须进一步覆盖不同学习领域、贯通不同发展阶段、连接学习与生活及研究多个维度。

（三）课程实施途径相对单一

超常儿童的认知特点、情感心理和学习方式具有独特性，主要体现为与普通学生学习的差异性上。从各国的发展情况看，超常儿童教育逐步突破学科、课堂、学校等的限制和彼此的边界，体现自身主体性的多样实施途径较为突出。我国超常儿童教育尚未突破统一考试的桎梏，课程实施和教学中的应试特点较为明显，没有充分体现超常儿童学习方式的独特性。有学者问道："压缩学制、加快进度、加深难度、拓展宽度的课程思路会不会令我们的孩子疲于学习？是不是拔苗助长？会不会扭曲孩子自然成长的天性？是不是使孩子仅仅成为拔尖应试的工具？"（贺淑曼，吴武典，刘彭芝，2008：219）从培养核心素养尤其是创新素养看，需依据学生学习发生的基本途径，在学习、交往、实践和反思的基础上，逐步把间接学习与直接学习，知识学习与问题解决，形式训练与任务完成，课堂学习与实践活动，课内外、校内外、家庭学校社会结合起来，多主体协同、多途径融合、多环境转换，共同促进学生核心素养的形成（黄晓玲，2021）。特别是，要通过多样化的教与学方式，激发兴趣、开阔视野，引领学生积极拓展知识、主动探究和积极创造，不断提升包括自身研究性学习能力、创新能力和领导力在内的综合素质，满足个性发展需求，为个体终身发展和拔尖创新人才成长奠定坚实基础。

（四）资源支持体系尚未建立

超常儿童发展具有无限可能性和更多的不确定性，其课程具有无边界的特点，相应地，课程内容的选择和实施需要广泛的社会资源支持。相关国家超常儿童教育除国家层面的重视和主导外，普遍倡导社会资源的整合和支持，通过成立专门机构和区域层面的资源中心，为超常儿童提供多样化、选择丰富的校外学习支持。此外，民间社会组织在促进超常儿童教育方面也发挥着积极作用（Rutigliano, Quarshie, 2021）。例如，美国超常儿童教育协会支持并制定应对超常儿童多样性的政策，其他国家也有类似协会，提供相关的服务、研究与指南；在区域层面，欧洲高能力研究协会（European Council for High Ability）支持大多数欧洲国家的研究；一些国家的社会机构还举办了一些短期性活动，以提高公众对天才的认识，如爱尔兰的"天才教育宣传周"等。我国超常儿童教育当前主要由学校自主实验，国家层面和区域层面的支持有限；学校教育的主导地位相对突出，家庭、学校和社会协同的育人机制尚未建立，超常儿童教育的社会支持氛围有待形成，社会资源整合的力度有待加强。

（五）教师能力亟须提升

超常儿童相比普通儿童具有很大的特殊性，他们的教与学也与普通儿童有很大不同。我国超常儿童教育课程主要由教师根据学生需求、特点进行动态构建和调适，这对教师的课程意识和实施能力提出了更高要求。发达国家超常儿童教育师资培养和培训体系比较完善，如欧洲一项有 30 个国家样本的调查（Rutigliano, Quarshie, 2021）显示，有 11 个国家在职前教育必修基础课程中有超常儿童教育相关内容，有 6 个国家将超常儿童教育列为单独的学科，斯洛文尼亚将超常儿童教育整合到其他学科中；30 个国家中有 18 个国家为中小学教师提供了针对超常儿童的在职培训。此外，非政府组织在超常儿童教育教师培养方面也发挥着重要作用，如欧洲高能力研究协会提供天才教育专业学位，美国超常儿童教育协会和特殊儿童委员会（Council for Exceptional Children, CEC）制定了超常儿童教育规划服务和教师培训的国家标准等。从我国超常儿童教育实践看，职前阶段高等师范教育还没有专门培养超常儿童教育师资的专业和课程设置，超常儿童教育教师主要来自普通班教师；教师职后培训和提升主要依赖学校校本教研和教师自主学习，缺少专业引领和共同体学习；从教师团队构成而言，主要以中小学学科教师为主，不同学科专业及不同发展阶段协同较少，教师队伍结构有待进一步优化；从教师培训及教师专业素养发展重点看，课程素养还未受到足够重视，教师对于课程的理解有待进一步深入，课程综合实施能力有待提升。

三、我国超常儿童教育课程设置的基本构想

借鉴超常儿童教育课程设置的典型模式和实践经验，针对当前我国超常儿童教育课程设置中的问题，构建超常儿童教育的课程体系，需进一步明确超常儿童的学习特点和课程需求，准确定位培养目标和课程目标，在现行基础教育课程设置基础上，进一步赋予实施主体超常儿童教育课程设置的自主权，不断完善结构化的课程体系，加强特色课程建设，争取社会的广泛支持。

（一）超常儿童教育的课程设置原则

基于超常儿童身心特点和发展潜能，立足 21 世纪知识经济社会对人才的要求，以及新发展阶段培养创新型人才的国家战略，超常儿童教育课程应为学生提供更加自主、个性化、更多选择的成长环境，提供更加有利于学生全面发展的资源、支持和机会，让超常儿童的潜质得到充分且全面的发展，在创新的教育文化中脱颖而出。美国提出了超常儿童教育课程设计的七项原则（华国

栋，2009：54）：重视基本观点和基本问题的详尽性、复杂性和深刻性；培养和运用创造性思维；培养学生不断探索的精神；使学生学会使用各种资源；促进主动精神和自我能力的发展；培养自我意识，促进对人际关系的理解，以及对社会、自然和文化的理解；强调以高水平的思维能力、创造能力、成绩和成果来评价课程。我国超常儿童教育课程设置应突出以下原则。

1. 异质性原则

异质性原则突出课程对超常儿童学习特点和发展潜能的适应性。主要表现在内容、形态、难度、水平、实施方式等方面。卡普兰提出，针对超常儿童的课程设计应：满足超常儿童作为超常儿童成员之一，同时又是普通大众之一的需求；包括或者纳入普通课程的内容；为超常儿童提供展现他们特征的机会，这些特征有助于超常儿童的鉴定；不要在学习和生活方面把这些学生与他们的伙伴隔离开来；不被用作对超常儿童的一种奖赏或者惩罚（休厄德，2007：189）。面向超常儿童的课程内容应多样且可选择，能利用选修课程、模块课程、课程资源中心等形态满足不同学生的需要；在实施过程中突出差异性教学、区分性教学，既关注学生的共性又注重学生的个性差异，既关注学生的群体间差异又关注学生的群体内差异，将学生的差异作为资源来开发，课程体现更多的开放性、自主性和灵活性。

2. 挑战性原则

心理学研究和实践经验显示，相对于普通学习者，超常儿童学得更快，更容易发现问题、提出解决办法并实施，更容易掌握抽象概念并建立联系，等等。挑战性课程能够为其提供与其发展的启动、进程、速度和水平相适应的契机、条件、舞台和规范。范·塔赛尔-巴斯卡认为超常儿童必须获得在深度、复杂度、挑战性、创造性和抽象性等方面水平不一的课程，并且应当有加速学习的机会（朱娜，2014）。同时有研究显示，从智力早熟青年和他们后续的教育与职业发展的结果角度对大学先修课程进行的评估表明，参与了大学先修课程的学生与智力相同而未参加大学先修课程的同龄人相比，对他们高中学校生活的认知水准更为满意并最终有更大的成就（朱娜，2014）。精深的学习内容富有挑战性和开拓性，能使超常儿童超前的智能、情意发展需求得到及时的活化、满足和扩展，学业上的持续努力锻炼了他们的勤勉意志，学业上的不断成功激发了他们的进取心和自信心，水平接近、志趣相投的伙伴给他们提供了合作、交流、协商的必要与可能，从而促使他们的智力、情感和社会性得到充分协调的发展。

3. 选择性原则

课程是学生成长的通道，为促进超常儿童天赋才华的发展，展现其更多成长的可能性，丰富课程供给、增加选择性是基本前提。构建丰富多样的课程体系，拓展学生自主选择的空间和能力，是世界各国超常儿童教育的有效做法。在课程本质层面，知识类课程、活动类课程、经验类课程，根据超常儿童的不同特质应有不同的组合和呈现；在课程形态层面，学科类课程、实践体验类课程、问题探究类课程适合不同超常儿童的特点；在课程供给层面，正式和非正式课程、显性和隐性课程、校内系统课程和校外社会支持及学习机会、抽象符号和概念讲解、实践活动体验、自主探究、自主学习、团队学习等多种方式组成的更丰富的活动机会和更具挑战性的学习要求，都有助于促进超常儿童学习动力的激发和潜能的发展。总体而言，超常儿童的课程没有边界。打破学科、时间、空间、进程的边界，"自主选择、为我所需"，是针对超常儿童进行因材施教的体现。

4. 建构性原则

课程是教师、学生、内容、进程和环境等核心教育要素的综合体现，其中学生是最为活跃的要素，教师是次活跃的要素，内容是相对稳定的要素，而过程则是学生和教师共同建构的学生发展通道。超常儿童的课程学习并非设计好课程蓝图按图"施工"，相比普通课程，其更体现以超常儿童为主体的动态建构过程。在实施过程中通过对学生学习特点、方式和过程的把握，师生互动形成个性化的学程式课程，同时配合提前学习、跳级、压缩课程、缩短学制等不同组织形式，在教学中突出诊断处方方法的运用（朱娜，2014），体现课程的灵活与弹性。与此同时，根据超常儿童的学习特点，其课程设计背后不再是单一的学科逻辑或能力路径，而更注重情境的营造、问题的分析，以及在过程中知识的丰富、概念的澄清。学科体系与研究体系、实践体系相结合，跨学科综合学习较为突出。同时，适应大数据时代学习方式的变革，探索技术融合的学习环境构建，综合运用跨学科学习、深度学习、网络学习等学习方式，实现技术赋能学习，彰显学习的个性品质。

5.平衡性原则

超常儿童教育课程设置需要体现更多的平衡和包容。一是在面向对象上，匹配不同超常领域、类型、水平和个性需求，增强课程的适应性。二是在课程功能上，突出超常儿童的主体性，以成长的全面、自由、和谐，以及生动活泼地发展为目的，实现实际能力与潜能发展、共同基础与个性特长、全面发展与个性发展、通识通用（基础）与性向分化（专业）及个性发展（纵向）的协同。三是在课程内容上，五育并举，学科与实践、活动相结合，将人类生存与生命意义的多个方面融合起来，为超常儿童提供发展和发挥自身潜能的机会。四是在培养过程上，突出主体性与丰富环境的动态适应，坚持又好又快的生态式超常儿童教育发展道路（官群，2009），促进超常儿童智力与非智力、学业与心理等全面、协调、可持续发展。

（二）超常儿童教育的课程体系建构

1.为超常儿童提供生态化的学习环境

课程作为教育系统的育人核心，与具体的培养模式和环境密切相关。随着理论研究和实践探索的深入，超常儿童教育的制度设计及运行模式已发生深刻变化，体现出单维发展到多元交互的趋势，课程设置既注重显性课程设计也凸显环境等隐性因素的影响。茨格勒（Albert Ziegler）驳斥了以传统机械论观点看待天赋发展的视角，从系统论视角建立了拔尖人才培养模型（阎琨，吴菡，张雨顾，2021）。茨格勒以个人及其行为为分析中心，关注个体如何通过与模型各个要素进行复杂互动不断调整行为、发展才能领域，将个体、环境及其动态交互视作一个有机的整体，使拔尖人才培养环境、培养方式和培养目标与拔尖学生个体协同发展、合作共赢。同时，国际超常儿童培养模式也逐渐转向贯通和连续，更加注重个体学习-社会文化-家庭环境的交互影响。动态的超常儿童发展模型关注人的内部表现倾向、良好的个性和环境因素的共同作用，促使超常儿童最终在随着时间流逝的主动学习过程中取得非凡成就（郑永和 等，2021）。慕尼黑天才模型的研究侧重非认知因素和环境因素的调节作用、天赋因素的预测价值以及应用领域的适宜标准（郑

永和 等，2021）。相关理论研究最新进展为超常儿童教育的课程设计等提供了基本依据。

从国际创新后备人才的培养路径看，教育者较为关注外部环境带来的影响，通过机会均衡、融合加速模式和脱离正常学校学习模式等方式尽可能避免这些学生受到外在因素干扰而发展受阻。基于超常儿童成长的系统性影响因素，单一的超常儿童教育模式逐步得到突破，因地制宜、因材施教、将多种超常儿童教育模式综合使用、优势互补、各尽其能的生态式发展逐步显现（官群，2009）。实践中，多样培养模式并存，从广泛的融合教育到重点培养，乃至区域或全国性的联盟以及多样化的社会支持，呈现适性扬长的生态化发展格局。例如：江苏省天一中学在课程体系建设中，突出营造人文和创新的校园文化，让每个孩子都有成功的喜悦；开发多元课程、多元活动，让每个孩子有自己的个性，有自己的舞台；精进教学的内容与方法，让每个孩子都能在学力上不断成长；倡导广泛阅读与丰富经历，让每个孩子都有人文的翅膀；培养英语运用与信息处理能力，让每个孩子都能适应国际化的未来（沈茂德，许芹，2013）。

2.超常儿童集中培养的课程体系

我国超常儿童教育以集中的特殊班级为主，试点学校探索构建针对超常儿童群体的课程体系，其基本思路是在保证全体学生都能获得同等教育机会的基础上，为有特殊才能或天赋的学生提供个性化的教育服务，设置多种特色课程，创新教学方法，拓展教育路径，形成以必修为基础、以选修为导向、以多种实践活动为补充的课程体系。

（1）超常儿童集中培养课程体系的组织逻辑

超常儿童教育贯穿整个基础教育阶段。课程是一个分阶段的连续体。课程要素的组织体现在四个维度：一是保障课程的"纵向展现"，即确保超常儿童在不同教育阶段间顺利过渡；二是保障课程的"横向展现"，即确保课程能被应用于多种类型的学习情境，培养超常儿童多方面的素养；三是体现要素的"相关性"，即课程要素之间紧密关联且能引发积极的情境变化；四是适合学生的进程安排，即课程内容与师生、时间、空间、资源等教育要素统整安排。

①纵向的水平进阶

从纵向看，超常儿童教育须实现共同基础上的水平进阶和差异发展，即在我国基础教育课程标准要求的学业水平基础上实现适性发展。当前基础教育课程改革以核心素养为导向，不断完善义务教育普通高中课程方案、各学科课程标准。普通高中各学科课程标准明确了学生完成本学科学习任务后，学科核心素养应该达到的水平，各水平的关键表现构成评价学业质量的标准，体现纵向水平发展。超常儿童教育课程须整体考虑基础教育阶段的学业标准与学生潜能发展水平，为其设置更适宜的发展标准。例如，在俄罗斯 2004 年实行的教学计划与课程标准中，完全中学的数学课程标准分基础水平和专业水平，基础水平面向普通学生，专业水平为深入学习数学的超常儿童设置（倪明，熊斌，夏海涵，2010）。此外，还须围绕重点统筹创新素养的发展水平并增强课程的适应性，各阶段课程应与学生创造力水平发展相适应并促进学生创新素养的持续发展。詹姆斯·考夫曼（James C. Kaufman）和罗纳德·贝格托（Ronald A. Beghetto）提出的创造力"4C 模型"，将创造力分为迷你创造力（Mini-C）、日常创造力（Little-C）、专业创造力（Pro-C）和杰出创造力（Big-C），每个人都可能有这 4 种创造力，但发展模式不同，可能存在差异。学前和小学阶段的课程应当保护学生的迷你创造力表现，以跨学科、通识性、多样性的教育方式促进知识和能力的生成，为人才涌现提供广阔基础；小学高段和初中阶段的课程应注意引导日常创造力，以贯通式、体验性的学习方式为超常儿童提供加速发展渠道，使其逐步发展科技领域的创造性思维和能力；发现专业创造力是高中阶段和大学阶段课程的预期教育目标，高中和大学应鼓励和支持学生在某一领域或多个领域开展较为深入的探究，培养创新意识、科研精神与创造性问题解决能力等，进而为杰出创造力的显现奠定基础。

②横向的要素拓展

在横向上，超常儿童教育需要围绕中国学生发展核心素养总框架，界定六大核心素养指标的基本内涵与主要表现，并进一步提出分别适用于小学、初中、高中阶段的学生发展核心素养指标体系与表现水平（林崇德，2021a），展现各育人要素、学科领域以及不同课程形态的整体性、系统性。当前我国基础教育阶段课程涉及语言与人文、数理与科技、艺术与体育、生活与实践等多个领域，且学科课程、社会实践与学生生活世界相互关联。超常儿童教育课程在此基础上，应顺应学生身心发展规律和个性化发展需求，不断拓展和补充，为学生提供更加丰富、多元的课程供给。在创新素养维度，我国创造力的早期代表性研究者林崇德提出了创造性的心理结构，即创造性＝创造性思维＋创造性人格（张景焕，林崇德，金盛华，2007）。之后，相关研究由认知和心理测量思维转向对能力和过程的系统性关注，强调创新素质系统。例如：张春莉等（2018）提出创新素质系统是知识、思维、监控、协作、践行、动机和人格等七个要素交互作用的结果；张亚坤等认为创新素养包括创新人格、创新思维和创新实践三个要素。创新素养要素的明确及相互之间的关系为课程内容选择和组织提供了基本依据。

③要素的相互关联

课程要素除了在横向和纵向上关联外，还体现出学生、内容和环境之间的紧密联系。例如，普通高中课程方案将课程类别调整为必修课程、选择性必修课程和选修课程，在保证共同基础的前提下，为不同发展方向的学生提供有选择的课程。必修课程根据学生全面发展需要设置，全学全考；选择性必修课程根据学生个性发展和升学考试需要设置，选修选考；选修课程由学校根据实际情况统筹规划开设，学生自主选择修习，学而不考或学而备考。不同时代及社会、文化环境下超常儿童教育的本质内涵不断演变发展（杨岚，刘争先，2021；姚林，2021；孙金鑫，王刚，2020；朴钟鹤，吴越，2013），当前超常儿童的识别和选拔焦点已从天赋智商发展到成功智能，其培养模式也从天才儿童范式向天资发展范式和区分教学范式转型，校内外课程重心从侧重同质性发展到侧重异质性发展，培养理念从外在目标设定转向内外目标协同发展，并且更多地涉及人才培养的价值取向问题，评价体系也从一元智能转向多元智能，从领域专属逐渐走向领域通用与领域专属并重（郑永和 等，2021）。为此，超常儿童培养课程设置需增强课程内容的综合性、前瞻性，与儿童自身发展方向和潜能的适应性，与社会需求及文化的互动性，并体现自身发展与科学基础、前沿与社会需要的紧密关联。

④学程的灵活安排

课程是动态构建的学生发展通道，是对教育要素的统筹集成，超常儿童的课程实施需进行个性化的学程建构。一方面，要依据学生的能力性质、学习风格、学习兴趣及情意动机等匹配不同的学习方式，如普通班的个别化教学与咨询、社团活动、冬夏令营、假日研习、小组研究、独立研究、自学与个别指导等。另一方面，在水平呈现的组织方式上，要将提早入学、跳级、连续进阶、自定步调的学习指导、学科加速、混合年级、压缩课程、紧缩课程、导师制、课外活动、同步注册、进阶预修、学分认定、函授课程、提前升学等形式与课程内容匹配，呈现学生个性化的学习进程。例如，新加坡国立大学附属数理中学采用"2-2-2"的课程结构来组织教学，即两年聚焦基础、两年聚焦提高、两年聚焦专业。在"基础年"强调对学科基本知识的教授和学习；在"提高年"强调对学生知识水平的提高并为学生提供在课内外运用知识的机会；在"专业年"，学生参加其所在专业的课程学习，强调教学的专业性。

（2）超常儿童集中培养课程体系的结构形态

我国超常儿童集中培养的课程主要是在共同课程基础上的调整和补充、拓展，包括纵向水平、横向要素之间的关联以及多样化的适性组合和环境支持。在基本功能上体现为基础－拓展－专业的"金字塔"结构，回应不同学生类型和发展水平的需求；在课程领域上体现为德智体美劳五育并举，学科领域包括语言与人文、数理与科技、艺术与审美、体育与健康、创新与实践等；在课程形态上包括学科课程、活动课程、主题课程和隐形课程等；在修习方式上包括必修、选择性必修、选修，以及课堂学习、研究性学习、活动体验、团队学习、自主学习等多种方式；学习空间体现在课内、校内、社会机构和资源支持、家庭协同等方面。

专栏 --

北京八中超常儿童教育"一体三层六面"课程体系

北京八中素质班整体建构了"一体三层六面"的课程体系（见图5.1）（北京教育科学研究院，中国人民大学，2020：80），细化学校育人目标，回应不同类型、水平和需求的学生的特点。

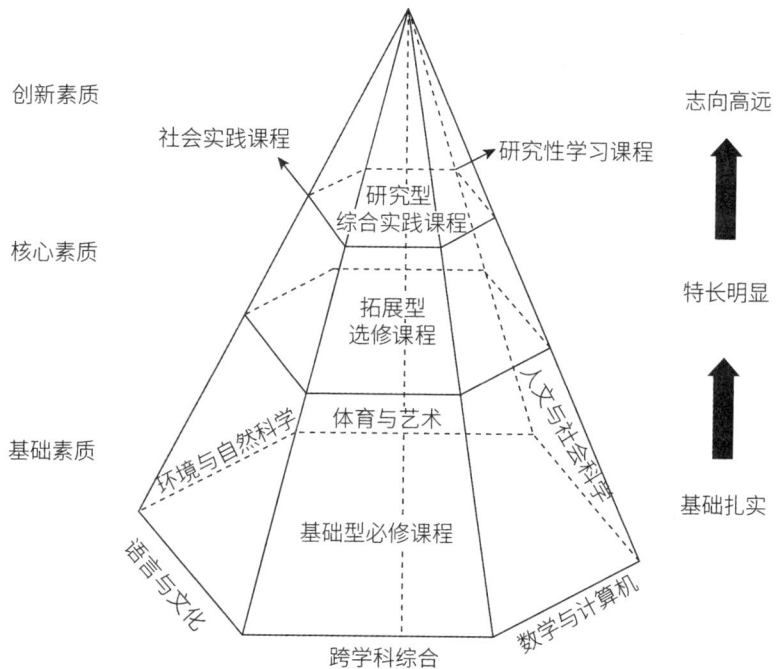

六面解读：人文底蕴、科学精神、学会学习、健康生活、责任担当、实践创新

图5.1　北京八中素质班"一体三层六面"课程体系

江苏省天一中学指向学生个性发展的"丰富课程"体系

江苏省天一中学以学生志趣为导向，着力探索以"丰富课程"为支撑，以"培养积极的生活者"为指向的自主学习模式，建设以"丰富阅读、丰富活动、丰富经历"为特征的三类丰富课程（见图5.2）（沈茂德，2020）。课程设计坚持基础与专长相结合，科学与人文相结合，学习与研究相结合；课程内容更有弹性，更具选择性，尽可能让孩子们在选择中发展兴趣、发展潜力；学校管理追求

"行为自律、学习自主、个性自强"的模式，创造行为相对宽松和思想自由的学习环境；通过充实、加速、能力分组等多种渠道保证不同学生的能力提升和差别化发展。对于表现突出的拔尖学生，为其配备学科导师，制订个别辅导计划，如提前进高校培训、选修美国AP课程等。

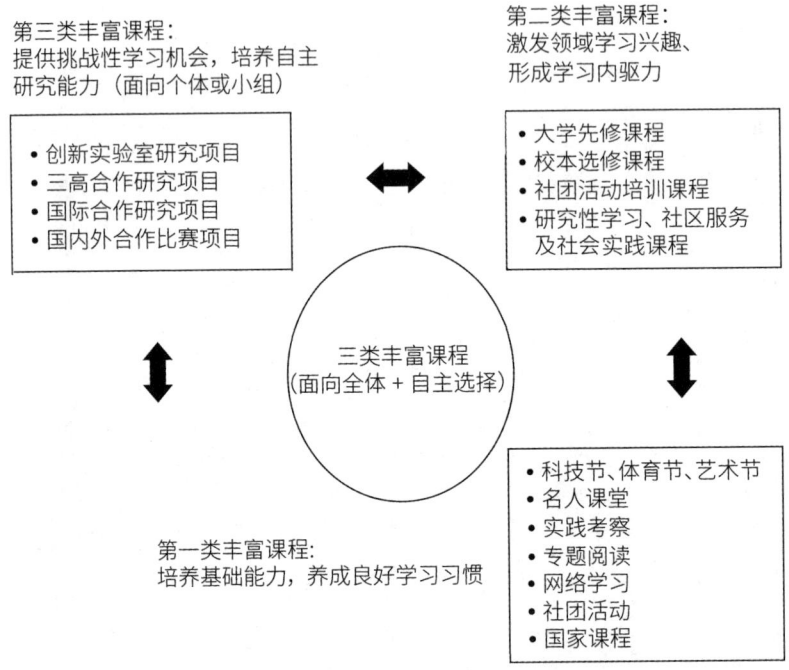

图 5.2 江苏省天一中学指向学生个性发展的"丰富课程"体系

江苏省南通中学"三力合一"英才教育课程体系

江苏省南通中学以爱国、求真、包容、卓越为价值导向，着力培养学生诚实、持恒、责任、自信等必备品质和终身学习力、实践创造力、全球领导力等关键能力，进而建构有学校特色、分类科学、学习共享、可供选择的课程生态系统（见图5.3），并担负起培养学生核心素养的重任（成锦平，2020）。

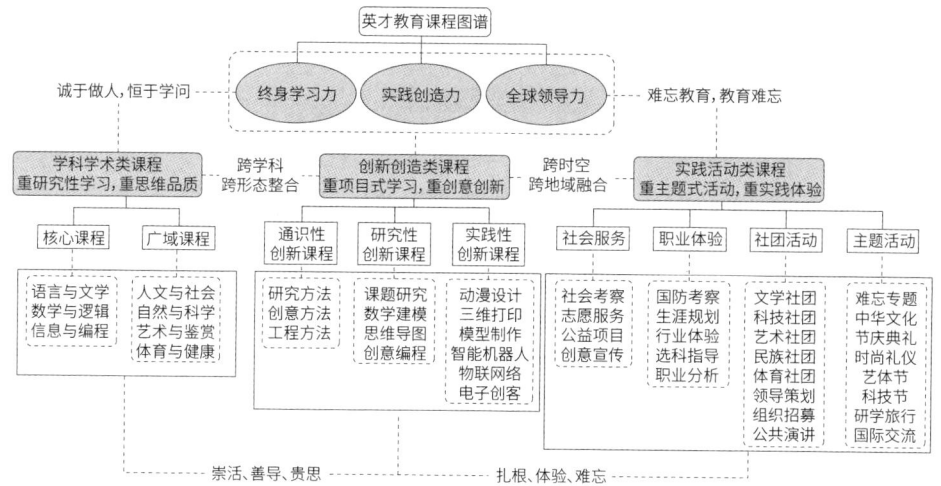

图 5.3 江苏省南通中学"三力合一"英才教育课程图谱

（3）超常儿童集中培养课程体系的内容选择

根据超常儿童学习特点及发展需求，课程开发或整合实施中具体课程的内容选择需突出以下特点。

①基础性与挑战性兼顾

超常儿童教育课程的基础性主要体现在：其一，作为基础教育的基础，即国民教育的共同基础；其二，具有扎实的学科基础，同时为后续学术、专业发展奠定宽厚基础；其三，作为创新人才成长的基础，为针对创新的兴趣、意识、精神、能力、方法等打基础。挑战性则体现在课程内容的广度、深度、综合性等方面：在广度上，体现出多学科主题本身所富有的关联性及多元性；在深度上，学有余力的学生可自由选择，广泛的课程可以拓展思维，深入的专业研究能够加强思维深度；在综合性上，帮助学生融会贯通不同的学科知识，在感兴趣的专业上持续探究。

②科学性与现代性结合

体现学科基础与发展前沿，突出学科与生活世界的紧密关联，是超常儿童教育课程内容选择的重要原则。我国超常儿童教育实验学校重视课程的现代性、综合性和探究性，如北京八中的自然体育课程、人大附中的研修课程、上海中学的"龙之趣"课程等。超常儿童教育课程整合数理化生地等学科课程、信息技术与通用技术等技术课程、生涯规划与生活德育等社会课程，体现出课程的综合及其与科技发展前沿的结合，同时注重将科研成果引入课堂，带着研究课题走出校园，对学生创新意识和创新能力的培养具有不可替代的作用。

③多样性与选择性兼备

多样性与选择性体现在课程领域、门类样态和实施途径等方面。多样性赋予学生多种发展可能并促进学生潜能发展；多样选择适应学生学习需求和自主发展动力，通过必修课和选修课，促进学生全面而有个性的发展。必修课涵盖多个学科，通过不同的进程安排和学习方式体现多样性，夯实学生的基础知识并加强思维训练；选修课为不同学生提供发展通道，通过学生的自主选择满足其个性化需求。

④学术性与职业性融通

从世界相关国家的实践看，课程内容选择要关注超常儿童的学术造诣和职业的社会回馈性（李振玉，张珂，2016）。一方面，通过提供课题或项目，培养学生的研究能力。课题或项目式课程由导师指导，学生通过数据收集、整理、分析以论文或报告的形式呈现学习结果，提升自我探究或研究性学习的能力。另一方面，课程内容回归社会生活。新技术的革新终究是为了服务社会，科学并不凌驾于生活之上，如布朗克斯科学高中（Bronx High School of Science）的文秘、家政、环境、通信、驾驶、制造、建筑、财会、时装、食品、维修等选修课程内容紧密联系社会实际，强调实践技能。超常儿童教育课程不但强调学生潜能的开发，还需突出对学生多方面社会适应能力的培养和对其社会责任感的体验式教育。

3. 超常儿童融合培养的课程支持

从超常儿童教育发展历程看，当前国际上超常儿童教育体现出融合培养趋势，其实质是超常儿童与普通儿童共同学习，但教师通过区分性教学和个性化指导等方式充实课程，让超常儿童感受到课程的挑战性，从而有机会最大限度地发展自己的潜能。美国超常儿童教育中的能力分组、我国香港地区的三层架构模式、我国台湾地区的区分性教学等是超常儿童融合培养的典型模式。融合培养中充实课程主要包括常规课堂内的加深学习、融合中的抽离式教育、校内外的其他充实培养。

（1）常规课堂内的加深学习

常规课堂内的加深学习即在传统课堂教学中进行区分性教学，由任课教师给某个学科具有特殊优势或特长的超常儿童提供特殊的学习材料或机会，并进行个别指导，以解决他们在课堂教学中"吃不饱"的问题，但学生仍在普通班级学习。

（2）融合中的抽离式教育

融合中的抽离式教育是指每周利用部分时间（如每周1天）让超常儿童离开自己所在的常规班级，与那些具有同样智力水平的同伴一起学习或参加活动、扩展知识，加深课程内容的广度和深度。具体形式包括学生选择综合性课程、在普通课程基础上增加补充课程以及自主选择课程等。

（3）校内外的其他充实培养

校内外的其他充实培养由学校或社会有关方面组织，它们根据不同类型的超常儿童的需要，提供各种内容丰富、形式多样的课外或校外的拓宽、加深和提高活动。例如，各类超常儿童可利用课外时间参加各种兴趣活动小组，也可以在周末或假期参与特殊学习中心的充实活动，包括资源教室、俱乐部、科技活动中心、夏令营等举办的活动。

（三）超常儿童教育的特色课程建设

超常儿童教育特色课程建设应秉承为超常儿童提供异质性、挑战性、综合性、自主性课程的原则，增强共同基础课程的适切性，同时为超常儿童提供丰富可选的补充、拓展、研究类课程，包括基础课程、领域特色课程、门类特色课程。

1.基础课程

基础课程是基础教育阶段学生必修的学业课程，主要体现为国家课程、地方课程以及校本必修课程。针对超常儿童的国家基础必修课程的特色实施，一方面体现为学科课程在深度、广度、难度、密度、速度等方面的调整，突出学科核心素养在纵向水平上的进阶、横向要素上的拓展、学科要素的相互关联以及学生学习过程的多样；另一方面体现为丰富的学科实践活动，包括基于学科的主题实践、团队实践、研究实践等。具体策略包括内容调整、整合、补充、拓展，体系再造、动态生成等，以建构贯通式的学科进阶课程、丰富学科课程的主题活动，以及创新教与学方式、整合丰富课程资源为主要呈现形式，适应超常儿童的发展需求和学习特点，为其后续发展打下坚实的学科基础。

专栏 --

人大附中早培班贯通式分级课程体系

人大附中早培班整体构建了贯通式发展的分级课程体系（见图 5.4）（北京教育科学研究院，中国人民大学，2020：131），各学科以课程标准为准则，依据国际国内前沿科研实践，结合拔尖创新人才特点，整合各方面资源，打造纵向贯通的学科体系，解放师生，因材施教。常规课程的调整包括两个方面的变革：一是增加课程，如在早培六年级除设置初一年级的课程外，增加物理、化学和生物课程，以实验为主，满足学生对科研的强烈兴趣；二是打通小学、初中、高中课程，不仅学科内打通，学科间也有交叉融合［图5.5 为人大附中早培班语文学科课程贯通与进阶设计图示（北京教育科学研究院，中国人民大学，2020：132）］。

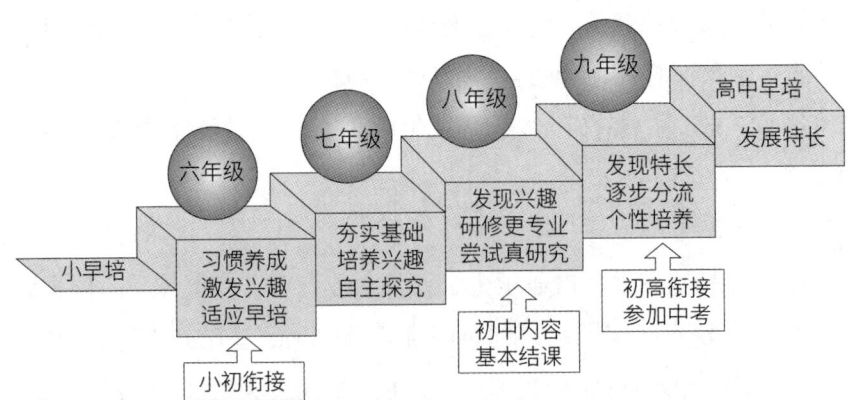

图 5.4　人大附中早培班六至九年级课程目标进阶图示

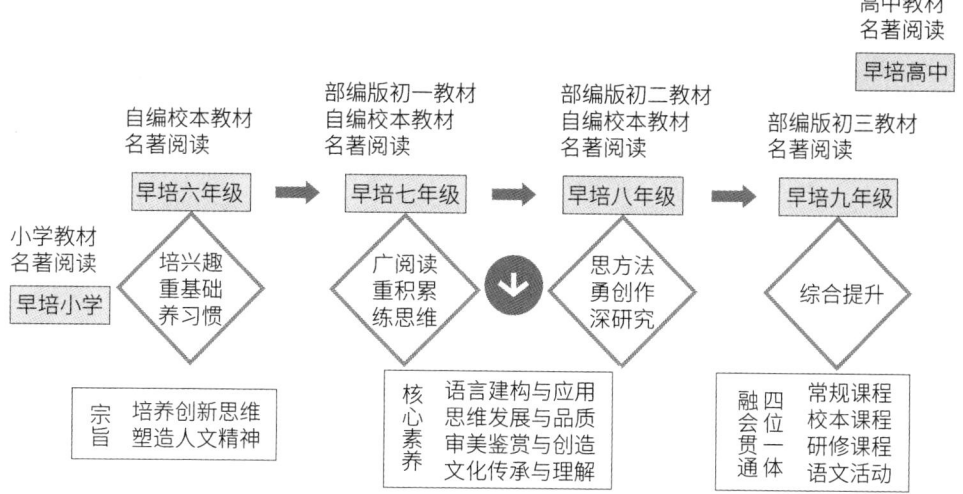

图 5.5　人大附中早培班语文课程贯通与进阶设计

2. 领域特色课程

领域特色课程是打破学科限制，从课程领域、课程群视角，为超常儿童提供的，凸显某一核心素养或某个学科领域，夯实学科基础、体现内容选择和水平进阶，加强学科之间、学科与真实情境之间等的关联的课程。实践中学校领域特色课程群的建设路径如下：一是从超常儿童优势潜能出发建设相应课程群，如科技创新课程群、创新实验课程群等；二是从超常儿童健康发展、课程均衡角度出发建设相应课程群，如艺体分项课程群、心理健康课程群等；三是从学校已有优势课程领域出发为超常儿童提供优质课程群，如人文综合课程群、科学综合课程群等；四是着眼超常儿童未来发展提供学科前沿动态课程群，如人工智能课程群、科技前沿探索课程群等。

专栏

上海中学志、趣、能课程图谱

上海中学构建了促进学生志、趣、能合一的学校课程体系。注重立志的德育课程关注学生认识、实践、体验、反思的统一，强调国家规定科目的深化与学校开发的超常儿童必修课学习，并提供"青春的雕塑"等39个科目供选择，帮助学生树立远大志向和社会责任感，磨砺其意志。注重激发兴趣的学习领域课程，在基础部分关注上海市课程标准和上海中学课程纲要的结合，在选修部分提供人文与社会以及自然科学等7个学习领域、14个学科范畴的500多个专门科目或探究模块供选择，关注学科领域现代发展概貌与前沿介绍。注重挖掘优势、潜能开发的课程，在学习领域课程图谱的基础上深化，提供数学、物理、化学、信息、工程、艺术、体育等十多个领域的拓展学习与课题探究，关注学生优势潜能的识别与开发，重在为学生提供知识铺垫、方法指导、信息储存、思维训练和志向引导。

3.门类特色课程

门类特色课程是针对超常儿童教育的特定主题、育人特色或重点问题突破等开发的特色课程，如自然体育、研究性学习、发明创造、心理辅导等特色课程。例如，北京八中结合国家课程开设两门综合课程，一是综合历史、地理、地方文化、文学艺术等内容的文科综合课程——历史与社会，二是涉及自然科学基础理论、基本方法的理科综合课程——综合自然科学，丰富了学生的知识内容选择，巩固和深化了学生的学习。上海中学强化对必修和限选教材的整合、压缩、延展、补充，实现前沿、实践、应用等知识与技能的综合培养，并在此基础上形成全域性校本化实施的创新教育课程。人大附中开设科学实践类课程，面向对科研领域有浓厚兴趣、有志于科学研究的优秀早培学生，鼓励学生进行项目式学习，逐步建立起与大学科研机构培养对接的体系。

专栏 --

北京八中自然体育特色课程

自 1985 年创立自然体育课，北京八中每周一个下午都会带领学生走进大自然，进行远足、爬山、游泳、跳水、滑冰、自行车骑行等与生活接轨的体育运动。自然体育课将体育运动、自然环境、人文因素三种育人要素有机结合，以"科学性、锻炼性、教育性、趣味性、实用性"为设计原则，开发了"户外拓展类、生存生活类、特色项目类、学科整合类"四大类十余种户外体育项目。进入 21 世纪后，北京八中依据国家相关课程标准制定学校的体育教学大纲，包括了运动参与、运动技能、身体健康、心理健康、社会适应五大领域的学习目标，并在此基础上创立了"项目走班制"教学模式，学生可以从啦啦操、形体、羽毛球、乒乓球、篮球、足球等各类体育课程中自主选择感兴趣的课程进行修习。学校采取小班化、进阶式与导师指导训练和自主实践训练相结合的形式，进一步促进学生强身健体、锤炼意志、完善人格，形成创新人才关键素养。（王俊成，2018）

（四）超常儿童教育的课程资源建设

超常儿童教育的实施需要差异性课程作为核心载体，差异性课程是无边界的课程，需要广泛的社会支持。从国内外超常儿童教育实践看，整合社会机构资源支持超常儿童教育实施、依托网上资源服务更大范围的超常儿童是课程资源建设的主要形式。

1. 超常儿童教育的课程资源整合

协同学校、家庭、社会多方力量，为超常儿童提供多种学习资源和支持性的学习环境，是世界主要国家超常儿童教育课程资源建设的共同做法。

俄罗斯通过设置补充教育为超常儿童的识别和发展创造条件（刘楠，

2016）。俄罗斯补充教育相当于有组织、成体系的课外教育，产生于19世纪末20世纪初，并逐渐发展成体系被纳入俄罗斯教育体系。俄罗斯在不同教育体系中实施多种不同水平的补充教育大纲，这些补充教育大纲包括教学类、综合类、研究类及其他各种不同的种类，儿童补充教育大纲包括自然科学、技术、旅游、艺术、社会教育、体育等内容。在补充教育体系内，俄罗斯联邦各州创办各种不同类型的学校，包括函授学校、奥林匹克竞赛学校、高等教育预备学校、专门课程班等，为超常儿童发展提供特殊条件。

澳大利亚为超常儿童教育提供充分的社会支持（谢宜宸，2012），联邦和各州建立为超常儿童及其家长和教师提供支持的超常儿童教育协会和研究中心。新南威尔士大学的超常儿童教育研究、资源和信息中心在超常儿童教育研究方面最具代表性，其研究人员由政策制定者、大学学者、学校领导、教育顾问、教育家、心理学家、课程顾问和设计者等组成，为学校、教师、超常儿童和家长设计和提供一系列有效的计划和服务，包括针对超常儿童率先使用智力评估测试、向超常儿童开设短期课程和长期计划等。

以色列的超常儿童教育社会支持项目较为多样，包括特殊班、高中和大学联合招生、每周充实日项目、中等专业学校、课后充实班、虚拟学校、大学充实项目、青年会议和科学日等（成建丽，2020）。在充实日项目中，认知能力和兴趣领域相似的学生一起学习未列入正规课程的相关学科，涉及自然科学、人文科学、艺术等方面的主题，学习材料和教学方法也不同于普通学校的教学材料和方法。

我国的实践中，北京市组建人才培养协作体，形成抽离式协同培养机制（张毅，2019）。以"翱翔计划""雏鹰计划"为依托的北京市"基础教育阶段创新人才培养项目"是建立在科教合作基础上，多主体参与、长链条衔接的系统工程，组建了由科技专家、大学学者、中学教师和教育行政人员等共同参与的多主体、多元化协作体，凝聚了高等院校、科研院所、科普场馆与博物馆、企业、教育系统重点实验室和社会团体资源，强化制度环境和资源建设，实现了跨学校、跨学段、跨部门、跨区域的协同培养。

上海市构筑多平台支持的校外培育机制（陈静，2021）。通过校内外课程共建和资源共享，构筑"扩大基础面、培育中间层、提升拔尖群"的"三并进"多平台支持校外培育机制，实现从普及到提高的校外科技教育功能。建设以上海市青少年科学研究院沪东分院为主体，以市、区青少年活动中心等机构为支撑的学生创新素养培育校外培育体系；建立高校、企业共建机制，为校外科技教育机构和学校提供课程与项目资源保障；完善少年宫艺术教育资源开发机制，建设人文素养培育基地，用制度促进少年宫服务能级提升，用机制调动教师开发课程资源积极性；联手社会主题场馆，开发普及文化艺术活动的实践基地，逐步形成多方联合、资源整合的协同培养模式。

2. 超常儿童教育的区域联盟及网络课程资源

针对超常儿童自主学习能力突出等特点，依托信息技术整合区域资源和依托网络提供课程支持，是世界超常儿童教育扩大覆盖面、提供个性化学习支持的重要方式。吴武典（2013）提出的超常儿童教育未来发展的三项原则之一，就是将超常儿童教育提升为智慧教育，突出信息技术与超常儿童教育的深度融合。

20世纪后期以来，如何运用信息技术于超常儿童教育，使学术英才在普通的大众学习环境中仍得到适合其学习速度、内容及方式方法的高度个性化的学习环境，成为美国很多一流大学探索与努力的方向。斯坦福大学的超常青少年教育计划（Education Program for Gifted Youth, EPGY）就是影响广泛的项目（刘岩，2009）。该计划致力于开发与提供基于多媒体计算机的远程课程，通过联合技术与教学方面的专家，向各年龄段的超常儿童提供个性化的教育，使其学习在速度和内容上达到最优化。自1992年正式实施以来，已有来自35个国家、超过5万名的学生参加了该计划的课程学习。

为解决城乡差异、时间和空间限制等问题，从2002年开始，以色列为更好地满足超常儿童的需求尤其是被边缘化的超常儿童的需求，建立了虚拟学校，虚拟学校面向所有中学超常儿童开放（成建丽，2020；吴春艳，肖非，2012）。虚拟学校的课程包括环境保护、数学、阿拉伯传统医学或伦理学等，每门课程有12个单元，每周在线学习1个单元，学生按自己的进度完成要求的任务，并及时向老师反馈。在远程学习中，针对一些不能在网上进行的特殊活动，如参观研究机构、在实验室做实验等，还会有一个见面会，在见面会上教师和学生集体开展这些活动。

德国成立国家卓越学校网络。该网络得到德国文化部的支持，并由西门子基金会等机构提供赞助，意图在学校、公司、大学和研究机构之间建立合作网络，招募拥有理工天赋的学生参加 STEM（科学、技术、工程和数学）课程和培训，开展多项研究活动和竞赛培训，专门促进超常儿童在自然科学、计算机科学和数学领域的发展。

新西兰通过远程教育为农村地区或偏远地区的学生提供学习支持，当不能为超常儿童提供适当的充实或加速课程时，新西兰允许 5% 的学生通过网上视频学习额外的课程（匡冬平，2015）。

韩国 1998 年就建立了互联网超常儿童教育体系，为超常儿童提供个性化学习支持（张琼，施建农，2005）。

我国超常儿童教育以独立班级为主要教育载体。为学生提供个性化的学习支持，依托信息技术的学习平台丰富了课程供给和学习方式，将有利于扩大超常儿童教育的覆盖面和促进对超常儿童因材施教。此外，目前超常儿童教育实验主要集中在城市，而绝大多数农村超常儿童没有被发现或接受适宜的超常儿童教育。要想形成基于网络或区域联盟的线上线下资源供给整合、办学模式融合以及生态化发展的教育模式，有待借助远程教育技术，依托大数据支持，一方面为超常儿童提供便捷的学习支持，另一方面克服地区、学校和师资等的条件制约，促进超常儿童教育的普及和大规模因材施教的实现。

四、我国超常儿童教育课程设置的相关建议

为更好地为超常儿童提供差异性、适切性课程，超常儿童教育课程建设在理念更新、目标定位、权限赋予、结构优化、摆脱应试、师资保障等方面还需进一步优化和完善。

（一）明确超常儿童教育的定位与育人目标

教育类型及育人目标直接规约课程设置、内容选择及实施方式。从构建

和实施我国新发展阶段人才战略与高质量教育体系的角度，超常儿童作为人力资源富矿，是拔尖创新人才培养的重要组成部分，超常儿童教育在我国教育体系中具有作为独立教育类型的特点。在此基础上，要进一步明确超常儿童教育的培养目标，细化基于超常儿童优势潜能发展的，指向未来工作、学习和生活的素养，为课程设置提供目标导向。

（二）确立鲜明的超常儿童教育课程观

联合国教科文组织国际教育局发布了指向未来的课程、素养及其实现的"三部曲"（冯翠典，2021），指出要帮助学生应对 21 世纪的需求和机遇、实现课程的潜力，就需要重新定义课程。针对超常儿童的课程学习，需确立面向未来的课程观。超常儿童学习需求、学习目标和学习经历等对课程要素、学习方式及资源支持有更多依赖，"无边界课程观""资源即课程""课程即自我建构"等理念较为突出。首先，超常儿童教育课程具有多元性，是知识、活动、经验的集合体。其次，超常儿童教育课程是发展的连续体，学科学习与综合实践、社会生活等紧密联系。再次，课程实施需要丰富的资源支持，以最大限度地满足超常儿童学习需求，促进其潜能发展。最后，超常儿童学习的自主性和建构性尤为突出，需依据其认知特点和特有的学习发生机制提供支持。确立基于超常儿童自身特色的课程观，赋予课程促进超常儿童潜能发展更多的可能性，对于拔尖创新人才培养具有重要意义。

（三）赋予合理而充分的课程自主权

课程自主权是建设差异性课程体系的前提，超常儿童教育课程赋权的一个思路是将其定位为独立的教育类型，赋予其独立课程体系的构建权限。如韩国的科学高中可以选择不同于国家大纲规定的课程，其课程一般由大纲规定的课程外加专业课程构成（李昕，刘敏，2014）。另一个思路是在我国现行基础教育课程管理体制下，为增强超常儿童教育课程的适切性，赋予其合理而充分的课程自主权，涉及自主权的行使主体和内容范围两方面。课程自主权的行使主体包括区域主管部门、学校（办学机构）、教师、学生以及社会支持机构等；赋权的内容范围包括就课程设置、教材选用、课程安排、教与学方式、考核评价、资源选择等提出共同的基础性要求，为超常儿童留出更多的弹性和空间，为超常儿童培养过程中重点、难点的突破以及优势潜能的发展提供保障。

（四）形成分层分类分项的结构体系

超常儿童教育课程的分层分类分项是满足学生多样化、个性化学习需求的前提；与此同时，可选择的分层分类分项的课程体系也将为超常儿童提供更大发展空间。构建分层分类分项的课程体系，首先，要基于课程供给的角度，从课程领域的完备性、课程水平的发展性、课程结构的均衡性、课程要素的关联性、学生学习的可选择性等方面，按必修课程突出弹性、选修课程体现丰富、课外活动强调自主、社会资源重在整合的思路进行整体建构；其次，要从学生学习方式和进程安排的角度，基于学生的自主选择形成个性化的学程安排；最后，要突出课程实施过程中的动态生成和及时拓展、补充，为超常儿童课程实施提供丰富的资源支持。

（五）扭转课程评价中的应试倾向

基础教育高质量发展需彻底突破根深蒂固的应试文化，超常儿童教育尤为如此。当前教育体制下超常儿童发展的通道尚未贯通，仍未摆脱统一性要求和千军万马过独木桥的升学体制的束缚，极大地影响和阻碍着超常儿童潜能的发挥。超常儿童教育的课程实施，应紧扣培养目标，呵护和发展超常儿童的优势潜能，发挥课程在多种教育类型和管理边界之间的连接作用，保障学业水平基础，促进潜能自主发展。在课程监测和学业检测方面，应有鲜明的导向性，重点突出超常儿童创新素养和综合素质提升。学校要引导教师进一步转变育人观念，推动育人方式改革；要注重创新氛围的营造，创生"为创新而教育"的文化生态，努力形成有利于创新人才成长的育人环境。

第六章 超常儿童的学与教

在对超常儿童进行教学的时候，需要充分考虑他们的特点，才能取得更好的效果。当前超常儿童教学中还存在学生的巨大差异和统一的教学及管理的突出矛盾，教学内容缺乏针对性、前瞻性、系统性，教学方式单一，科学思维的培养不足，多元发展的评价理念缺乏，求真、创新的教学氛围尚未形成，等等。需要进一步明确超常儿童学与教的基本原则，并创新实施方式，以促进超常儿童的自主学习与适应性发展。当具有适合超常儿童发展需要的客观条件时，他们在学习上就表现得速度快、效果好（刘玉华，朱源，1994）。但是当学习的难度和强度没有达到与他们的能力相匹配的水平时，他们的学习潜能就得不到相应的激发（苏雪云，张旭，2016）。

一、超常儿童的学习特点

超常儿童在认知发展、语言发展、非智力因素发展、脑发育等方面表现出不同于普通儿童的特征。大量实践观察和研究发现，超常儿童的学习通常具有以下主要特点。

（一）理解和领悟力高，善于举一反三

超常儿童具有高理解与领悟能力，他们通常能在更短的时间内获得更多的知识和信息，更高效地掌握技能。他们在解决问题时更具有计划性，在问题

的表征和分类上更准确，在策略应用和问题解决上更具灵活性。

超常儿童往往不满足于掌握知识本身，而是更倾向并擅长找出知识间的区别和联系，使知识概括化、系统化，进而充实并完善自己的知识结构。

（二）学习动机强，渴望有挑战性的任务

超常儿童对于知识的渴求程度高于普通儿童。他们会结合自己的兴趣爱好，积极进行学习和探索。

超常儿童喜欢复杂的、有挑战性的任务。当他们试图将自己的想法转变成富于想象力和创造性的成果时，他们会着手实践并坚持不懈。"超常儿童往往具有一些独特的学习需求，他们除了有对高深内容的获取需求外，还更倾向于寻求信息、创造新想法和进行复杂的思考"（World Council for Gifted and Talented Children, 2021：34），表现出较高的学习动机。

（三）偏好独立学习，具有较强主动性

超常儿童在学习中常体现出独立性和自主性，他们更喜欢进行大量的独立学习，喜欢自己的学习模式，并常常探索出适合自己的学习方法。有研究（刘玉华，朱源，1994）指出，超常儿童在学习上表现出出色的冲刺力，他们经得住压力、学习有后劲，这都体现了他们较强的内控力。从场定向的角度而言，超常儿童大多属场独立型，容易表现出不服从（苏雪云，张旭，2016），这也与他们个性中的独特、革新、思维发散和创造力有紧密联系。同时，他们的主动性和自主学习能力主要表现在能有目的、有计划地学习，勤于思考、善于探索，主动运用多种感官进行学习上（刘玉华，朱源，1994）。

（四）元认知能力强，能有效监控学习过程

超常儿童通常具有较高的元认知能力，能有效监控自己的学习过程，以达到特定的学习目的。研究者（张博 等，2014）在一项对超常儿童和普通儿童的比较研究中发现，从认知能力、元认知能力和认知效率三个维度来考察儿童问题解决能力的发展差异时，超常儿童均优于普通儿童。

（五）思维活跃富有创造力，创造力与智力相辅相成

已有研究（何金茶，查子秀，2001）发现，超常儿童在思维的开放性、独创性、精密性、变通性上都显著强于同年龄的普通学生，说明超常儿童具有较大的创造性潜能。研究者在对人大附中早培班教师进行访谈时，教师们也普遍指出，小学超常儿童的主要特点之一就是思维活跃。

另外，卡特纳（2003）也指出，在学校里，智商较高、学习成绩优秀的孩子会引起人们的注意，而有创造力的儿童可能并不会表现出异乎寻常的聪明，反倒是其"问题"行为往往会引起大家的关注。"创造力与智力相辅相成，但只有当它们共同协作时，才可能会有奇迹发生。"

（六）对事物有强烈感受，有的超常儿童在社会情感方面存在"障碍"

超常儿童往往对事物具有强烈的感受，与普通儿童相比有更强的知觉和敏感度。这种强烈感受所带来的影响可以是正向的，如对事物体验深刻、求知欲强、精力旺盛、有丰富的想象力，也可能是负面的，如会给个体带来强烈的内心冲突和苦恼。

一些学者指出，超常儿童的认知发展可能先于其他领域的发展（Cukierkorn，2007）。某些超常儿童会存在如下现象：易激动、难以控制自己的攻击性；一心多用、学习不细心或追求无用的完美主义；烦恼、拒绝上学，甚至心情抑郁；不善于口头沟通，不易接受团队的沟通规则；当被误解的时候出现焦虑，甚至开始自我怀疑。

教育工作者要格外关注超常儿童的这些特点，并为他们提供恰当和丰富的学习机会，开展适切的教学。

二、超常儿童教学中存在的主要问题

我国绝大多数超常儿童在普通学校中接受普通教育。普通教育作为公共服务，存在着较为突出的"一视同仁"现象，即将全体学生视为相似的群体，普遍采用统一的教育教学方法、教授同样的内容，往往会忽视超常儿童的特殊学习需求和成长规律，导致超常儿童难以获得应有的快速、高质量的发展。

（一）学生的巨大差异和统一教学及管理的矛盾突出

班级内学生的知识基础和能力基础存在明显差异，常规教育教学整齐划一的教学模式往往导致超常儿童不易被发现，甚至可能被视为薄弱学生和问题学生。此外，学校层面往往过于强调对学生的精细化管理和统一管理，将学生发展中的问题、新异的想法和行为视为"品德问题"，这些不利于超常儿童的个性化发展，妨碍超常儿童的批判精神和创新能力的发展。

课堂教学中，为了保证统一进度，教师难以耐心倾听学生的疑问和解释，难以改变预定的教学进程，很少接受或利用学生生成的独特想法对教学进行调整，教学中不太鼓励学生提出新问题或创新想法。绝大多数教师认为个别学生提出的问题不具有普遍性，在课堂上回答会耽误整体学习的时间。教师在教学中普遍不鼓励学生质疑，教师没有意愿也缺乏能力应对学生的质疑。对于超常儿童而言，教学内容的深度、广度难以满足其学习需求，教师又往往不允许他们在课堂上提出新问题，也不允许质疑，长此以往，这些学生就会慢慢失去思考的积极性，甚至会产生纪律问题，造成师生冲突，这不仅浪费学生的时间，还会给教师带来较大困扰。

专栏 --

对数学痴迷的欧阳同学

人大附中的欧阳同学是早培班毕业生。该生对数学非常感兴趣，热爱钻研数学问题，乐此不疲，但对其他学科都不是很喜欢，表达能力也不强，学业成绩一直在后面，家长对此十分担心，孩子却依然向往数学，曾对妈妈说过"如果不让我搞数学，我就不活了"的狠话，足见其对数学的热爱。显然常规的教学不能满足他对于数学的热爱并发挥其才能，而人大附中早培班创设了对超常儿童而言更好的发展沃土。在高一阶段，欧阳同学就进入数学国家集训队，并被保送至北大数学学院。大学期间，他曾荣获第一届阿里巴巴全球数学竞赛优秀奖、第二届阿里巴巴全球数学竞赛铜奖，并入选北大数学学院基础数学拔尖计划。目前，欧阳同学在北大数学学院攻读博士学位。

（二）教学内容缺乏针对性、前瞻性、系统性

目前我国超常儿童教育的教学内容主要包括两部分：普通教育的内容和竞赛内容。普通教育的内容采用加速学习模式，学习高年级教材；竞赛内容则主要是竞赛辅导书和竞赛题，缺乏针对超常儿童特点、着眼于未来创新能力发展的系统性的教学内容及相应教材。另外，普通教育的教学把课程标准作为最高标准执行，严禁超标，但课程标准规定的内容以及教材内容对于超常儿童而言，无论是广度还是深度，都远远不能满足其学习的需要，超常儿童长期处于"吃不饱"的状态。此外，科学类教材的内容也普遍比较陈旧，在适应时代要求、面向未来方面还有很大的改进空间。例如，中学物理教学中，如何使用天平秤、弹簧测力计、指针式电流表、指针式电压表、机械式秒表等都是重要的教学内容，但这些仪器在日常生活和生产中已经被淘汰，未来只能在博物馆中见到。现行的科学课程还保留了科学发展过程中曾经出现过的许多错误概念和陈旧方法（陈敏华，2016a，2016b，2016c），保留了曾经很重要但未来不重要的概念和方法。不去除这些概念和方法，不仅增加了学生的负担，阻碍了学生学习前沿科学知识，而且不利于培养学生的科学思维能力和创新精神。

对竞赛内容的教学则过于关注标准答案和纸笔类强化练习，缺乏开放性、

实践性的教学内容。对解决实际问题无用的知识和方法、对发展创新思维无用的知识和方法占比太大，占据了学生学习的大多数时间。

（三）教学方式较为单一，探究式教学等的实施面临困难

把科学视为认知方式和知识的统一体的观念还不普遍，实际教学仍然把更快地学习更多的知识作为科学教育的核心目的。在中学，讲授式教学仍是目前的主流，教学大多还是按照教师设定的学习进程和路径进行。

有效开展探究式教学仍存在诸多困难，主要包括：教师和学生普遍缺乏科学探究的相关程序性知识和技能，教师缺乏设计、组织、指导、评价科学探究的经验和能力。支持科学探究的标配实验器材存在数量不足、质量不高、不能满足教学需求等问题，学生普遍缺少深入开展科学探究的机会。科学探究比讲授需要花费更多时间，科学知识内容多与课时少的矛盾突出。此外，开展探究式教学还存在诸多问题，主要包括：探究不是从问题开始的，而是从结论出发的，在证据不足或没有证据支持的情况下就得出结论的现象仍比较普遍，甚至还存在不少用错误的方法得出结论、没有问题就探究的现象。有些探究课"表面上像探究，实际上是讲解"，学生无法经历从提出问题到得出结论的探究过程。教师在指导学生提出科学问题、设计实验和分析论证方面缺乏相应的经验和能力，对学生的探究过程无法给予及时的反馈和评价。为探究而探究，使探究流于表面形式的现象还普遍存在。这样的教学方式影响学生对科学的深层次理解，学生难以把事实、概念、科学探究、问题解决能力整合成条理清楚的系统。

（四）忽视科学思维的培养，超常儿童的科学思维水平没有得到应有的提高

教学中师生互动的方式较为单一，多为教师问、学生答。教学中"满堂灌"或"满堂问"的现象还比较普遍，缺少"为什么"和"怎么样"的问题，学生缺少自主思考的机会和时间，教师不善于基于学生的回答做出追问，以引导学生形成正确的认知。生生互动过程中，较少形成思维的碰撞，往往是各自

表达自己的观点，缺乏针对不同观点或想法进行审视的思维过程。

教学中偏重结果获得，轻视知识发生、形成和应用的过程，忽视现实情境和真实问题，不够重视学生的经验在概念学习过程中所起的重要作用，不利于学生的深度理解和迁移应用。学生习惯于被动学习，思维的主动性和积极性不高，思维方法得不到基本的训练，思维水平得不到应有的提高。

（五）缺乏多元发展的评价理念，不利于超常儿童创新精神和实践能力的发展

目前，还没有普遍树立多元发展、差异化发展的评价理念，评价目的仍以强化学生外部学习动机、提高学生学业成绩为主，过于注重纸笔测验，对学生主要按照学业成绩进行相对参照评价，这种评价过多关注书本知识、不重视创新精神和实践能力，增加了学生的学习压力，降低了学生的学习信心。实际教育教学中所采用的评价方式与学生期望的评价方式之间存在很大差距，不能满足学生的学习需求等。

2020 年国家义务教育质量监测数据显示（教育部基础教育质量监测中心，2021），从全国范围看，从四年级到八年级，学生学习科学的自信心明显下降。全国四年级学生学习科学的自信心低的比例为 1.5%，自信心较低的比例为 29.9%，自信心较高的比例为 51.5%，自信心高的比例为 17.1%；全国八年级学生学习科学自信心低的比例为 6.3%，自信心较低的比例为 50.9%，自信心较高的比例为 34.6%，自信心高的比例为 8.4%。

由于考试评价等原因，在教学中教师往往采用考试取得好成绩等外部压力强化学生的外部学习动机，忽视学生内部学习动机的激发与培养。此外，不断强化学生外部学习动机的另一个后果就是师生普遍功利化，把追求高分作为学习的主要甚至是唯一目标。例如，学生到高中选考物理、化学的比例明显降低等就是具体表现。这种功利主义学习观忽视了学习的精神价值，忽视了创新精神和实践能力的养成。当这种功利主义学习观在一所学校成为主流价值观的时候，其中的超常儿童要形成追求创新、追求真理的学习观是很困难的。

（六）受制于升学压力，尚未形成求真、创新的教学氛围

尽管超常儿童的学习成绩已经很优秀，但教学的主要目的仍是帮助学生取得更高的分数，升入更理想的学校，关注的重点是各级各类考试的形式、内容及变化，主要手段仍然是题海战术。跟普通教育一样，功利主义学习观盛行，创新精神和实践能力的价值没有得到应有的重视。因而学校难以形成求真、创新的教学氛围，也就难以将求真、创新的追求融入学生的灵魂。而对于实现从 0 到 1 的原创性突破而言，从灵魂深处向往创新、追求真理是极其重要的品格。

三、超常儿童教学的基本原则

已有研究发现，超常儿童在下列情况下不容易出现问题行为：一是所在班级的教师很接受超常儿童，享受与他们共同学习的过程；二是经常有与聪明的同伴一起学习的机会；三是有机会积极参加与他们的智力和发展水平相适应的复杂的、有挑战性的、有意义的学习活动；四是能得到在社会中如何了解和处理自己的天赋的指导（苏雪云，张旭，2016）。有学者指出，超常儿童需要对个体发展反应敏锐的教学实践（戴耘，2013）。根据已有研究的分析和实践调研，我们提出如下超常儿童教学的基本原则。实际上，这些原则之间存在着一定的交叉，只是侧重点有所不同，它们相辅相成，共同支撑着超常儿童的有效学习。

（一）营造包容、支持、鼓励创新的学习环境

研究表明，缺乏对学生个体的尊重、过于激烈的竞争氛围、缺乏灵活性、重视外在评价和缺乏积极体验的课程等因素与超常儿童的低学业成就密切相关（Clark, 2012）。营造包容、支持、鼓励创新的学校氛围和学习环境对于超常儿童的顺利成长以及创新素养的发展具有重要作用。

首先，教师要为超常儿童提供自由表达思想和发现问题的机会，接纳他

们多样化的想法甚至是天马行空的"奇思妙想"，这些对创新人格的发展是至关重要的。同时，教师要确保学生能在一种宽松、安全的环境中独立思考、大胆质疑，提出独特见解，让他们无须担心教师的批评或同伴的嘲笑。这种安全的环境能帮助超常儿童的思维处于积极活跃的状态，让他们的思维自由驰骋。

其次，教师还应注重发挥超常儿童的优势。对于融合教育中的超常儿童，教师可以鼓励他们承担一些帮助同学的工作。作为"小老师"，他们可以帮助其他同学更好地理解知识、拓展解决问题的策略，或者示范思考问题的方法和如何更好地进行学习迁移。超常儿童也可以借助集体生活中的积极角色获得"同伴认同"，从而获得愉悦的社会情感体验。

最后，教师还要适时调整教学方案和教学方式，提供机会，鼓励他们开展自主学习和研究。

专栏

人大附中早培班"宽容"的环境使得创新成为可能

有研究者对人大附中早培班的教师进行了访谈，教师们提到的首要做法就是：特别包容学生，"不因为行为轻易打断学生的思维"。2013年4月，早培班七年级学生发明的"桥牌无线计分系统"在第41届日内瓦国际发明展上摘得评审团特别嘉许金奖。这个发明来源于同学们的发现，同学们发现国内比赛中使用的人工统计分数的做法烦琐且易出错，国际比赛中使用的电子计分系统造价高却并不先进。他们找到相关老师，开发出单片机系列研修课——桥牌无线计分系统开发，并由五名核心成员组成团队进行自主研发。干得如火如荼时，刘彭芝校长破例同意他们停课，不参加任何学科考试。学生们在老师的带领下全身心投入这项研究中，仅仅用了一个学期的时间，就设计制作出了成本低、性能好的计分系统。这一事例说明，学生的创造力是无穷的，但是需要给他们搭建适合的平台，给他们"松绑"，有时甚至需要舍得"放弃"一些常规教育的要求。

（二）为超常儿童提供具有挑战性、富含价值的学习任务

有研究表明，如果超常儿童经常感觉学习很无聊，不能在自己具有才能的领域有所突破，就有可能产生心理抑郁（苏雪云，张旭，2016）。戴耘（2013）提出了优化挑战原则，包括认知和动机两个层面。认知上的优化挑战是指在最近发展区内，儿童可以借助他人的帮助完成挑战性任务；动机上的优化挑战是指在这个优化的范围内，具有挑战性的任务可以使儿童积极投入一种聚精会神的、高参与度的、思维活跃的推理和问题解决过程中。

1.学习任务的目标是超常儿童的健康成长

超常儿童学习任务所追求的"高期望"，不应该是学生的应试成绩，也不是简单的快学和多学，而应是超常儿童的健康成长，尤其是其问题解决能力、自主学习能力和社会交往能力等的发展。美国俄亥俄州大学的研究者提出了超常儿童教育的五项目标维度：自我指导、社会意义、民主生活、解答问题的机智方法、创造性（林崇德，1991：148-152）。

2.学习任务应突出对核心概念的深度理解和迁移

国内外都将培养学生的核心素养作为教育的重要目标，核心素养往往体现为新情境下发现和解决复杂问题的意愿与能力，而这需要学生主动构建对知识的深度理解，并迁移理解过程中获得的思想方法和思维方式（这些是最具迁移价值的）。因此，应突出学生对于核心概念的深度理解和抽象概括，整体建构学习任务，鼓励学生进行深入的学科探索或跨学科探索，超越事实信息去了解知识背后的概念基础和认识论基础（戴耘，2013）。

专栏 --

人大附中早培班基础课程的 12 年贯通思考

围绕培养目标，人大附中早培班的课程主要分为两大部分：课内基础课程和专项研修课程。课内基础课程将 12 年贯通思考，在学生能接受的前提下，将教学内容适当拓宽加深，根据学生的需求，有的甚至向大学课程延伸。例如，对数的认识，以"数位""计数单

位"等核心概念为主线，将百、千、万以内数的学习整合，切实贯通知识，给学生高层次的思维体验。同时，培养他们的思维习惯。超常儿童的思维往往跳跃性强，教学中教师特别注重引导他们有条理地思考，把想到的说明白，不断强化知识之间的关联，尽量展示他们的思维。鼓励学生进行发散性思考（例如询问"你还有别的方法吗？"），然后在此基础上提高思维的严谨性和系统性。

3.学习任务要促进批判性思维和创新性思维的发展

学习任务应促进高阶思维能力的发展，特别是批判性思维和创新性思维的发展。钱颖一（2018：1）指出："教育的价值不仅体现在学生的知识掌握上，更体现在学生的思维发展上，其中的核心是批判性思维与创造性思维教育。"这就要求教学启发学生如何思考，并鼓励他们追究深层次原因并多问为什么。要有意识地保护学生的好奇心，激发学生的想象力，不要轻易打击学生不符合当前规范的"胡思乱想"。

专栏

西班牙强调创新态度的超常儿童充实项目

曼萨诺（S. Manzano）开发了一种强调创新态度的针对超常儿童的充实项目。该项目主要通过训练学生的思维来发展他们的创造力。在小学阶段，该项目围绕四个领域展开：数学创造力、语言与沟通创造力、想象与发明、逻辑游戏。（杨瑗伊，孙进，2017）

（三）激发并引导学生的好奇心和兴趣

好奇心是一种探索和研究未知事物的强烈愿望，它是人们进行创造活动的出发点和内在动力，促使人们不断发现和提出问题，进行探索和研究。正如诺贝尔化学奖得主夏普莱斯（K. B. Sharpless）所言：自然界有太多的事物等待我们去观察、探究，没有好奇心就没有研究的激情（李晓武，江世亮，2010）。

1. 帮助学生找到自己最想做的事情

如前所述，超常儿童往往会结合自己的兴趣爱好，积极学习和探索，因此要帮助他们发现自己的兴趣，这样更有利于超常儿童智力和其他潜能的发挥和发展。

郑泉水（2021）提出，教育创新的底层逻辑，是帮学生找到自己最想做的事。这个事是一个问题，一个能激发学生内在激情的问题。把学生内在的激情激发出来，然后通过做研究实现。这个研究有可能在探索未知，也有可能会改变未来。"帮学生找到自己最想做的事"正是激发兴趣和内在动机的重要因素。

有学者提出科技创新后备人才的发展需要经历三个阶段，不同阶段需要采用的培养模式与教育目标也存在差异：第一，激发兴趣和扶植阶段（学前至三年级），激发儿童的科学学习兴趣并维持相对积极的学习习惯与正向的学习情感；第二，自我探索和定向阶段（四至九年级），保持学生的科学兴趣并培养积极的科学认识论，使得学生能够更宽泛和深入地自我探索，并形成较为稳定的初步定向，培育高阶思维能力，夯实科学领域的坚实根基；第三，专业分化和才华展现阶段（十年级至大学），鼓励和支持学生在科学某一领域或多个领域开展较为深入的探究，养成创新意识、科研精神与创造性问题解决能力等（郑永和 等，2021）。由此可见，激发并维持学生的兴趣是基础，要鼓励并支持学生将活动中获得的乐趣转化为学习的兴趣，再最终转化为未来从事相关研究的志趣。

2. 关注学生的科学好奇心

科学好奇心主要表现为个体对于科学领域的知识和信息表现出强烈的兴趣，并予以关注和探究的行为倾向（董妍，陈勉宏，俞国良，2017：76）。研究发现，具有科学好奇心的儿童对科学知识的渴求，不是仅停留在识记科学知识上，而是更加喜欢动手进行实际操作，以及通过科学实验来亲身体验发现科学知识的过程。实际上，具有科学好奇心的儿童再现科学发现的过程是这些个体未来进行科学创新的基础（董妍，陈勉宏，俞国良，2017）。

对近30年的诺贝尔物理学、化学、生理学或医学奖获得者的研究表明，约80%的获奖者声称小学阶段的早期科学启蒙与训练对他们影响很大，具体如表6.1所示（母小勇，2016）。从表6.1中可以看到，与课外自主超前学习科学知识相比，感知与了解科学、培养与激发科学热情、科学推理与"动手做"训练在早期科学启蒙与训练中占了更高的比例。

表 6.1 近30年133位诺贝尔物理学、化学、生理学或医学奖获得者
接受的早期重要科学启蒙与训练

获奖者早期重要启蒙与训练的来源	感知与了解科学（人数和比例）	培养与激发科学热情（人数和比例）	科学推理与"动手做"训练（人数和比例）	课外自主超前学习科学知识（人数和比例）
仅来自中小学	51（38%）	47（35%）	24（18%）	20（15%）
仅来自家庭	27（20%）	26（20%）	17（13%）	2（2%）
来自中小学和家庭	55（41%）	53（40%）	38（29%）	17（13%）
合计	133（100%）	126（95%）	79（60%）	39（30%）

注：本表数据是根据诺贝尔奖官方网站（www.nobelprize.org）提供的获奖者自传分析统计得出的。

教师应对学生的科学好奇心高度关注，为学生展现榜样；鼓励学生积极提问，激励他们参与到科学实验和体验探究中；让学生有机会接触科学领域的新知识和新信息。

3. 运用科学问题、科学史、科学实验等激发学生的好奇心

实践证明，能够激发学生好奇心的问题不是通常的习题，而是对自然界及社会生活、生产中客观存在且未被加工的科学现象和事实的描述，以及需要学生自己设计解决策略的科学问题。郑泉水等（2021）归纳出了创新人才培养模式。实际上，创新人才培养，需要"问题""天赋""教练"三要素的长期高水平聚合。

专栏 --

所谓"问题",是指时代前沿产生的、看上去"不可能"解决的巨大"痛点",以及青少年头脑中冒出来的超越时代、异想天开的"点子"。两者相互共振,形成面向关键前沿产业的"无人区"的重大技术问题。

所谓"天赋",是青少年对该类问题抱有的极大探索激情,以及具备的必要创新潜质(包括开放性、智力、坚毅力、专注力、领导力等)。

所谓"教练",即在"从 0 到 1"创新上富有经验和示范作用,发自内心地支持青少年探索"不可能问题",并能够持续提供指导和帮助的杰出导师。

科学发展的历史也是激发学生好奇心的良好素材。可以鼓励超常儿童了解并探索科学发展中的关键问题、问题的发现和研究过程、历史发展过程中蕴含的思想方法、历史人物的研究精神与科学事迹等。这些不仅能极大激发他们的好奇心,还帮助超常儿童体验并发展科学思想和科学精神。

超常儿童的观察和思考能力强,他们对科学实验感兴趣。教学中可以利用科学实验,发展学生的科学探究精神,帮助他们体会科学思想方法,养成实事求是、严肃认真的科学态度,特别是激发他们的科学研究的兴趣。

专栏 --

北京八中少儿班化学实验教学策略

北京八中的教师们在实践中摸索出了化学实验的三年整体规划,每年都有不同的侧重和任务,以及针对超常儿童开展化学实验教学的策略。具体包括:二年级[①]开展家庭小实验,重在培养兴趣和观察

----

① 北京八中少儿班学生的入学年龄为 10 岁左右,四年制的学生学习化学的时间是三年。

能力；三年级鼓励学生设计实验，培养研究意识；四年级组织学习
小组，完成较大型的探究实验，关注学生的即时动议，鼓励他们将
设想变为现实。（胡晓萍，2018）

（四）积极引导超常儿童自主学习

1. 超常儿童往往期待自主学习

超常儿童既是受教育者，也是自我教育者，他们往往有着较强的主动性。自主学习是学生自觉、自立、自控的学习，强调学生的主体地位并落脚到学生的学习主见上（余文森，2012）。研究者曾与北京八中素质班的四位同学进行了访谈，他们不约而同地提到了自主学习：

研究者：你们觉得在学习中什么是最重要的？

S1：素质吧，自主学习能力。（其他三位同学纷纷表示赞同）

研究者：你们怎么理解自主学习？

S2：自主学习首先要自己学，翻翻书，如果书本中缺少一些想要了解的内容，可以查找一些资料。

S3：不能靠老师推着，自己要主动。

S4：还有自己提出问题，老师很鼓励我们自己提出问题。

S2：问是更好的学习方式。提出问题、解答，再提出问题、再解答。

S1：没有问题的学习不是很有效。

研究者：你们觉得最理想的学习方式是什么样的？

S3：大家各有所长，在自己喜欢且擅长的领域去钻研问题。

因此，围绕着超常儿童独立、自主的特质，教师要创造自主学习的氛围和条件；创设无边界的学习机会，尽可能为超常儿童提供所需的各种资源；鼓励学生自主学习，并进行科学的指导和监控。例如，有学者研究了自主学习在物理教学中的应用（赵大恒，2002）。超常儿童的物理教学要注重发展学生的

自学能力和创造能力。教师一般可以只告诉学生实验研究的目的，而实验原理的探究、过程的设计、器械的选择和结果的分析等，教师都可以鼓励学生自己思考和完成。这种教学方式在教学初期可能会让学生感到吃力，但是在学生熟悉了整个教学流程之后，他们就会越来越熟练地进行从实验设计到结果分析、归纳结论的全过程。

2. 鼓励学生提出问题并开展研究

相较于分析和解决问题而言，发现和提出问题是一种更为主动的学习方式，也是发展学生创新素养的重要途径。有研究者就认为，问题解决是创新素养的根本指向，要让学生在日常生活与学习过程中能够发现问题，敢于面对问题，创造性地解决问题，既促进个人发展又服务家庭与社会，实现创新在个人与社会双层面的价值（黄四林 等，2021）。同时，问题解决主要表现为善于发现和提出问题，有解决问题的兴趣和热情，能依据特定情境和具体条件，选择制定合理的解决方案、创造性地解决问题，具有在复杂环境中行动的能力，等等（黄四林 等，2021）。

前面我们也多次提及"问题"及"学生提问"对于超常儿童发展的重要意义。教学中要鼓励学生提问，并围绕学生提出的问题开展充分而有效的互动，当然这个过程中教师科学的指导和监督也同样重要。

专栏 ---

德国汉堡对于数学超常儿童的培养

德国汉堡对于数学超常儿童的培养，更多是鼓励学生提出问题，然后通过探究可行和不可行策略去解决所提出的问题。这种方法一定程度上抓住了数学专业的本质，即最困难的任务通常是正确构思问题和提出相关问题。（蔡金法，2020）

----

3. 鼓励超常儿童进行自我导向性的学习

教师应为超常儿童提供大量的学习机会，鼓励他们根据自己的兴趣爱好、能力水平，自主选择学习内容、学习方式、学习进度，最大限度满足学习需求，从而使他们逐步发展成为自主的、自我导向的学习者。例如，贝茨等人创立的"自主学习者模式"，强调由超常儿童自己决定学什么、需要收集什么资料、学习结果如何呈现、如何对成果进行评价等（卡特纳，2003：197-202）。我国的超常儿童教育专家查子秀（2006）也提出了自主学习模式的五个维度。

其一，定向：为学生、教师及其他指导者提供有关英才人物及创造性教育等方面的资料，使学生了解英才人物的追求和品质，明确参加独立学习模式的意义、目的和要求，正确认识自我及自己的责任。

其二，个别（体）发展：为实现自主学习的目标，学生应在教师的指导下，形成正确的人生态度、追求；培养必要的学习技能，如高层次思维能力，创造性解决问题的能力，计划、组织学习和研究的能力，应用计算机以及有关学习策略的能力；发展积极的自我概念，进行正确的自我判断、积极的自我调控；发展良好的人际关系，学会与人交往、沟通和合作，以及探索、选择未来的专业领域；等等。这些都是发展成为自主的学习者的必要基础。

其三，充实性活动：为学生提供学校规定课程以外的丰富的学习活动。学生可以个人或小组形式，对感兴趣的领域或自认为有意义的课题，进行初步的调查研究和探索，然后，再进行小组报告，交流、分享经验，讨论问题或改进方案。在这个阶段中，学生逐渐转化为活动的主体。

其四，专题研讨：这时学生已是独立学习者，3—5人一组，选择共同感兴趣或认为重要的问题作为主题，学习和运用高深的知识、理论，进行专题讨论、座谈。对研究结果，允许他们做出自己独立的评价。

其五，深入研究：独立学习者个人或组成小组（2—3人），根据兴趣和已有研究的基础，提出需要深入研究的课题；拟出研究计划、具体时间表，并独立执行计划；计划完成后，形成研究成果，由参加者及感兴趣的人进行评鉴。

自主学习的过程离不开教师或导师的科学指导，可以聘请某一学生感兴趣领域的专家与学生一起工作或一对一地辅导学生。

专栏 --

北京青少年科技创新"翱翔计划"

北京市在高中阶段推行了"翱翔计划",为对科研感兴趣且学有余力的高中生在科学家身边成长创造了条件。"翱翔计划"通过开发高等院校、科研院所、科普场馆、企业、教育系统重点实验室、社会团体六类社会资源,开发、实施开放性科学实践活动,构建无边界、跨学科的开放性学习服务平台,满足不同层次学生个性化、多样化的学习与发展需求,鼓励学生采取观察实验、合作探究等方式学习,培养学生的创新精神和实践能力(张毅,2020)。

经过多年的努力,学生的科学热情和探究精神被极大地激发了出来,很多学生在进入高校深造后都选择了自己曾经的研究领域。虽然我们无法预言他们中一定会出现为后世所瞩目的科学巨匠,但我们可以肯定在他们心中一定已经埋下了创新的种子。

实际上,鼓励学生"自我导向",教师对此提供"自主支持",也有助于在融合教育中发挥每一位学生的潜能,包括超常儿童的潜能。

(五)因材施教,实施差异化教学

1. 依循因人施教、因需施教的原则

超常儿童在学习速度和深度上都不同于大多数学生,超常儿童学习需求多样化,因此要保证超常儿童学习的内容、学习的方式、评价的方式等都能与儿童现有的水平、儿童的兴趣和偏好的学习方式相匹配(Rock et al., 2008)。对于超常儿童应实施与之相匹配的差异化、个别化的教学,依循因人施教、因需施教的原则。

实施差异化教学,首先需要教师在教学前对儿童进行评估。教师需要了解至少三个方面的内容:一是儿童的个人经历和社会经验,二是儿童的兴趣,三是儿童的学习方式偏好。然后,教师据此进行差异化设计,如教学内容的差

异化设计、教学过程的差异化设计、评价反馈的差异化设计。在此基础上，鼓励超常儿童选定和设计他们自己的学习活动。这一自主选定和设计的过程既大大彰显了超常儿童学习的主动性，又能契合其乐趣、兴趣与志趣。当然，这一过程离不开必要的引领与指导，以尽可能为学习活动的顺利开展创设条件、排除障碍。

2. 学校层面超常儿童教育的差异化教学

就学校层面的超常儿童教育实践，经合组织总结了五个方面的举措，这些举措也体现了超常儿童教育对于差异化教学的呼唤，对于学生个性化发展的尊重（Rutigliano, Quarshie, 2021）。下面列举前三个方面。

一是在普通课堂上通过差异化教学来实施超常儿童教育。一些国家的法律和政策提到了调整教学和学习方法，以应对课堂上超常儿童的具体需求。例如，法国在其教育法中要求提供特殊措施和设备来支持这些学生充分发挥他们的潜力。

二是为超常儿童安排专门的学习时间和空间，包括单独分组学习和混合分组学习。前者主要是指给予超常儿童单独的上课时间，如在常规课堂之外将超常儿童聚集在一起进行加速学习或充实学习；后者主要是指在常规课堂教学中开展分组学习时将超常儿童分成一组。

三是通过技术来促进超常儿童的包容性发展。具体表现为，技术可以帮助教师更容易地提供差异化教学，可以提高超常儿童教育的有效性和质量，可以提供更多的资源，等等。

3. 差异化教学与课程充实策略相配合

2015 年美国开展的一项研究显示，低结构化的教学方法配合充实培养模式通常会显著提高超常儿童的成绩。研究强调，适应超常儿童的丰富的课程和回应性教学是提高不同教育阶段超常儿童学习成绩的有效策略（Callahan et al., 2015）。

专栏 --

全校范围充实培养模式

美国教育心理学家兰祖利的全校范围充实培养模式，适合于融合教育环境下超常儿童的培养。在全校范围充实培养模式的理论指导下，学校和教师能系统地开展差异化教学，以满足融合教育环境中不同学生的需求（见图6.1）。

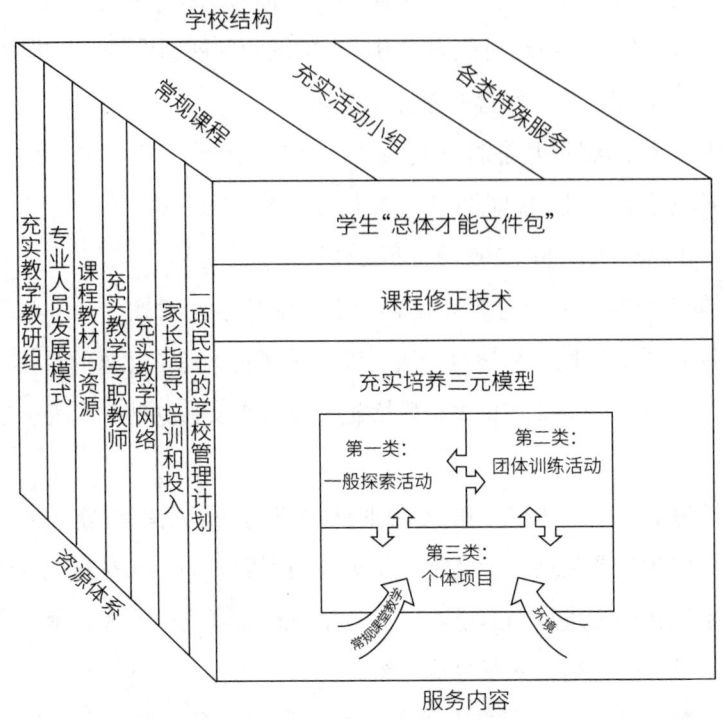

图6.1 兰祖利全校范围充实培养模式结构

全校范围充实培养模式主要由学校结构、服务内容和资源体系三个维度构成。服务内容是全校范围充实培养模式的核心。学校和教师通过构建学生能力的"总体才能文件包"认识和了解学生的潜在能力，采用课程修正技术在常规课堂中开展差异化教学，并通过充实培养三元模型中的不同活动形式进一步发现和满足学生多元化能力的发展需求，最终促进学生产出创造性成果。

充实培养三元模型是全校范围充实培养模式的关键构成部分。该模型由一般探索活动、团体训练活动和个体项目三种类型的活动组成。其中，一般探索活动和团体训练活动是面向全体学生开放的充实培养活动；个体项目主要针对在前两类活动中表现突出的超常儿童设置。在个体项目中，超常儿童可以对感兴趣的真实问题进行调研并产出创造性成果，学习更多科学严谨的调查方法并进行实际研究，最后展示自己的研究成果并将成果应用于实践。教师在这个过程中不仅需要指导学生进行研究，也需要帮助学生将其项目"成果"应用于实践，让他们的研究产生真正的意义。（程黎，张嘉桐，陈啸宇，2020）

（六）为超常儿童提供与能力相当的同伴一起学习的机会

范塔赛尔－巴斯卡（VanTassel-Baska, 2017）认为，为了确保超常儿童学习的真实发生，其每周至少要与其他同等或更高能力的超常儿童进行两小时的小组学习。也有研究表明，超常儿童从异质合作学习中得到的暗示往往是：一旦他们掌握了本年级水平的内容，那么他们就再没什么可学的了。绝大多数的教师都会无意识地给他们传达这样的信息（维布纳，2003）。这也是"把超常儿童集中在一起学习"的重要原因。有研究发现，超常儿童的课堂同伴互动可以显著正向预测超常儿童的发散性思维水平（程黎 等，2021）。和智力相当的同学一起讨论交流，学到的东西以及撞击出来的火花会大大丰富超常儿童的知识和思想，从而使超常儿童个体产生更多更好的新想法，极大激发超常儿童多方面的潜能，也培养了超常儿童与同学深厚的友情和团结合作的习惯。人们还认为，通过集群分组、抽离班级和专门班级等方法，根据能力对有天赋的学习者进行分组，在与差异化课程搭配时非常有效（VanTassel-Baska, 2017）。

教师应帮助班里的超常儿童建立、维护和增进良好的同伴关系。在课堂上教师可以有意促成超常儿童与普通儿童之间的积极互动。例如，双方合作解决一个问题，对对方的回答进行补充，指出对方回答的亮点和不足等，并注意通过各种课堂活动维护和促进这种良好的关系。教师还可以为超常儿童与同伴之间的交流与合作创造多种机会。例如，在进行课堂分组讨论时，可交替使用同质和异质分组策略，使超常儿童有机会与不同的同伴在一个组内进行合作交流。通过这样的方式，为超常儿童营造与同伴互动的融洽的课堂氛围。

为了帮助超常儿童更好地融入集体学习，教师可以帮助学生了解他们与同伴的共同特点；创设他们参与小组问题解决和分享活动的情境，帮助他们学习如何以可接受的方式向同伴展示他们所知道的东西；使他们了解并非所有同学都以相同的方式思考，每个人都需要学会倾听和互相学习。

（七）关注超常儿童身心健康、自我概念、社会交往等方面的发展

戴耘（2013）对于超常儿童的课程和教学提出了整合认知与情感经验原则：应该把知识获取与情绪学习以及智力发展和自我认同形成看作同等重要的教学目标。

此外，虽然超常儿童认知能力较强，但有些儿童并不具备足够的社会交往经验，甚至会出现适应不良的情况。研究表明，学习障碍超常儿童普遍存在着沮丧、焦虑、疑惑、烦躁、低自尊、社会交往困难以及自我概念脆弱等问题。因此，教育者要尤其重视给予学习障碍超常儿童情感支持。目前，使用的方法主要包括：帮助他们进行自我了解和自我接纳；教会他们应对困难的方法，学习自我鼓励和自我调节；加强团队互动，进行社会交往训练；重视学生的身体发展，帮助学生养成对体育锻炼的热爱及健康习惯。

专栏 ---

自我调节学习

基于社会认知理论的理论框架，有研究者设计了引导学生面对挑战性任务开展自我调节学习的活动单元，包括元认知学习策略（如自我评估、目标设定、监控等）和针对特定学科的认知学习策略（如文本缩减策略等）。这些单元是为同一教室中不同能力水平的四年级学生开发的，它们也适用于超常儿童教育项目的年轻学生。图6.2表示了该项目的自我调节学习的七个步骤。（Stoeger, Balestrini, Steinbach, 2021）

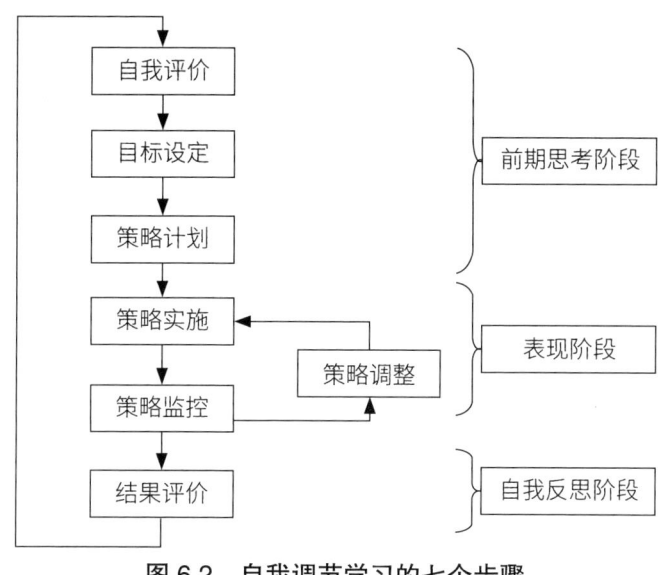

图 6.2　自我调节学习的七个步骤

　　总之，营造良好的课内外环境、注重培养学生的动手能力和团队合作能力、实施基于问题情境和探究式的教学方法、组织开放性的课题研究等都是更为具体、有效的培养模式（刘昊，2015）。这些都为超常儿童的培养提供了新的思路。

四、对超常儿童教学的建议

（一）鼓励实践层面的创新探索

　　吉布森（K. L. Gibson）等人从宏观视角提出了超常儿童课程教学模式的七个要素：教育价值和信念、良好的教学环境、融洽的合作关系、合适的儿童教学计划、课程实施指导、恰当的评价方法、课程实施的相关研究（Gibson, Mitchell, 2005）。由此可以看出，超常儿童的教育是一个系统工程，适切的教学模式的建立和完善需要一个长期的过程。"但是，超常儿童教育不能等，只能在实验中不断摸索规律、积累经验。"（方中雄，张瑞海，黄晓玲，2021：106）超常儿童的教学变革有赖于广大中小学校和教师们的创新实践，需要丰富多彩的实践样态。

目前，我国超常儿童教学已经有一些取得成效的实验项目，但至今未出台关于超常儿童教育的法规和政策，也尚未将超常儿童教育纳入基础教育体系，课程、教学、评价等方面都迫切需要探索更符合超常儿童发展的整体育人方式。建议多点布局、先行试点，鼓励学校开展不同教学模式的创新探索，以点上实验带动面上推广，逐步扩大超常儿童教育的覆盖面，逐步提高超常儿童教学的质量和水平。

要给学校更多自主创新和个性研究的发展空间，确保在学生甄别选拔、课程设置、教学方式、师资培养和课题研究等方面学校能得到应有的支持和保障。同时，可建立研究和实践共同体，邀请大学、科研机构等共同参与、建构、总结、提炼、反思，逐渐积累经验、形成规律。

在超常儿童教学实践项目中，要建立项目评价标准，坚持创新教学模式，因材施教。基于问题开展研究，收集超常儿童教学实践中的典型案例和学生发展个案作为佐证，特别是通过积累大量超常儿童案例研究档案、具体干预行动研究报告以及教学实践和学习者结果的比较来丰富相关证据（World Council for Gifted and Talented Children, 2021）。在先行试点的基础上逐步推广实验成果，促进超常儿童教学的整体改革。

此外，要协同各方资源开展超常儿童教学实验。基础教育不同学段之间、基础教育与高校培养之间，应进行一体化的设计，既要体现不同学段的特殊性，又要反映有效衔接、贯通培养、资源共享的原则。学校、家庭和社会要密切配合，加强学校之间、学校与科研机构之间、学校和社会力量之间的合作，中小学应该充分利用校外的各种教育资源，高校和科研机构也要为超常儿童的教育教学提供资源和指导，拓展超常儿童的学习空间。

要充分发挥信息技术对于超常儿童教学的促进作用。利用技术支持学生收集信息，帮助学校和教师更好地了解超常儿童的学习经验和学习需求。要利用资源平台，为超常儿童的兴趣发展提供更为丰富的资源。例如：通过网络，邀请某一领域的专家为超常儿童授课，定期组织线上和线下的小规模研讨和指导；也可以通过网络促使不同学校超常儿童之间开展合作交流。信息技术也为超常儿童的自主学习提供了学习工具和资源，可以帮助教师更有效地进行差异化教学。

（二）大力培养超常儿童的创新素养

超常儿童的教学不能简单地等同于知识"学早一点""学多一点""学深一点"，更重要的是大力发展超常儿童的创新素养。

"从人才成长和贯通培养的连续性上来看，基础教育阶段担负着'创新人才基础培养'的重大责任。"（方中雄，2022：22）创新素养是基础教育培养目标中的重要部分，一些国际组织和发达国家均将创新素养视为学生实现自我价值、成功应对未来社会挑战的核心素养之一。2016年中国学生发展核心素养框架与指标体系将创新素养作为六大素养之一。

基于我国基础教育的现状，面向大多数普通儿童少年的创新素养提升和面向超常儿童的特殊教育这两个方面都迫切需要得到加强，它们是基础教育回应国家人才战略需要的相互关联但又有所差异的两种具体路径，都是充分落实面向全体与因材施教原则、构建高质量基础教育体系的重大课题（方中雄，2022）。总体来说，已有的超常儿童教学实践对创新人格、创新思维与创新实践的关注并不充分，需要在总结已有经验的基础上，切实指向创新人才培养。

需要明确基础教育阶段创新素养的内涵、关键指标和具体表现水平，这样才能切实将创新素养融入中小学阶段的课程标准制定、教材编写、教师教学与评价等中，以及超常儿童的课程建设和教学实践中。有研究者综合国内外研究提炼出了问题解决、劳动意识和技术运用三个创新素养关键指标，并基于教育政策、发展科学和国际比较等支撑研究细化了上述关键指标在中小学阶段的具体表现水平（黄四林 等，2021）。例如，"问题解决"指标的具体表现水平如下。

一至二年级：喜欢提问，乐于探寻问题的答案，能够在成人的帮助下发现学习和生活中的问题；能够初步了解解决问题的方法，知道一个问题可以有不同的解决方法；能够在成人的帮助下尝试解决实践中的问题。

三至四年级：能够发现学习和生活中的问题，在成人的引导下清晰地表述问题，乐于探寻问题的答案；知道一个问题可以有不同的解决方法，能够在成人的指导下根据特定情境和具体条件选择适当的方法；能够在成人的帮助下尝试解决实践中的问题。

五至六年级：能够发现学习和生活中的问题，清晰地表述问题，并主动探寻问题的答案；知道一个问题可以有不同的解决方法，能够在成人的指导下根据特定情境和具体条件选择适当的方法，并制定解决问题的方案；能够在实践中实施问题解决的方案，并检查问题是否得到解决。

初中：重点是能在生活和学习中主动发现并提出问题，能用合理的方式表述并呈现问题；能遵循一定的规范流程，综合运用各种学科知识解决问题；能在较为复杂的情境中自主分析和判断形势，并展开合理的行动。

高中：重点是具有强烈的问题意识，具有好奇心和想象力，敢于质疑；善于发现与提出问题；能够进行理性分析，做出独立判断，能综合运用各种知识合理地解决问题；能分析形势，定位自己所处的情境，明确自身行为的可能后果，通过思考与集体的关联对自己的行动做出选择。

教学中要营造宽松鼓励、支持创新的氛围，在因材施教的原则下，设计丰富、多元、可供选择的学习任务，支持学生自主探索、积极思考、实践创新，加强对学生科学精神、科学思维、科学态度的培养，也可以尝试开设一些创新人格和创新思维培养的活动。要积极开展创新素养的评价，在真实的任务中考查学生发现和提出、分析和解决问题的能力，关注学生积极探索的态度、解决问题中的思维过程和创意，而不仅仅是结果。特别地，应呵护和激发学生的好奇心、想象力，应鼓励质疑、挑战的行为，教师应关注学生的思维过程、提升其思维品质。要鼓励学生提问，把学生的问题作为重要的教育资源，围绕问题特别是学生提出的问题来组织教学。师生共同探讨和解决这些问题，并激发学生不断提出新问题。

总之，要从对超常儿童进行创新人才基础培养的角度做好教育方案的设计，在保障儿童自由空间、引导和支持自主学习探究的前提下，建设多样化、可选择、有挑战性的超常儿童教育课程体系，倡导自主、合作、探究和项目式等多种学习方式，制定个性化培养方案并提供个别化指导（方中雄，2022）。

（三）倡导创新型的学与教方式

几乎所有超常儿童的教学案例均强调以学生为中心，在真实的问题中开展教学，注重学思结合、知行统一，倡导以实践、综合、探究、合作为特征的学与教方式，鼓励学生自主学习和研究。表 6.2 呈现的有效的超常儿童教育课程和教学的要素也充分体现了这一特征。

表 6.2　有效的超常儿童教育课程和教学的 10 个基本要素（Eyre, 2009：45）

基本要素	具体内容
一个专题	从标准、课程指导和教材中引申出一个专题。
专题的特性	关注这个专题的特性，以及为什么要选择这一专题、这一专题与我们的生命的联系是什么。
解释	与专题有关的一些事例，使得学习者能具体理解这个专题。
经验	给出与专题核心要素相关并且学生经历过的生活事例，如果学生没有经历过，教师需要与学生一起去体验。
问题	帮助学生在自身的生活、专题内的重要观点、更广的现实世界之间建立联系。
故事	通过讲述科学、数学、历史或艺术领域的某个事件，帮助学生掌握它的开始、过程、结尾、主角、对手和主题。
活动	创建可以将学生与专题的重要概念和技能直接联系起来的载体。
技能和习惯	通过仔细的设计，通过实践和应用，确保学生掌握相关技能和学习习惯，有能力将所学融入操作中。
作品	给学生提供把知识活用到生活中的机会，好的作品应该与学科、学生和学生生活的社区之间有一种自然的、有意义的、有用的、独特的关系。
评估	在整个过程中，教师和学生都应该理解某些特定阶段的学习要使学生有什么样的进步，鼓励学生表达他们对于专题的特性的理解、运用必要的技能和习惯；评估应成为教学的自然的一部分，而不是一种阻碍或干扰。

大量文献表明，超常儿童应成为实际问题或课题的探究者，充实培养的时间应当运用在实际的调查活动中，而不是简单围绕教材充实和做习题；超常儿童应是知识的创造者，教师应为这种创造提供条件和支持（翟秀华，1999）。此外，加强各学科间的联系，提倡跨学科学习，有利于培养超常儿童以问题解决为中心、综合运用各门学科知识的能力，帮助他们跳出学科局限，形成多角度跨学科思考问题的习惯，从而培养和发展他们的创造力。

例如，在澳大拉西亚和环太平洋地区实施的主动解决问题教学模式由三种循证教学模式组成，分别是基于问题的学习、在观察中同时发现智力优势和能力、在社会环境中积极思考。研究者认为，将三种教学模式结合起来，通过差异化的方式让学生参与解决生活中真实和相关的问题，是培养学生各领域天赋和才能的有效途径，同时也可以发现学生的隐藏才能，并为培养所有学生的优势、兴趣和热情提供良好环境。主动解决问题教学模式在韩国的首次实施是在首尔的小学、中学和高中的数学和科学超常儿童项目中，学生在项目中表现得像真正的科学家一样（Maker, Wearne, 2021）。

实际上，"深化教学改革"也是新颁布的义务教育课程方案和课程标准的要求。《义务教育课程方案（2022年版）》提出了深化教学改革的四个要点：坚持素养导向、强化学科实践、推进综合学习、落实因材施教。针对"强化学科实践"，该方案指出，要"注重'做中学'，引导学生参与学科探究活动，经历发现问题、解决问题、建构知识、运用知识的过程，体会学科思想方法。加强知识学习与学生经验、现实生活、社会实践之间的联系，注重真实情境的创设，增强学生认识真实世界、解决真实问题的能力"。这些要求都强调了学习者的实践、探究、合作。

专栏 ---

北京四中"道元班"的教学方式

2010年北京四中组建了"杰出创新人才培养道元班"（简称"道元班"），旨在通过理论与实践研究，探索未来在某学科领域中具有创新能力的杰出后备人才的培养途径与方法。在教学方式上，"道元班"采取"引导＋探究＋自主"式的教与学的方式，引导学生主动学习，坚持科技与人文相结合、校园与社会相结合的教育原则，注重主动实践和创新精神的培养。以创新课程内容为重点，以增强实践认知学习能力为主线，以提高综合素质为目标，通过做中学、学中做的方式，巩固、演示、验证、拓展教学内容，促进学生在自主、合作、探究中提高学习能力、实践能力和创新能力。该创造性教学方式主要通过教师引导学生在现实生活中发现问题进而进行头脑风暴的方法使学生产生更多更独特的想法或者解决措施。（任飏，陈安，张晨阳，2018）

（四）关注普通班级中超常儿童的培养

中国超常儿童数量众多，集中安置的方式难以满足广大超常儿童的教育需求，因此，应高度关注融合教育安置方式以及普通学校中超常儿童的培养。在普通学校和普通班级中开展超常儿童教育，制订个别化教育计划，并配以弹性和灵活的课程、丰富的课内外活动和多样的资源，将是可行的超常儿童培养之路。鲁滨逊（N. M. Robinson）等人认为，可以为超常儿童提供灵活的学习进度，而不是硬性按年龄分级安置，并提出了最佳教育环境匹配的概念（Robinson N M, Robinson H B, 1982）。

学校要提供满足超常儿童需要的课程和教学环境，采用因材施教的理念，提供差异化教学。在日常教学过程中，教师要充分意识到超常儿童的教育需求，观察记录超常儿童的学业情况、行为举止、情感态度和社会交往等方面的变化，诊断他们在常态学习环境下所表现出的未得到满足的教育需求，并考虑如何通过适当的教学与这些需求相匹配。

在了解和诊断超常儿童学习需求的基础上，还要在学校课程和可用资源的范围内最大限度地为学生能力发展提供支持。学校可以在常态课堂中设计开放性任务，为所有学生（包括超常儿童）的发展提供机会，并安排一定的自主学习时间，鼓励学生在这一时间里研究自己提出的感兴趣的问题；利用课后服务时间，为学生提供多样化、主题化的学习兴趣小组；尝试灵活的跨级管理制度，在超常儿童远超普通儿童水平的学习领域，可以安排其跟着高年级学生进行跨级学习，而在学习其他学科时超常儿童则跟着原班级学习；为超常儿童提供附加课程或项目，如数学建模、数学趣味问题探索、数学阅读、科学实验、科学发展历史研究、辩论俱乐部、跨学科实践等；吸收校外资源，为超常儿童提供定期或不定期的拓展讲座。学校还可以组成专门的教研团队开展研究，总结针对超常儿童的教学策略，提升教师开展超常儿童教育教学的能力。

第七章　超常儿童的评价与指导

超常儿童的教育评价和发展指导，是激励超常儿童健康成长和提供个性化服务的重要内容。超常儿童的教育评价应全面贯彻党的教育方针，落实立德树人根本任务，深入推进素质教育，培育和践行社会主义核心价值观，根据超常儿童个体的优势特点与社会需要，挖掘学生潜力，激发个体潜能，通过评价引导学生在求知品质、思维能力、创新能力、问题解决能力、组织领导能力、身心健康等方面适性发展。超常儿童的发展指导是全面发展的指导，是因人而异的指导，是特殊和一般统一的指导；在学校教育中应重点关注超常儿童的价值观指导、学习指导、生涯规划指导、心理健康指导、家校合作指导，从而更好地促进超常儿童的身心健康及其在突出领域的专业成长。

一、超常儿童的评价

（一）超常儿童评价的目的与指导思想

超常儿童的教育评价即根据超常儿童的基础、潜质及需要，对超常儿童的各方面发展进行的及时、客观的事实记录和价值判断。

海德里斯（G. H. Hildreth）对超常儿童教育提出了七个目标（刘玉华，朱源，1994）。一是培养思考的态度，即培养超常儿童批判性思维与学习的兴趣，引起他们想要追求、探索以获得答案的好奇心。二是发展思想及行为的独立性，即帮助超常儿童学会如何去提出他们感兴趣的问题，以及获得依靠自己的能力足以解决问题的信心。三是培养研究习惯，即培养超常儿童多方收集资料、整理资料的能力及全身心投入研究以致解决问题的习惯。四是制定较高的成就标准。由于超常儿童天资聪颖，所以一般的成就目标很容易达到，可能会降低他们学习和探索的兴趣。通过制定较高的成就目标，可以促使他们充分发挥自己的潜能，促进其智力的进一步发展。五是培养健全的人格。这要求我们既要注意超常儿童的学业成绩，又要注意他们健全的人格，以免他们出现人格发展中的障碍而造成社会适应不良。六是陶冶良好的品德。陶冶崇高的品德是一般教育的主要目标，培养超常儿童诚实、正直等品德尤为重要，以免其误入歧途。七是注重身体的健康。超常儿童既要注意学习，也要注意身体健康发展，否则将对智力潜能充分发挥形成障碍。

美国夏威夷州教育厅制定的超常儿童教育目标包括十二个方面：着重培养超常儿童的创造能力和思考能力；增进超常儿童的自我分析能力及自信心；培养超常儿童对学习的兴趣与爱好，助力其树立远大的抱负；扩大超常儿童的知识面，加深其对知识的了解，增加他们的技能；培养超常儿童反省判断的能力；帮助超常儿童建立并保持高度的表现能力；提供各种机会，以便超常儿童发展独立研讨能力、领导才能、直接经验以及社会适应能力；发展超常儿童的逻辑推理能力；培养超常儿童的特殊兴趣，以此发展其特殊能力；培养超常儿童对传统文化及良好生活的了解与欣赏；帮助超常儿童树立信念，使其能够满足社会的特殊要求；使超常儿童全面发展，不仅要注意其智力的发展，而且要注意其生理与心理的平衡协调（查子秀，2006）。除此之外，另有美国的研究者提出了超常儿童教育的五项目标：自我指导、社会意义、民主生活、解答问题的机智方法、创造性（孔燕，孟伟，2015）。

格雷（W. S. Grag）认为，超常儿童的教育应注意培养他们创造、独立思考、自我表达的能力，并激发他们进行研究的兴趣。位于这些目标之上的是激发他们为社会、为国家、为人类服务的精神与热情，以免他们成为自私自利、把自己的聪明才智用于为本人谋福利的人（翟金静，2009）。我国台湾地区相关人士也提出身心均衡发展、适应家庭生活与学校生活、协调普通教育与特殊教育、陶冶品德的超常儿童教育目标。

从国内外超常儿童研究者及地区教育机构提出的超常儿童教育目标，可以发现一些共同方面：身心健康，思考能力、创造能力突出，人格健全发展，为人类、为国家、为社会服务的精神与热情。

超常儿童的评价是为了实现超常儿童教育目标，通过使用一定的方法和技术，对超常儿童的身心健康发展及其在专长领域中的表现进行科学判定的过程。因此，超常儿童的评价目的在于，根据个体的优势、特点及需要，对超常儿童的身心健康发展及其在专长领域中的表现进行事实记录和价值判断。在评价的过程中，要尊重超常儿童的个体差异，激发他们的潜能，依据评价调整超常儿童教育的内容、方向和进度，进一步促进每个学生在优势领域的发展，为不同的超常儿童提供适合的教育，以保证每个个体在优势领域最大限度地发挥潜能。通过超常儿童评价的实施，可以挖掘每个超常儿童的智力潜力，帮助他们形成良好的思想品德和心理素质，具备突出的思考能力和创新能力，为将来从事基础学科和前沿学科的理论与应用研究打下坚实的基础。

超常儿童评价的功能，突出体现在学习过程中的诊断与反馈上。一是对学生学习与发展的反馈，以加强学习的规划性和提供有针对性的指导；二是诊断和反馈教育教学的适切性，为学校教育的安排和实施提供依据；三是从贯通培养的角度，为下阶段超常儿童的学习与发展提供过程性的证据和数据支持。

超常儿童评价的指导思想是，全面贯彻党的教育方针，落实立德树人根本任务，深入推进素质教育，培育和践行社会主义核心价值观，引导学生在理想信念、社会责任、行为习惯、身心健康、人际交往等方面均衡发展的基础上，形成突出的思考能力、研究能力和创新品质，从小树立为实现中华民族伟大复兴的中国梦而努力奋斗的志向。

（二）超常儿童的评价内容

自 1978 年中科大创办少年班开始，随着教育改革的不断深入，一批重点大学创办了少年班，一批中小学创办了超常儿童教育实验班，使得小学 - 中学 - 大学前后衔接的、较完整的超常儿童教育体系在我国逐渐形成。从我国中小学超常儿童教育实践来看，教育内容突出专长、兼顾整体。天津市实验小学的超常儿童教育旨在培养德智体美劳全面和谐发展的，具有良好的思想道德素质和较为正确的自我意识，基础扎实，知识面宽，能力较强，并在智力、创造力和个人才能、爱好等方面都能得到充分发展的，身体素质和发育能达到同龄儿童均值的小学毕业生。北京八中少儿班以马克思列宁主义关于全面发展的理论为指导思想，使学生在德智体美劳各方面都得到健康的发展，努力培养出全面发展、智力超常的中学优秀毕业生，为大学输送合格的少年大学生。苏州中学预备班以快速度、高质量、全面培养为施教方针，使学生两年后达到优秀高中毕业生的水平，为中科大少年班或其他高校少年班尽可能多地输送合格的少年大学生（施建农，2008）。

根据超常儿童教育的指导思想和培养目标，依据《义务教育质量评价指南》和《普通高中学校办学质量评价指南》的指导思想，按照超常儿童的自身特点及发展目标，参照超常儿童的认知心理特征和超常儿童在创造力、组织领导才能、语言表达及数学科学学习能力上的表现特征，在基础教育阶段学生德智体美劳全面评价的基础上，聚焦超常儿童的专长性和特殊性，突出特定内容和关键指标（唐盛昌，2022），形成超常儿童评价的六个维度：求知品质、思维能力、创新能力、问题解决能力、组织领导能力、身心健康。

1. 求知品质

学生的求知品质即学生对学习表现出浓厚的兴趣和极大的热情，能够自觉、积极地追求新知识，坚持不懈地探索新知识，扩大、加深对已有知识的学习，具有追根究底的精神，愿意深入思索事物的奥秘，能根据特殊的现象观察结果。具体表现为以下几个方面。

其一，有强烈的好奇心和旺盛的求知欲，喜欢查阅资料或动手实验，喜欢探究事物的奥秘，并能积极寻找答案。

其二，兴趣广泛，知识面较广，一旦对某门学科或某方面（如数学、科学、航天等）产生了兴趣，就能逐渐形成中心兴趣甚至达到专心入迷的地步。

其三，注意既广又比较集中，尤其对感兴趣的事情能长时间高度集中注意力。

其四，观察力敏锐，观察事物特别仔细，常能发现一般人没有注意的现象或问题，观察仔细并有计划、有策略、有方法。

其五，不怕困难、失败或挫折，有坚毅顽强的精神。

2.思维能力

学生的思维能力强主要指学生具有严谨的逻辑推理能力以及发散思维与聚合思维能力，善于批判性思考，富有想象力，在学习活动中，有灵感产生。具体表现为以下几个方面。

其一，思维敏捷、理解力强，特别对具有优势的学科（方面），反应非常敏捷，学习表现轻松。

其二，爱独立思考、独立判断，有主见，不从众。

其三，善于概括事物或数量之间的关系，并能发现表面看上去互不相干的事物和数量之间的联系。

其四，擅长举一反三，并能将学到的知识原理主动迁移到新的领域，或用于解决新的问题。

其五，具有批判性思维，敢于向权威思想或论说挑战，在讨论问题时有自己的见解。

3.创新能力

学生的创新能力强主要指学生具有自主探究、主动探索和主动创新的能力，有自信心与内驱力，有坚强的毅力和不屈不挠的精神，有冒险精神，勇于面对失败或批评，敢于猜想，愿意探究复杂的问题。具体表现为以下几个方面。

其一，喜欢动脑筋，勇于提出新观点或新奇的想法。在解决问题或完成任务时，能够开发多种不同的方法来解决同一个问题，或产生多个不同的假设来验证。

其二，探究能力强，善于在生活和学习中发现和提出问题、钻研改进、革新办法，并坚持把创新想法付诸实施。

其三，具有实事求是、坚持真理的精神，有主见，有独立的言行，不人云亦云，不轻易放弃自己的观点，也不盲目固执己见。

其四，富有挑战精神，大胆猜想，敢于寻找各种可能性，能够从杂乱中理出秩序，愿意探究复杂的难题。

其五，有冒险精神，勇于面对失败或批评，不怕困难、失败或挫折，想要做的事情总是能千方百计完成。

4.问题解决能力

学生的问题解决能力强主要指学生具有剖析问题本质的能力，善于发现和提出问题，善于解决困难或复杂的问题，有较强的动手能力，善于与他人合作，具有把自己的想法付诸实践的能力。具体表现为以下几个方面。

其一，善于从复杂的问题背景中提炼信息，抽象概念，理解问题的本质。

其二，喜欢解决困难或复杂的问题，能够寻找多种可能性或试图通过多种途径解决问题。

其三，有较强的动手能力，能根据自己的兴趣或优势自觉地、创造性地自学必要的书籍或动手实验，力求把自己的想法或操作付诸实践。

其四，热衷于在思想上和实物操作上进行探究，以获得新的组合，主动地运用实验方法检验自己的想法。

其五，善于对问题解决的整体思路做出概括总结和归纳反思。

5.组织领导能力

学生的组织领导能力强主要指学生具有领导的能力，有洞察力、有主见、有预见性、有吸引力，善于与他人合作，有影响或控制他人的倾向，能起领导作用。具体表现为如下几个方面。

其一，责任心强，接受了的任务就会去做，而且会尽主观努力很好地完成。

其二，对自己要求严格，学习好、纪律性强，在集体中有威信，受到同学爱戴，被同学看成学习的典范。

其三，人际交往能力强，对别人的需要较敏感，同理心强，善于共情。

其四，组织能力强，工作有目标、有计划、有条不紊，能协调不同的意见，把各种人团结在自己周围。

其五，在集体的活动中常起模范带头作用，对同学有影响力，能影响别人选择观点及行动的途径或方向。

6.身心健康

身心健康主要指学生具有良好的身体素质，能够保持自尊自信、自立自强、乐观向上、阳光健康的心态，善于合理表达、控制调节自我的情绪，能够正确看待挫折，具备应对学习压力、生活困难和寻求帮助的积极心理素质和能力。具体表现为以下几点。

其一，体质健康监测达标，积极参加体育活动，掌握1—2项体育运动技能。

其二，能友善地与他人相处，关心他人，富有同情心，能理解别人的需要，也容易被他人理解，人际关系好。

其三，能正确地认识自我，自信自强，乐观向上，会合理表达自己的情感，善于调控情绪。

其四，能够正确看待挫折，具备应对学习压力、生活中的困难和寻求帮助的积极心理素质和能力。

其五，能在人际交往中获得积极的情感支持，在群体中感受到安全感和归属感。

（三）超常儿童评价的基本原则与方式

超常儿童教育本质上是特殊教育。超常儿童因其具有特殊性，在评价原则上应更突出超常儿童的特点及专长，进而探讨形成更符合发挥超常儿童创造力的评价方式。因此，超常儿童的评价应遵循以下基本原则。第一，育人为本。对超常儿童的评价本质上是要推进素质教育，培养创新人才，挖掘超常儿童的优势潜力，助其形成适应终身发展和社会发展需要的必备品格和创造能力，通过对超常儿童的评价推进创新人才的基础培养。第二，突出专长。重点关注学生的求知品质、思维能力、创新能力、问题解决能力、组织领导能力和身心健康，突出超常儿童不同于普通学生的特殊才能和关键能力。第三，注重包容。尊重超常儿童的成长规律和教育规律，在充分发扬和深度挖掘优势领域的同时，包容超常儿童在某些方面的不足甚至缺陷，予以恰当的个性化指导。第四，有效应用。在对超常儿童进行全程评价的基础上，注重增强评价在引导学生调控学习计划、设计生涯规划，以及教师改进教育教学并为下一阶段的教育积累成长数据等方面的应用性和实效性。

对于超常儿童的评价，应根据评价内容采取灵活多样的评价方式。对于学习表现具有确定性的方面，可采用纸笔测验等定量评价，如书面闭卷考试；对于行为表现具有不确定性的方面，可采用观察法、调查法、谈话法、档案袋法等定性评价方式，如通过表现性评价、作品分析等反映学生的参与情况、表现程度、交流的主动性、提出方法的新颖性和创造性等。只有对不同评价维度采用多样的评价方法，才能真正关注学生专长领域的发展和提升，为培养新一代的创造性人才奠定基础。

第一，对于学科课程的基本知识、基本技能可以采用普通的书面考试的形式进行，但考试的范围和深度应比普通的学生更宽更深。考试前要确定具体的分项目标，考查学生的成绩是否达到分项目标。

第二，对于求知品质等方面的考查，更适合采用观察、谈话等评价方法。比如，可以问家长是否看到学生有明显的进步，或问教师如何判断计划的效果，或问学生是否喜欢这一教学计划，等等。

第三，对于学生的创新能力、思维能力等高阶思维和能力的评价，可编制联系实际的情境性题目或探究性任务。例如，国际学生评估项目（PISA）的测试主要聚焦于对学生阅读、数学和科学等关键领域素养的考查，同时在题目设置上具有注重知识的应用及情境化处理，突出学生发现、解释和解决现实科学问题的特点，这些题目经过本土化改造及加工后，可用于超常儿童的学业评价。情境化题目的素材可以来自科学、工程技术等方面，但又并非某一具体学科的知识，这些题目不仅与学生的生活学习体验相结合，而且能够激发学生的探索兴趣。同时，这些素材要求学生具备较高的阅读素养和数学素养，使他们能够通过对素材的学习发现问题，并经由加工获取的信息对问题进行解释和解决。

第四，对于学生的问题解决能力、组织领导能力，可采用表现性评价、作品分析等评价方法。例如，通过设置具体教育情境观察学生的行为表现，分析他们是否具有创造性人格特质；通过小组活动、分工合作，分析双方能否在友好交流的氛围中加深认识，建立良好的合作关系；还可以采用作品分析法，评价其求知态度、情感及实践能力等。

（四）超常儿童评价的组织实施与结果应用

在学校教育的组织实施中，超常儿童的教育评价要基于学生发展的年龄阶段和实际情况，根据超常儿童教育的课程内容设置，同时结合超常儿童的集中式或融合式的安置方式，科学细化超常儿童评价的具体内容和评价方法。第一，注重结果评价与增值评价相结合。不仅要关注超常儿童发展的阶段性结果，而且要关注其进步程度和努力程度。第二，注重综合评价与专长评价相结合。不仅要关注学生德智体美劳的全面发展情况，更要关注每一名超常儿童在优势专长上的不断发展。第三，注重自我评价与外部评价相结合。在引导超常儿童积极开展常态化自我评价和即时改进的同时，要构建主体多元、系统优化、责任明晰、组织高效的外部评价工作体系。第四，注重线上评价与线下评价相结合。要建立超常儿童评价的信息平台及学生发展数据库，完善学生档案，并通过实地调查、观察、访谈等方式，了解掌握实际情况，确保评价真实全面、科学有效。

对于以与普通学生合并授课为主的超常儿童融合式安置方式，评价超常儿童时应以对学生综合素质的评价为基础，对学生的思想道德、学业成就、身心健康、艺术素养、劳动实践进行综合评价。思想道德方面主要考查学生爱党爱国、理想信念、社会责任、集体意识、遵纪守法、诚实守信、仁爱友善等践行社会主义核心价值观方面的表现，重点记录学生参与党团活动、专题教育活动、公益活动与志愿服务等活动的情况。学业成就方面主要考查学生知识技能、学习能力、学业情感等方面的情况，重点记录学生课堂表现、作业完成等日常学习情况和学业水平考试成绩，及其掌握并运用学科基本思想、方法，运用信息手段获取新知识、解决新问题的实践能力，特别是在研究性、创新性等方面的表现与成果，以及学习兴趣、学习态度、学习习惯等方面的情况。身心健康方面主要考查学生健康生活方式、体育锻炼习惯、身体机能、运动技能和心理素质等方面的情况，重点记录学生根据《国家学生体质健康标准（2014年修订）》进行测试的主要结果，学生参与体育运动的习惯、效果，掌握体育运动技能的情况，以及自我认识、人际交往、应对困难和挫折等心理健康方面的情况。艺术素养方面主要考查学生在审美情趣和人文修养等方面的发展情况，重点记录学生在艺术、人文等方面的兴趣和特长，以及参加艺术活动的过程和成果，特别是在传承中华优秀传统文化方面的表现。劳动实践方面主要考查学生在家庭及社会生活中动手操作、劳动、社会体验等情况，重点记录学生参加家庭和社会劳动，到社会大课堂实践基地、高校、科研院所、博物馆、科技馆、企业、社区等社会场所开展实践活动的情况。在此基础上，还应在超常儿童的专长领域设置过程性评价指标，体现不同学科、不同内容的不同关键点，运用适合的方式实施过程性评价。例如，数学学科应重视学生的数学表达和逻辑思维能力，通过学生在课堂、作业完成、实践活动中的表现，评价和引导学生在逻辑思维、抽象概括、空间观念和数学建模能力上的发展。物理、化学、生物等学科的评价，应重视学生在实验过程中的表现，评价和引导学生在科学思维、科学态度和科学探究能力上的发展。在形成评价结果时，要注意完整呈现所有学生的综合素质评价内容。对于超常儿童的特殊评价内容，则应单独呈现评价结果。

对于以专设学校、专门班级为主的超常儿童集中式安置方式，评价超常儿童时应依据超常儿童专设学校的培养目标，结合专门班级的学科及学生特点，建立一种弹性、动态的评价标准，注重前瞻性，追求长期效果。从考试的频率来看，超常儿童专设学校或专门班级的统一书面考试不宜太多，但是单项的评价考查活动可以灵活多次进行。学校和教师可以针对某个学科或分项专门组织一些相应的竞赛和评比活动。这种单项考查要注意避免和任课教师的直接奖惩、任用有过于紧密的联系。在超常儿童专设学校或专门班级的临近毕业阶段，学业评价应结合毕业阶段要求逐步向普通学校同进度考核要求对标，使其参加同程度普通学生的统一考试。超常儿童专设学校或专门班级还应创建每个超常儿童的学情档案，建立学生发展状况评价模型，诊断学生发展的限制因素，分析学生的学习现状，预测学生发展的趋势，并制定相应措施帮助学生改正不良习惯，进一步发展超常儿童的超常领域水平。

超常儿童评价的过程性记录，可以学情动态档案为基本载体。每个学校和班级都要建立每个超常儿童的学情动态档案，包括学生德智体美劳各方面的表现，以及学生在求知品质、思维能力、创新能力、问题解决能力、组织领导能力、身心健康等特殊方面的专长表现。超常儿童评价以客观记录反映其代表性、关键性事实和结果为主要方式。采取纸笔测验、写实记录、评语评价、定量评价、表现性评价等评价方法，鼓励本人、同学、班主任、任课教师、家长、资源单位等多主体参与评价，评价结果最终由学校确认。

超常儿童评价的结果主要应用在三个方面：一是改进教育教学，为学校、教师、家长有针对性地教育引导和超常儿童自我反思改进提供依据；二是调控发展目标，为超常儿童进行生涯规划、确立长远发展目标提供参考；三是为贯通培养提供参考依据，成为升入高一级学校的重要参考信息。

（五）超常儿童创造力的评价方法

创新能力是超常儿童不同于普通学生的重要特质（李琦，2019）。知识的广度与深度、兴趣的广泛度、想象力、独立思考能力、反思能力、主动创新与主动探索能力、批判思维与逻辑推理能力、发散思维与聚合思维水平、灵感、自信心与冒险精神、毅力、内驱力等是创造力的表现指标（严孟帅，2015）。

关于创造力的评价大致可分为两类，一是标准化的测量，二是其他的评价方法（李志鸿，周云祥，2005）。而标准化的测量又可从发散思维和创造力人格两个维度进行。对发散思维的测量，主要是基于过程角度的评价。其理论基础是吉尔福特的"创造力的表现在于发散思维"的观点及其有关创造力结构的观点。其测量的关注点在于评价学生思维的流畅性、变通性和独特性。吉尔福特和托兰斯把创造力分为三个维度：一是流畅性，即对于特定的问题情境能够顺利产生多种反应或提出多种方案；二是变通性，即具有较强的应变能力和适应性，具有灵活改变取向的能力；三是独特性，即能产生新的、非凡的思想，表现为产生新奇、罕见、首创的观念和成就的能力。

目前关于发散思维的测量主要有几种较为成熟的测验：托兰斯创造思维测验（Torrance Tests of Greative Thinking），南加利福尼亚大学测验（University of Southern California Testing），芝加哥大学创造力测验（University of Chicago Creativity Test），沃勒克-科根测验（Wallach-Kogan Test）。而在这其中尤以托兰斯创造思维测验和沃勒克-科根测验对学生创造力的预测效度最高。托兰斯创造思维测验于1966年研制而成，其由言语创造思维测验、图画创造思维测验以及声音与词的创造思维测验构成。沃勒克-科根测验倾向于联想方面的测评。

关于创造力人格的测验主要从态度、人格、兴趣等方面开展。例如，可以通过自陈量表等进行测验。

创造力测量的其他方法主要有主观评定法、创造力实验法、档案袋评价法等。其中主观评定法关键在于制定科学合理的评价标准和选择正确的评定人员。创造力实验法的重点在于设置科学的可操作的问题情境。档案袋评价法是一种较为综合的评价方法，通过记录学生的各类表现进行评价。

综观这些比较成熟的创造力评价方法，可以看出，对创造力的界定、对创造力构成的认识是进行创造力评价的基础。例如，发散思维的测评基于吉尔福特的"创造力的表现在于发散思维"及其有关创造力结构的观点。创造力人格的测评则依据的是"创造力人格对创造力的养成至关重要"这一研究结论。不同的创造力评价方法依据不同的理论基础、操作程序和原则，有不同的侧重点，应综合运用多元化的评价方法，如纸笔测验、自陈问卷、观察提纲、面试提纲和作品评价标准等，力求真实地反映学生的创造力水平。

对于超出儿童创造力评价量表，可结合具体任务，设计出具有层级性的表现性评价标准（见表7.1）。

表7.1　学生创造力表现任务的评价标准

等级	评价标准
0	完全错误或偏离主题。
1	答案完全缺乏想象力。
2	根据问题中提示的信息重复或重新措辞形成答案，回答没有独创性。
3	回答略微摆脱固定的套路束缚，但还是缺乏想象力，本质上不是原创的。
4	回答是原创的，尽管新观点的出处还是受到一定的束缚，或依据一定的模式。
5	回答很大程度上摆脱了已有模式，且是独特的，具有拓展性、想象力和新颖性。

专栏

北京八中：探索多元化评价机制

以学生为本的评价

北京八中的超常儿童评价，坚持育人为本、德育为先，培育和践行社会主义核心价值观，以培养学生良好思想品德和健全人格为根本，落实学校"三个提升，两个促进"的教育理念，促进学生形成良好行为习惯和道德准则，为教育教学工作服务，为祖国培养合格的建设者和接班人。超常儿童的品德评价贯彻学校 360 度评价体系，纳入素质班综合素质管理体系。建立素质班学生综合素质档案，做好学生成长记录，正确及时反映学生成长实际状况，为教育教学服务。

促进学生成长的评价

通过评价，一方面促进教师反思教学，学生反思学习，课程组反思课程设置；另一方面不断激励学生热爱学习、发展潜能、施展才华、健康成长。在课程评价的过程中强调民主公平，强调合理化，开展科学研究，优化德育教育队伍建设，使评价真正利于学生发展，真正起到促进学生成长的作用。

多样化的评价原则

打破纸笔测验及标准化考试的单一评价体系，建立科学的多元评价制度，包括评价方式、评价内容以及评价参与者的多元化。第一，评价方式：实分制与学分制结合、纸笔评价与实际操作评价结合。第二，评价参与者：教师评价与学生自评、同学互评、家长及社区评价结合。第三，评价内容：知识、能力、体质、品德、心理等评价要素结合。第四，评价工具：建立学生学情档案，运用因人、因材评价系统分析软件，每学年对学生的发展状况及潜力做出评价。用潜力系数评价学生发展的可能性；用发挥系数评价学生的发展水平；用权重系数诊断各种因子对教育教学目标及目标实现的作用大小；诊断学生发展的限制因素，预测学生发展的趋势，并制定相应措施帮助学生改正不良习惯、克服不利因素，提高学生的学习水平。

人大附中：探索动态立体多元评价体系

以促进发展为功能的评价

对于早培班的学生，人大附中将评价的功能定位在：一是激励与发展，即及时、客观、公正地评价学生，以有利于学生的调整和下一步的发展；二是诊断和分流，早培班的学生作为特殊学生群体会出现不同的发展方向，评价和诊断为分流提供重要依据。

以人为本的评价原则

第一，以人格养成、品德修养为重。"做人第一，人品为先"是早培班育人目标中的核心要素，学校在学生评价中特别关注学生的行为习惯和与人交往等内容，班主任和任课教师依据观察形成的评语是早培班学生结业成绩的要素之一，也是学生升学的评价依据之一。第二，多样化。早培班的评价实施方式多样，重在过程性评价。主要评价方式有：纸笔测试，包括平时练习、期中练习、期末练习、中考等；文本反馈，包括论文、实验记录报告、读书笔记、各种小报、各种创意文本作业等；作品反馈，如化学原子模型制作，自制化学元素周期表，制作生物花蕊、心脏等器官结构模型，自制物理测量仪器、自制乐器等，语文书法、摄影作品等；宣讲展示，如研修成果汇报展示、学科自选小主题探讨（做小老师）；兴趣类竞赛，如团队对抗赛、物理测量大赛、有奖知识竞猜、创意大赛等。第三，对特殊学生的"保护性"原则。早培班有不少特殊学生，他们在某些方面"特长"，而在另外一些方面"特短"。学校评价坚持"保护性"评价，即在"短"的方面给予早培生足够的时间去成长，而更多地关注和进一步发展其"特长"。

评价结果多元化呈现

第一，成绩录入类（包括形成性评价与终结性评价两类）。在评价机制上，早培班注重过程性评价，同时也倡导多元评价方式，各学科有具体的过程性评价要求。研修课有专门的结业考核，每门研修课都制订学分认定标准。学校倡导跟踪研究式的评价方式，这种评价方式目前已在研修课上实施，也倡导家长积极参与相关工作，目的是跟踪记录创新能力较强的学生的学习与生活行为，完善形成性评价和成长档案，并进行细致研究。考试科目评价记录包含期中、期末学科成绩，考试的卷面成绩和过程分，以及总评成绩。在非考试科目评价记录中，教师依据开课前课程方案中的评价方案，最后给学生打分或评出档次。第二，档案袋收集类（学生成长记录）。为每个学生建立档案袋，收集整理学生的成长记录、特色作品、证书、奖项、评语等重要评价性资料。第三，学籍卡。在纸质版学籍卡上进行登记，每学期如实登记学生的学业成绩、学生出勤情况、学生评语等。

二、超常儿童的发展指导

（一）超常儿童发展指导的性质与任务

根据对超常儿童全面科学的认识，以及超常儿童教育的目标和内容，超常儿童的发展指导应具有下列性质。

超常儿童发展指导是全面发展的指导。智力、个性及创造力相互联系与制约。培养超常儿童不能只单方面帮助其开发智力或发展某方面特长，而应是全面发展的教育，是素质教育的组成部分。对超常儿童的要求应比对普通儿童的要求更高，要把德育放在首位，在开发智力、引导专长的同时，还要积极引导超常儿童形成良好个性和健全人格，使超常儿童的能力、创造力及个性都能同步、协调地发展。

超常儿童发展指导是因人而异的指导。由于超常儿童有许多类型，不同类型的超常儿童有着不同的需求和特点，因此，对超常儿童进行指导时，不能大一统、整齐划一，而应因人而异、因材施教。制定出真正符合各类超常儿童身心发展水平和特点的教育计划、方案和措施，以便有利于促进各类乃至各个超常儿童的充分发展。

超常儿童发展指导是特殊和一般统一的指导。超常儿童与同龄普通儿童有明显差异，超常儿童在认知、个性、创造力等方面有明显的特殊性。但超常儿童也是儿童，与普通儿童也有很多共性。因此，超常儿童的指导要处理好特殊教育和普通教育的关系，使两者相辅相成，以便收到最佳教育效果。

为培养杰出创新人才，超常儿童发展指导需要在日常教育实践中完成以下任务。

一是在国家规定的各级教育要求的基础上，帮助超常儿童扩展和加深知识基础、加强基本技能训练，为超常儿童的充分发展奠定坚实的基础。

二是有针对性地为超常儿童提供各种机会和教育条件，使他们的优异禀赋和特殊才能得到持续发展，达到最好水平。

三是关心并妥善解决超常儿童成长过程中可能出现的身体、心理等方面的问题，采取适当的教育措施，发扬其所长、改善其所短，特别要使超常儿童薄弱的方面逐步发展，使他们具备健全人格，身心得到协调发展。

（二）超常儿童发展指导的主要内容

1. 重视对超常儿童的思想教育

超常儿童的培养对于我国创新人才培养具有重大意义。超常儿童教育首先要重视对他们的思想教育，引导他们从小树立正确的世界观、人生观和价值观，爱党爱国，具有理想信念和社会责任，不断增强时代使命感和责任感，努力发挥优势禀赋，成为新时代社会主义建设者和接班人。

2. 营造宽松的教育环境

超常儿童由于才智过人、成绩突出，容易引起周围人和社会的重视，因此，要注意避免在媒体上过多宣传他们的事迹和成绩，给他们创设宽松的成长环境，甚至要多让他们学习如何承受失败和挫折。

3. 严格规范化要求，养成良好习惯

超常儿童由于聪明过人，接受能力强，学习成绩好，很容易得到老师的喜欢。有的老师可能会对他们书写潦草、作业不规范、上课讲话、做小动作等不良习惯要求不严，甚至纵容，久而久之这些学生可能会养成不良习惯，这对他们进一步深造是极为不利的。因此，应该尽早对超常儿童进行严格的规范化训练，促使他们养成良好的行为习惯和学习习惯。

4. 制定激励超常儿童成长的个性化指导方案

超常儿童一方面具有过人禀赋，渴求学习，有自己奋斗的目标；但另一方面，在面对挑战时，他们也容易情绪波动甚至信心不足。因此，要为每个超

常儿童制订明确的学习目标，同时还要配备一份具体的适合每个个体发展的教育计划，并根据其成长变化适时调整学习目标和计划。

5. 帮助超常儿童提高社会适应能力

从国内外研究的结果看，超常儿童可能在平时学习和生活时会与比他们大几岁的同学在一起，此时超常儿童在某些方面就会显露出弱点。从超常儿童个体来看，他们也会产生各种各样的社会适应问题。例如，超常儿童一般具有自己的行为准则，忠于事实，一旦认准某一件事，就容易固执己见。标榜行动自由，不喜因循守旧，不愿随声附和。他们可能会被人看作性格孤僻，或者固执己见。超常儿童和普通儿童在智力发展上的巨大差距，使得他们之间容易产生许多不平衡、不协调的地方。超常儿童喜爱的活动和话题可能也与普通学生不一样，这就导致他们与同伴交谈交往困难。还有的超常儿童不喜欢社会交往，更喜欢自己独自看书或自己玩，久而久之，这些儿童就会变得性情孤僻、不善交往。这些现象都需要给予重点关注，教师应及时帮助他们克服社会适应不良和消极情绪的困扰，使他们的心理能得到健康发展。

6. 帮助超常儿童接受失败

由于超常儿童在很多方面都优于普通儿童，因此他们总希望自己各方面都能很完美。为了达到这一点，他们常运用各种自我防御机制以避免可能发生的失败，以免伤及自尊心、自信心及辜负父母和教师的信任与期望。因此，他们可能会避免尝试新的任务，少参加没有把握的竞赛，在众人面前不轻易表态，等等。由于长期使用过多的自我防御机制，超常儿童可能变得谨小慎微、羞怯、焦虑，缺乏进取和冒险精神。因此，需要帮助超常儿童学习接受失败，并从失败中总结经验教训，以提高他们承受挫折的能力。

（三）超常儿童发展指导的重点工作

1. 超常儿童的价值观教育指导

社会责任感是个人对自己和他人、家庭和集体、国家和社会所负责任的认识、情感和信念，以及与之相应的遵守规范、承担责任和履行义务的自觉态度。培养超常儿童的社会责任感，提高超常儿童的思想道德素质，引导超常儿童树立为国家和社会贡献力量的责任意识和情感信念，是 21 世纪社会发展对当代超常儿童提出的基本要求。

要培养超常儿童爱党爱国爱人民的情感,增强其国家意识和社会责任意识,教育超常儿童理解、认同和拥护国家政治制度,准确理解和把握社会主义核心价值观的深刻内涵和实践要求,引导超常儿童养成良好政治素质、道德品质、法治意识和行为习惯,形成积极健康的人格和良好心理品质。要根据超常儿童不同阶段的身心发展规律,设置科学、合理、有针对性的德育目标,做好各学段德育目标的有机衔接。

科学安排超常儿童的德育内容,开展理想信念教育、社会主义核心价值观教育、中华优秀传统文化教育、生态文明教育、心理健康教育,持久开展以爱国主义为核心的民族精神教育和以改革创新为核心的时代精神教育。要结合学校办学理念、学段特征和学生身心发展特点科学合理安排德育内容,体现地域和学校特色,用好红色资源。

学校应系统策划适合超常儿童的活动主题,精心设计教育内容,增强活动育人的实效。针对学年工作安排和学段特点确定学校、年级、班级活动主题,使教育活动有系列、有传承。利用中国共产党建党日、国庆日、国家安全教育日等主题日,开展爱党爱国爱人民爱社会主义教育活动。围绕春节、中秋、端午等中华民族传统节日,开展好传承中华优秀传统文化主题教育活动,弘扬中华民族传统美德。利用世界环境日等生态文明教育纪念日,开展生态文明教育。要因地制宜地开展好校园节日,每学年组织科技节、艺术节、体育节、读书节。

专栏 --

北京八中超常儿童的德育课程体系

根据少儿班和素质班超常儿童的身心发展特点,北京八中把德育培养目标定位为"五学会""四具有"。五学会:学会做人、学会学习、学会劳动、学会生活、学会感恩。四具有:具有理想信念和社会责任感、具有科学文化素养和终身学习能力、具有自主发展能力和沟通合作能力、具有独立思考和创新能力。

北京八中建立了系统的德育课程体系，进而建立了德育课程评价体系：建立《学生成长档案册》；建立《志愿服务档案册》；制定学校"四项评比"制度；制定《家校联系本》，更好地开展家校合作；建立评价机制，每学期评比超创中心的"文明礼仪之星""体育健将之星""乐于助人之星""阅读之星""劳动之星""爱星""孝星"等，以及学校的希望之星、特优生、三好学生、优秀班干部；在德育主题教育活动过程中，评比学生的各种成果，如文章、图片、视频、板报等，以此激励学生。

人大附中超常儿童的德育工作

人大附中早培项目秉承"全面发展＋突出特长＋创新精神＋高尚品德"的培养目标，在对学生"突出特长"和"创新精神"提出更高的要求的基础上，对"高尚品德"尤为重视，特别是注重抓住学生世界观、人生观、价值观形成的关键时期，让爱国主义的种子在学生心中扎根。学校在社会主义核心价值观引领下，落实"立德树人"根本任务，为党育人，为国育才，将德育放在工作首位。以"爱心是根基、制度是保障、活动是载体、文化是濡染"为基本理念，针对早培学生特点，以主题教育为主线，以日常学习与各项活动为契机，整体规划，有序推进，上下合作，左右联动，形成全员育人的格局。

小初高德育目标一体化建构

学校围绕学生发展核心素养，构建以社会主义核心价值观为引领的小初高一体化德育目标。在德育整体目标上：一是突出爱国主义教育，加强正确的价值观、人生观教育；二是加强传统美德教育，加强人文精神的教育；三是培养学生健康人格，注重心理疏导；四是突出培养创新意识、实践能力和社会责任感；五是注重培养学生的领袖素质，为使学生成为未来各领域领军人才奠定基础。

在分段目标上：小学阶段，突出"遵德守礼、文明互助，做儒雅早培少年；勤奋努力、自信自强，做阳光早培少年；善思好学、创新创造，做卓越早培少年"；初高中学段，注重培养学生的"健康人格，高尚品德，创新能力，质疑精神"和"中国心，民族魂，创新力"，使学生成为"全面发展的人"。

整体设计早培班学生德育体系

人大附中早培班以中国学生发展核心素养培养为主线，以立体多元的德育课程体系为载体，形成全员育人的德育共同体，构建人大附中早培学生发展德育体系（见图7.1），培养学生成为具有中国心、民族魂、创新力的全面发展的人，逐渐形成"文化浸润、美育养气、礼仪修身"的德育文化。早培低年级德育实践以"践行规则－培养习惯－修习礼仪"为主线，通过少先队自主管理、儿童技能教养法学习和文明礼仪进课堂三个层次开展日常德育工作，以混龄活动的方式促进年级和班级的融合，以形式多样的主题活动拓展德育工作的宽度和深度，逐步形成早培低年级以人为本、关注学生个性发展的德育工作模式。早培中高年级逐渐形成"活动体验－文化浸润－美育养气－礼仪修身"的德育主线，开展系列化的德育活动，给学生心灵埋下真善美的种子，引导学生扣好人生第一粒扣子。

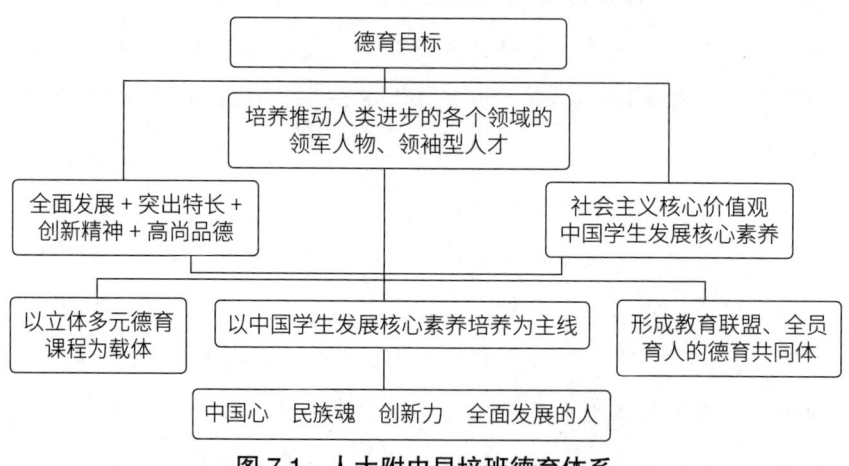

图7.1 人大附中早培班德育体系

"三全"育人机制构建

专业团队建设突出全员育人。由班主任、年级组长、心理教师、部门主任、主管领导组成的德育核心团队，联合家长学校、家校联盟等形成一条龙的德育统一战线，服务日常管理与学生工作。定期对早培班主任团队进行理论与实践培训，及时指导青年班主任的班级工作，组织早培班主任分享交流工作经验，助力年轻班主任迅速成长。

抓常规、抓重点突出全程育人。学校以素质教育为目标，以德育工作为先导，以爱国主义为主旋律，以日常行为规范为抓手，寓德育于丰富多彩的活动之中，如早培低年级的常规教育活动、传统主题活动、学期特色活动，高年级的特色活动、红色教育社会实践活动，等等。这些活动符合学生特点，让学生在常规要求和主题活动中体验、浸润和成长。

----

2. 超常儿童的学习指导

（1）弹性化教学培养学生的自主学习能力

超常儿童往往具有很强的自学能力和独特的自学习惯，学习方式和学习速度也不尽相同。对于自己感兴趣的学科，有人在初中已自学完高中课程，有人到高中已开始学习大学课程。教师既要尊重学生的自学成果和自发形成的学习习惯，又要善于引导学生，帮助他们拓宽和加深学习内容，养成更加科学合理的学习习惯。在对超常儿童的实际教学中，要跳出传统教学一成不变的固定模式，为不同学生提供不同的教育（郑泉水 等，2021）：对于已经掌握的知识在经过教师检测后可以免修，会做的题可以不做，单调重复的题海训练可以减少。对个别天赋极高的学生，应秉持特例特办的原则，允许其去图书馆自学或去实验室做实验，给其充分的自主支配的时间和自由的空间。当学生因参加科研实验、专业训练、社会活动等占用上课和考试时间时，要允许其不参加常规考试，再由教师给予个别辅导。

（2）项目式学习培养学生的创新精神与合作能力

项目式学习通过教学创设一种开放性情境，吸引学生主动进入探究知识和解决问题的状态，培养学生独立思考、主动探究、合作解决问题的能力。项目式学习注重学习过程，可给学生提供开放的环境，允许学生自由表达不同的想法，让学生在不断试错中发现问题、分析问题和解决问题，提升学生同伴间合作和解决问题的能力。在项目式学习中，要鼓励超常儿童自主思考和合作探究，引导他们与同伴交流或交换思想意见，让他们尝试在一个小群体中体验创造的乐趣，帮助他们把这股创造力持续下去。团队成员如何分工、在制作过程中遇到问题如何处理、意见不一致时如何解决等一系列问题，能够让超常儿童在活动中感悟到为了团队的最终目标，在合作过程中需要有效管控自己的情绪，及时交流合作进展，分析经验教训及目标达成度，协商制定今后的改进措施；要与他人建立良好的关系，换位思考，尊重、包容他人的思想观点和价值观，尝试以新的方式做事，把有创意的想法付诸行动，并对改进实践做出贡献；必要时要通过协商或者妥协，求同存异、建立互信，富有建设性地协作以实现共识性目标。学生必须自己提出问题，确定研究课题，设计研究方案，收集、整理、分析资料，撰写研究报告。其目的在于充分发挥学生的主体作用，挖掘学生的内在潜力，激发学生科学探究的兴趣，培养学生探究创新的精神、组织活动的能力、与人交往交流的能力以及整合资源、整理资料的能力，为其适应社会走向未来打下坚实的基础。其核心是改变学生的思维方式，帮助他们形成一种主动探求知识并重视解决实际问题的积极的学习方式。

对于中低年级的超常儿童，可以开展体验式学习，重点关注他们的学习体验与口头表达。对于高年级的超常儿童，则可以通过撰写研究报告，促进学生思维的逻辑化。报告的撰写可以帮助他们批判性地反思学习和操作的流程，反思自己的思维过程，让学生学会运用归纳推理、演绎推理进行思考，进而把整个活动的各个部分进行系统思维，促进思维的逻辑化。通过研究报告的撰写，学生可以了解科学研究的一般流程，以及相关规范的要求。经过几年的学习，在小学毕业时，他们应已经懂得如何提出问题，怎样去解决生活学习中遇到的问题，解决问题时他们的思路也能更加清晰，行文更有逻辑。

3. 超常儿童的生涯规划指导

开展超常儿童生涯规划指导，旨在促使超常儿童认识自我的条件，挖掘自我的特长，明确自我的发展方向，从而指导其积极主动地进行学习，并为下一阶段的学习和职业选择做好必要的准备，帮助学生实现自我发展理想，成为国家和社会杰出的创新人才。超常儿童的智慧潜能被初步开发出来之后,学校要引导他们把一般性的学习兴趣上升为自己的职业兴趣和理想,帮助他们在全面学习、打好基础的同时,将比较多的时间精力放在他们所初步确定的职业兴趣和追求理想的活动上,鼓励他们在学习上的自觉性和独立性,帮助他们有计划地进行超前性自学,并且持有高度的学习热情和坚忍不拔的毅力,克服种种困难,以使自己得到全面锻炼和发展。

(1)开展多种形式的生涯规划指导

学校可以借用成熟的测评工具对超常儿童的人格特征、兴趣偏好、职业倾向等内容进行测试,科学地利用测评结果帮助学生更好地认识自我;为每个超常儿童配备专职或兼职的生涯规划导师,逐步建立以专职生涯规划导师为骨干,班主任、学科教师共同参与、互相配合的指导队伍;重视家长在学生生涯规划中的影响力,通过家委会、家长开放日、家长会等多种方式丰富指导内容;加强对学生个别咨询需求的回应,建设专门的咨询场所,完善学生表达和寻求咨询的途径与方法,帮助学生解决生涯规划中碰到的实际问题和困惑。

(2)开发内容丰富的生涯规划课程

学校根据超常儿童的特点和需要开设生涯规划相关课程,开发合理的课程纲要和教育活动,注重课程资源的积累;加强学科渗透,将生涯规划教育渗透到各个学科,通过对学科核心素养、发展趋势和职业相关等内容的教学,引导超常儿童科学合理制订生涯规划;加强实践教学,鼓励学生进行以生涯探索为主题的社会实践,引导学生总结实践经验,撰写实践体会和报告。

(3)引导超常儿童制订科学合理的规划

学校指导超常儿童根据自己的性格特征、兴趣爱好,结合学业基础,详细制订学业规划,科学合理地选择高中学业水平考试的选考科目、层次和进度,统筹安排学习内容;帮助超常儿童制订和梳理生涯规划过程中的长期目标和短期目标,增加执行的有效性;收集每位超常儿童的发展规划,并为他们建立成长档案袋,对学生不同阶段的规划目标达成情况进行跟踪和反馈,从而为下一步生涯规划教育提供指导。

(4)探索超常儿童生涯体验的多种途径

学校主动利用家长、校友及其他社会力量等资源,针对超常儿童普遍关心的问题，举办各项专题讲座；建立学生生涯规划体验基地，充分利用爱国主义教育基地、校外活动基地、博物馆、科技馆、高校、职业高中、企事业单位等场所，帮助学生多渠道了解和体验不同专业与职业的特点，为其选择专业和职业提供判断依据；开展多样化的校园文化活动，利用班会、校园广播、校内杂志等多途径开展生涯规划教育，鼓励超常儿童组建具有生涯体验性质的社团，定期开展多种形式的社团活动。

4. 超常儿童的心理健康指导

（1）超常儿童心理问题的原因分析

相对于普通儿童而言，超常儿童在人际关系方面更可能存在不合群的特点。这一问题表明：超常儿童在智力发展方面存在优势，但在人格发展方面并不一定具备优势，反而有时智力的超常发展会致使他们很容易失去同龄伙伴。同龄伙伴也可能因为超常儿童智力的超常发展以及他们的内向、易怒、焦虑、傲慢等个性品质而不喜欢与他们在一起玩耍。超常儿童与伙伴们的疏远关系和他们与家人的亲密关系往往形成鲜明的反差。这说明了对超常儿童进行健全人格教育的紧迫性。针对超常儿童在人格方面存在的不同缺陷，可以多方面入手，强化健全超常儿童品格的教育。

超常儿童中的心理不健康现象的确存在，导致超常儿童心理不健康的因素主要表现在以下几点。

第一，超常儿童本身过于自信，很难听取他人意见。超常儿童由于认知能力、独立性、创造性和批判性较强，很容易形成一种自以为是、傲慢和固执己见的性格倾向，容易走向极端，要么"刚愎自用"，要么"城府极深"；或者两者兼而有之。

第二，超常儿童的求知欲望未能得到满足。统一的课程标准、统一的教学内容与方法往往成为压抑超常儿童较强的求知欲望、学习能力、浓厚的学习兴趣和个人志向特长发展的不良因素。面对这些自己已经知道的学习内容，去完成没有挑战性、没有刺激性的作业，对此超常儿童往往感到厌烦，不能集中注意力听课，失去学习兴趣或以不正常的行为方式去发泄自己的不满情绪，养成不良的学习习惯，甚至与教师发生矛盾，导致师生关系紧张、自身情绪波动甚至人格异常。

第三，超常儿童生活经验缺乏、社交能力不强、心理成熟度低，难以和比自己大好几岁的同学相处。因此，他们往往或者受到排斥、欺侮，感到委屈；或者受到过度的宠爱和保护，失去许多锻炼的机会。这些超常儿童只好站在人际圈之外，观看别人游戏，或把时间用在书本上，从对知识的追求中寻找安慰。

第四，生活自理能力差给他们带来许多不便和烦恼。有的超常儿童在天气变化大时不会增减衣服，生活用钱不懂得计划，到了大学仍像小孩一样，需要他人（班主任、家长）的多方照顾，这给他们自己的生活也带来许多苦恼，影响了他们正常的成长发展。

（2）超常儿童心理健康教育的措施

第一，针对全体超常儿童，要通过参与讲座、讨论、观看影视节目、参观访问、参加社会活动等方式，培养其健全的人格和良好的个性心理品质，让他们不断地正确认识自我，增强自我调控、承受挫折、适应环境的能力。

第二，对少数有心理困扰或心理障碍的超常儿童，要给予科学有效的心理咨询和辅导，对个别有心理疾病者应及时进行药物和心理的综合性治疗，使他们尽快地学会自我调节，增强发展自我的能力，摆脱困境和疾病（刘瑛，2008）。对超常儿童的心理辅导应以预防、发展与教育为主，做到咨询辅导与治疗相结合。不论是家长还是老师，都应该成为超常儿童心理健康的咨询师，掌握心理咨询与辅导、治疗的基本技术，为他们的心理健康发展创造优良的环境。

第三，鼓励超常儿童保持童心，多与同龄伙伴交往。超常儿童由于智力超常发展，有可能会过早失去童心、意趣，同龄儿童很少能和他们志趣相投，因此超常儿童常常有明显不合群的表现。考虑到这一点，家长应有意识地帮助孩子保持童心，为他们提供较多与同龄伙伴一起活动的机会。如果跳级学习，不仅要鼓励他们与比自己大的"哥哥、姐姐"交朋友，也要尽可能地给他们提供与同龄伙伴交往玩耍的机会。

第四，帮助超常儿童认识自己的弱点，教会他们欣赏他人的长处。由于才智出众，有的超常儿童小小年纪便显现出成年人的孤傲，甚至对老师也不屑一顾，不愿遵守规章制度，不听师长的教诲，等等。教师要及时给予帮助矫正，帮助他们养成尊重他人的良好品质，让他们明白不可事事处处都认为自己高人一等，表现出高傲的态度。要做到这一点，最关键的是帮助超常儿童认识自己的弱点，要让他们明白没有人是十全十美的，自己虽然在智力和学习能力方面有优势，但在其他方面却可能不如其他学生；要让超常儿童学会欣赏别人，教育他们努力发现其他同学的长处，学会尊重他人。

第五，争取心理专业人士介入，针对行为异常但智力超群的学生要格外包容，并通过专业训练，使其行为逐步正常。例如，可以引进专业的心理辅导机构驻校辅导，让心理辅导教师根据学生的情况设置辅导内容。这类学生通常不太合群。因此，辅导时应首先帮助他们融入集体。在学生融入集体后，再根据他们的优势或者爱好，进行个性化辅导，增强他的合作能力。还可运用"体验学习圈"对学生进行体验辅导。辅导时遵循"体验参与－交流明理－感悟自省－应用提升"的历程，让学生通过活动，不断地体验、交流明理、感悟内省、应用提升。要通过多种多样的体验活动，让学生感受到集体或者团队带来的温暖与力量，感悟到规则的重要性，从而改变自己的行为方式，在教师的帮助下调节好自己的情绪，让自己融入集体、融入团队。

5. 超常儿童教育中的家校合作指导

（1）超常儿童教育中的家校合作路径

超常儿童教育中的家校合作路径主要包括家庭教育指导、学校生活参与、家校互动沟通三个方面。

第一，家庭教育指导。家庭教育指导主要通过家长指导手册、家长提示清单、家长培训等媒介展开。一方面，针对超常儿童早期就可能出现的好奇心强、记忆力好、注意力集中、感知敏锐、想象力丰富、有坚持性等特点，美国超常儿童教育协会为其父母提供了专业且系统的指导手册，手册包括早期聪慧儿童和超常儿童鉴别的具体核查清单。另外，针对超常儿童的智力与非智力发展不均衡可能引发的社会情感问题（焦虑、完美主义、压力大和同伴关系差）和心理健康问题，中国香港的资优教育学院出版了超常儿童家长指导手册《资优培育指南：了解资优儿的情意特质》。该指南不仅强调父母应帮助超常儿童塑造强大的社会情感系统，还引导父母做好榜样并正确认识超常儿童天赋的不全面性。而且，该指南还提出父母应积极关注超常儿童（包括双重特殊儿童）

的心理健康，让超常儿童获得充足的安全感，且保护超常儿童不因自身特性被欺凌，等等。针对超常儿童的发展不均衡和父母过高期待之间的矛盾，美国超常儿童教育协会编写了超常儿童权利清单，帮助家长正确认识超常儿童，降低过高期待。超常儿童权利清单包括"父母应了解超常儿童的天赋"，以及超常儿童"不需要在任何领域都有天赋""可以为自身成就感到自豪""尝试拥有除超常儿童以外的身份""允许自己犯错误"等等。另外，面对超常儿童创造力发展的潜力和需要，美国超常儿童教育协会还为超常儿童家长提供超常儿童创造力培养方面细致的行动指南，以帮助家长对超常儿童进行有效的培养和教育。

第二，学校生活参与。超常儿童家长参与学校组织的实践活动，具体包括对学校课程的参与、对学校管理的参与以及对学校决策的参与。在超常儿童的家校合作实践中，家长通过座谈会、家长小组、志愿活动等形式参与学校生活。例如，国内某超常儿童素质班在进行招生录取时，其家长需参加学校统一安排的座谈会，在座谈会中，教师会告诉家长素质班的整体教育情况和教学理念，让家长对学校的课程体系和教育管理理念有充分的了解。超常儿童教育的一般原则，同普通教育的一般原则既有共同点，又根据超常儿童的潜力、特点有更高和更特殊的要求，包括全面发展的原则、因材施教的原则、智力因素与非智力因素同步发展的原则、自主性和创造性原则等。而且，为提高超常儿童家长在学校生活中的参与程度，有国家成立了超常儿童的家长小组，家长小组的成员可以在相关的学区委员会任职，积极参与学校的决策。此外，家长小组中的成员与教师、社区领导人还会特别成立一个超常儿童工作小组，小组成员一起工作、参与决策，共同探讨超常儿童的培养方案。法国卡昂市超常儿童学校鼓励家长参与学校的志愿活动，如与孩子一起阅读、做教师助理以及陪同孩子实地考察等，家长志愿者可以通过多种形式充分参与超常儿童的学校生活。

第三，家校互动沟通。家校互动沟通是指家校间通过正式或非正式的沟通路径及时交流相关信息，比如超常儿童的在校表现和在家表现，通过信息共享增进彼此之间的了解。在超常儿童的家校合作实践中，家长会是实现家校互动沟通的有效手段，国内某超常儿童教育素质班每月会召开一次家长会，教师会就超常儿童在学校的入学适应性问题、学习问题、考试问题以及德育问题，与超常儿童的父母进行交流，并为他们提出具有针对性的指导建议，以达成对超常儿童因材施教和促进其全面发展的教育目标。超常儿童教育实验班的学生虽然在入学时经过鉴别选拔，智力水平相似，但是学习兴趣和学习态度有很大差异，而且，超常儿童一般有自学的经历和能力，有自己突出的学习优势和较强的个性特点，不愿受教学计划的束缚，这就使得超常儿童教育素质班的教师和家长因材施教的难度要远远大于普通班。对于超常儿童家校合作中的家校沟通质量，我国还没有相关的评估工具。但是，有研究者开发了一项针对普通儿童的家校沟通视频工具来测量教师的家校沟通能力，用以筛选具有优秀家校沟通能力的教师，为学生的全面发展提供重要支持。这种家校沟通能力的评估方式，未来可以应用于超常儿童家校合作的实践中。

（2）超常儿童家校合作的实施方法

落实立德树人根本任务，要求我们注重家庭、注重家教、注重家风建设。要始终把培育和践行社会主义核心价值观作为家校共育的根本，突出品德教育，重点关注超常儿童身心健康与优势发展，树立科学育人理念，凝聚学校、家庭、社会的广泛力量，为少年儿童健康成长创造良好环境。

要将家校共育工作纳入超常儿童培养整体发展规划和年度工作计划，成立家校共育工作责任部门，逐步建立起以校长、德育主任、年级长、班主任、德育课教师和心理健康教师为主体，全体教职员工、专家学者及优秀家长共同参与的家校共育工作机制。学校主管领导加强行政管理，专业教师负责具体工作，协同合作，做到面向全体、全员参与、全面渗透、全程进行，让每一位学生和家长受益。

建立超常儿童家校共育指导专业队伍，着力提升家庭教育指导水平。可在家长中选聘思想品德过硬、综合素质高、公益心强的家长，组建家长志愿者队伍，邀请其适时参与超常儿童的教育管理，协助家校共育各项活动有效开展。

积极探索与社区共建超常儿童家庭教育指导工作站，定期开展家庭教育指导及实践活动。学校要建立完善校、年级、班三级家长委员会，充分发挥家长委员会在中小学建设与发展、超常儿童成长等方面的积极作用，营造良好的家校共育氛围。充分利用数字化手段，构建家校共育优质资源供给与服务体系，为超常儿童及其家长提供学习交流途径，不断优化家校共育方式。

依托专家团队，定期开展家庭教育巡讲，为超常儿童家庭提供家庭教育讲座、家庭教育咨询与服务。鼓励举办超常儿童家庭教育研讨会，聚焦家庭教育的核心问题与重点，提出符合实际的解决方案。学校要适时举办家校共育经验交流会，通过优秀家长宣讲、分享典型案例等方式，发挥优秀家庭的示范带动作用。要组织社会实践活动，开展家长和学生共同参与的参观体验、专题调研、研学实践、志愿服务和社会公益等活动。以重大纪念日、传统节日为契机，通过举办丰富多彩、生动活泼的文艺、体育等活动增进亲子沟通和交流。

宣传和倡导正确、科学的教育理念和成才观念，督促家长担负起教育子女的首要责任。加强《中华人民共和国家庭教育促进法》的宣传，指导家长全面学习家庭教育、儿童心理学等知识，掌握科学方法，遵循子女成长规律，尊重子女合理需要，注重子女的身心健康和终身发展，以科学的育儿观和成才观引导超常儿童，不断提升家庭教育的水平。

利用电话、网络、信箱等多种方式，加强学校与超常儿童家长的沟通联系。要通过家长会、家长开放日、家长接待日等方式，开展家校互访活动，听取家长意见，回应家长需求。要向家长及时了解及反馈超常儿童的思想状况和行为表现，营造良好的家校关系和协同育人氛围。

专栏 --

北京八中：三位一体家长委员会

北京八中成立了学校、家庭、社会三位一体家长委员会，设立家长开放日，每月召开一次家长会，集中解决和反馈有关问题，平时保持与家长的有效联络，达到交流思想、统一认识、团结协作、行动一致的目的，发挥家长在学校教育中的作用。家长的讲座往往更容易引起学生的思考和注意，教育效果很好。学校还充分利用社会资源，定期组织学生开展社会实践，邀请知名人物来讲学、做报告等。

人大附中：家校协同

人大附中的家校协同突出全方位育人，通过家长会、家长沙龙、家校联盟等多种形式，宣传学校的办学宗旨、育人理念及相关要求，指导家长开展家庭教育，使学校德育工作效能最大化，为学生健康成长提供健康的育人环境。例如，早培低年级成立"三叶草"工作室，定期开展家校活动；早培高年级创办父母讲师团，深度推进家校协同。学校和家庭共同促进超常儿童的健康发展，为创新人才培养打下坚实基础。

第八章　超常儿童教育的师资保障

完善的超常儿童教育教师培养体制是超常儿童教育的重要保障，超常儿童教育教师需要具备几个方面的专业技能：了解超常儿童的学习发展特点与个体差异，创设学习环境，掌握课程内容与教学知识，进行超常儿童评价，制订教学计划与教学策略，进行专业学习与伦理实践，多维合作。合格的超常儿童教育教师需要接受特殊的培训，培训内容包括有助于提高学生思维能力的教学策略相关的知识与技能、对超常儿童能力的理解（也包括理解未成功超常儿童）、个别指导及对培养项目进行评价等（Yuen，2004）。我国的超常儿童教育存在师资力量配比失衡、选聘条件缺乏专业标准、专业发展处于自发状态、缺乏政策支持系统等问题，亟须制定师资培养的支持性政策，建立规范的培养体系。要研制超常儿童教育教师专业标准，探索超常儿童教育教师资格认证制度，构建超常儿童师资职前职后一体化培养体系，探索灵活多样的培训方式，设置科学系统的培训课程，重视面向实践的教育教学能力，完善超常儿童教育教师的选拔评聘、晋升发展以及考核评价激励制度。

一、我国超常儿童教育的师资队伍现状

促使超常儿童的个性潜能得到最大限度的发展，最为关键的是师资，超常儿童教育需要一支数量充足、结构合理、专业素质出色的教师队伍。按照教育对象范围的不同，超常儿童教育教师可以分为两类：一是专门以超常儿童为

教育对象并为其提供教育服务的专职教师，二是以超常儿童为部分教育对象的普通教师（由于班级中超常儿童的存在，这部分教师也需要具备一定的超常儿童教育知识与技能）。有关我国超常儿童教育师资队伍现状的研究较少，已有研究发现，目前存在以下几个方面的问题。

（一）师资力量配比失调

我国超常儿童教育并未被真正纳入国家教育管理的范畴，资金以及特殊政策的局限限制了其发展规模。从事超常儿童教育的教师不足，没有专门的培养体系，学校承担着培养超常儿童和超常儿童教育教师的双重职责，仅依靠教师自身在实践中成长、摸索经验，投入少，教师成长的周期长。此外，教师年龄层次分明，以年纪较大的教师居多，中年和青年教师人数不足，超常儿童的教学和认知方面的相关经验和能力存在断层，这也说明教师的培养和储备力量不足（陈治兰，2016）。

（二）选聘条件侧重教学经验和学术背景

学校在选聘从事超常儿童教育的教师时，对教师学历和相关学科学术水平的要求一般处于同等社会条件下的最高标准。对老教师注重其工作经验，特别是学科教学经验；对年轻教师或新进教师注重其在学历和学术上的水平。学术能力强、年轻化已经成为新教师队伍选拔的一个趋势；超常儿童教育新教师的选拔依然强调教师在普通教育知识、技能方面的水平，这与国际上普遍倡导的满足超常儿童需求、促进其天赋才能的发挥的要求相距甚远（杨晓霞，2012）。

（三）专业发展处于自发状态

目前从事超常儿童教育的教师，具备的是普通教育教师所具有的知识和技能，在学术水平上占有优势，但没有超常儿童教育的专业知识，在教学、教育、与学生交流、应对超常儿童突发事件等诸多方面存在困惑。尽管在职教师普遍反映自己在超常儿童教育方面存在课程、教学、沟通等方面的不足和压力，但是对超常儿童方面的培训需求并不明显，绝大多数被调查教师认为学科知识、教育教学技能以及良好的教学记录比超常儿童教育专业知识、技能更重要；教师专业发展基本处于自发状态，也没有形成新教师的选择、培养机制，优秀教师的有效经验不能及时分享给年轻教师，教师之间的教学能力存在较大差异。

（四）支持系统有待完善

超常儿童教育教师培养上，我国尚没有独立的专业，更不要说专门院校培养超常儿童教育教师；超常儿童教育教师入职筛选和培训上没有专职人员和部门协调，只是单纯地看学历、看经历、看能力，没有考虑普通教育与超常儿童教育人员在专业要求上的区分，调查的支持系统仅包括同伴交流、查阅书籍、借鉴国内外经验等简单分散的途径；超常儿童教育教师成长体系薄弱，最频繁和有效的策略是校本培训，借助于学校和教师自身的经验知识成长；开展超常儿童教育的学校与相关研究、教学机构联系甚少，合作单位侧重于超常儿童的鉴定和识别、超常儿童心理发展和脑力发展的评估，但没有专门的教育研究机构指导教师的教育教学实践。没有政策保障，超常儿童教育教师没能成为一个专门职业，在地位和待遇上，其与普通教育教师并无差别；也没有专门的教师标准来规范超常儿童教育教师所应具备的素质，超常儿童教育教师得不到制度保障和专业认同。

相关调研结果表明，师资方面的力量短缺、后备不足、非专业化的培养培训路径、系统的体制机制保障的缺乏，制约了我国超常儿童早期教育的发展。促进超常儿童教育教师专业发展，并提供系统支持，成为亟须解决的重要问题。

二、超常儿童教育教师专业标准框架及内容

超常儿童教育教师要通过专门化、专业化的发展，具备专业的知识和技能，使自己的教育教学活动适应超常儿童成长发展的需求。超常儿童教育教师专业标准应从超常儿童的个性特征、成长规律、教育规律的角度出发，对教

师教学活动所应具备的能力和素质提出要求。世界主要国家都非常重视本国超常儿童教育的师资保障，很多国家将超常儿童教育师资培养纳入了法律体系，明确了职前和在职的超常儿童教育教师培养的一般框架，美国更是专门制定了针对超常儿童教育教师的不同等级的专业标准。

（一）美国超常儿童教育教师专业标准

美国超常儿童教育协会和特殊儿童委员会 2006 年提出《超常儿童教育教师知识和技能标准》（NAGC-CEC Teacher Knowledge & Skill Standards for Gifted and Talented Education），之后，美国超常儿童教育协会又颁布了《2019 年超常儿童教育项目标准》（2019 Pre-K-Grade 12 Gifted Programming Standards）。这两个标准明确了超常儿童教育教师的基础知识（超常儿童教育的基本理论、原则、法律、政策、基本知识）、超常儿童的发展及其个性成长阶段、个性学习差异、指导策略、评价等方面，用以促进超常儿童教育教师个体的发展。同时，美国国家教师教育资格认定委员会（National Council for Accreditation of Teacher Education）也依据《超常儿童教育教师知识和技能标准》对超常儿童教育机构以及毕业生的质量进行审核，既规范了超常儿童教育教师培养培训机构的办学，也提升了超常儿童教育教师的专业知识和技能水平。同时，美国超常儿童教育协会和特殊儿童委员会定期向国家教师教育资格认定委员会提交《超常儿童教育教师知识和技能标准》的修订版本。

1. 超常儿童教育教师预备标准

2013 年美国超常儿童教育协会和特殊儿童委员会发布《超常儿童教育教师预备标准》（NAGC-CEC Teacher Preparation Standards in Gifted and Talented Education），该专业标准面向准备进入超常儿童教育领域的初级教师，分为学习者发展和个体学习差异、学习环境、课程内容知识、评估、教学规划和策略、专业学习和道德实践、协作等 7 个方面，详见表 8.1。

第一，初级超常儿童教育教师需要了解从幼儿到青春期具有天赋和才能的个体在认知和情感领域的学习与发展差异，并应用这种理解为具有特殊性的个体提供有意义和具有挑战性的学习体验。

第二，初级超常儿童教育教师要创造安全、包容和文化敏感的学习环境，以便有天赋和才能的个体成为有效的学习者并收获社交和情感福祉。初级超常儿童教育教师要构建环境，培养有天赋和才能的学生的自我意识、自我调节能力、自我效能、自我指导能力，并直接教他们如何适应期望以及不同环境。

第三，要能使用通用和专业课程的知识来促进有天赋和才能的个体的学习。初级超常儿童教育教师需要具备对他们所教授学科内容的坚实知识基础和对探究工具的理解，能够选择、调整和创建材料，为在学术主题和专业内容领域具有天赋和才能的个体设计具有挑战性的、深入的、独特的内容。

第四，初级超常儿童教育教师需要了解测量理论和实践，了解各种类型评估的用途和局限性，能够选择并恰当使用定量和定性评估信息来支持超常儿童教育中的各种决策，通过对学生行为、学习、成就和环境进行正式和非正式的评估，记录具有天赋和才能的个体的成长，并提供反馈以指导他们设定未来目标。

第五，在为有天赋和才能的个体选择、开发和调整学习经验时，会考虑其能力、兴趣、学习环境以及文化和语言因素，能够选择、调整和使用一系列差异化的循证教学策略来促进具有天赋和才能的个体的学习。

第六，初级超常儿童教育教师能够使用该领域的基础知识以及职业道德原则和标准为超常儿童教育实践提供信息，参与终身学习，并推动专业发展。

第七，过去几十年教育的重大变化之一是协作教育团队的快速增长。初级超常儿童教育教师要将自己视为同事的资源，并在广泛的背景下，与家庭、其他教育工作者、相关服务提供者、有天赋和才能的个体以及来自社区机构的人员以文化响应的方式合作，创造有意义的学习环境，以满足有天赋和才能的个体在一系列学习中的需求。

表 8.1　《超常儿童教育教师预备标准》（2013 年）[①]

标准 1 学习者发展和个体学习差异	1.1　了解语言、文化、经济状况、家庭背景和（或）残疾领域如何影响具有天赋和才能的个体的学习。 1.2　利用对发展和个体差异的理解来响应具有天赋和才能的个体的需求。

---

① 参见 http://files.eric.ed.gov/fulltext/ED562612.pdf。

标准 2 **学习环境**	2.1	创造安全、包容、文化敏感的学习环境，让具有天赋和才能的个体参与有意义和严格的学习活动与社交互动。
	2.2	使用沟通和激励教学策略来促进对主题的理解，并教导具有天赋和才能的个体适应不同的环境并发展道德领导技能。
	2.3	会根据个体的语言能力以及文化和语言差异调整他们的沟通方式。
	2.4	表现出对多种环境的理解，这些环境是为有天赋和才能的个体提供的连续服务的一部分，包括各种环境的优缺点，并教会学生适应这些环境。
标准 3 **课程内容知识**	3.1	了解中心概念、学科结构和所教授内容领域探究工具的作用，利用他们的理解来组织知识、整合跨学科技能，并在年级内部和年级间开展有意义的学习。
	3.2	为具有天赋和才能的个体设计适当的学习标准，以提高其在学术主题和专业领域的学习的创造力、加速性、深度和复杂性。
	3.3	使用评估来选择、改编和创建材料，以区分不同的教学策略和通用及专业课程，以挑战具有天赋和才能的个体。
	3.4	初级超常儿童教育专业人士明白，有天赋和才能的个体能展示出广泛的知识水平和较高的表现水平，并能够据此适当修改通用及专业课程。
标准 4 **评估**	4.1	初级超常儿童教育专业人士明白，某些具有天赋和才能的个体或群体在超常儿童教育计划中的代表性不足，并能够选择和使用技术上合理的正式和非正式评估，以最大限度地减少在为超常儿童教育计划和服务识别学生时的偏见。
	4.2	使用测量原则和实践知识来区分评估和解释结果，以指导有天赋和才能的个体的教育决策。
	4.3	与同事和家庭合作，使用多种类型的评估信息来做出识别超常儿童和安排学习进度的决策，并最大限度地减少评估和决策中的偏见。
	4.4	使用评估结果来制定长期和短期目标，这些目标能考虑到个体的能力和需求、学习环境以及与多样性相关的其他因素。
	4.5	让具有天赋和才能的个体评估自己的学习和表现的质量，并制定未来的目标。

续表

标准 5 **教学规划** **和策略**	5.1	初级超常儿童教育专业人员了解循证、差异化和加速实践的原则，并掌握一套教学策略，以提高具有天赋和才能的个体的批判性和创造性思维、解决问题的能力以及表现技能。
	5.2	应用适当的技术对具有天赋和才能的个体进行教学评估、规划和安置。
	5.3	与家庭、专业同事和其他教育工作者合作，选择、调整和使用循证策略，在一般和专业课程中创造具有挑战性的学习机会。
	5.4	强调在整个生命周期中跨环境发展、实践和迁移高级知识和技能，从而为有天赋和才能的个体在多元文化社会中开启创造性的、富有成效的职业生涯。
	5.5	使用教学策略来促进具有天赋和才能的个体的情感发展。
标准 6 **专业学习** **和道德实践**	6.1	初级超常儿童教育专业人员使用职业道德原则和专业课程标准来指导他们的实践。
	6.2	了解基础知识、观点以及历史和当前问题如何影响专业实践以及学校和社会中具有天赋和才能的个体的教育和待遇。
	6.3	尊重多样性，理解它是社会机构的一个组成部分，并在提供超常儿童教育服务时影响有天赋和才能的个体的学习。
	6.4	意识到自己的专业学习需求，了解终身学习的意义，并参与专业活动和学习社区。
	6.5	通过参与倡导和指导等活动来提升专业水平。
标准 7 **协作**	7.1	初级超常儿童教育专业人员应能够开展有效协作。
	7.2	初级超常儿童教育专业人员可作为同事的协作资源。
	7.3	利用协作来促进具有天赋和才能的个体在广泛的环境、经验和合作者中的福祉。

2. 超常儿童教育教师高级标准

2013 年美国超常儿童教育协会和特殊儿童委员会发布《超常儿童教育教师培养的高级标准》（Advanced Standards in Gifted Education Teacher Preparation），该专业标准面向超常儿童教育领域的教育专家，包含以下 6 个方面的内容：评估，课程内容知识，计划、服务和成果，研究与查询，领导力和政策，专业和道德实践（见表 8.2）。

第一，评估对于超常儿童教育专家的高级角色至关重要。担任高级角色的超常儿童教育专家将他们的知识和技能应用于对具有天赋和才能的人的评估，包括识别能力、优势和兴趣，以及监测和报告通识教育的学习进度。

第二，超常儿童教育专家利用他们对领域内和跨领域的教育标准的深刻理解，提供具有挑战性的课程，以满足特殊人群的需求。超常儿童教育专家不断拓宽和深化他们的专业知识，并通过技术、课程标准、有效的教学策略和辅助技术来支持超常儿童的学习。超常儿童教育专家了解个体学习差异和多样性，知道如何为有特殊情况的个体选择、开发和实施综合性、有凝聚力的课程提供信息。

第三，担任高级角色的超常儿童教育工作者设计和实施研究活动，以评估教学实践的有效性，并评估实现其计划的组织愿景、使命和目标的进展。他们制定持续改进管理系统的程序，运用他们在认知科学、学习理论和教学技术方面的知识来改进学校和系统层面的教学计划。他们提供连续的服务，以确保为有特殊学习需求的个体提供适当的教学支持，他们利用对教育标准的深刻理解来帮助所有有特殊学习需求的人学习具有挑战性的课程。

第四，担任高级角色的超常儿童教育工作者了解构成超常儿童教育循证实践基础的模型、理论、哲学和研究方法。这些知识包括信息来源、数据收集和数据分析策略。担任高级角色的超常儿童教育工作者能够评估文献中提出的实践相关的研究方法的适当性，他们利用教育研究来改进教学技术、干预策略和课程材料，他们营造支持持续教学改进的环境，并参与行动研究的设计和实施。担任高级角色的超常儿童教育工作者能够使用文献来解决专业实践问题，并帮助其他人了解各种循证实践。

第五，担任高级角色的超常儿童教育工作者会发展出高度专业的自我期望，并帮助他人了解在组织使命范围内具有特殊学习需求的个体的需求。担任高级角色的超常儿童教育工作者利用他们的组织理论知识和多元社会中不同群体的需求来制定组织目标和行事程序。他们创造积极和富有成效的工作环境，并与同事一起庆祝成就。

第六，担任高级角色的超常儿童教育工作者以职业道德和实践标准为指导，保护学生、家庭和学校工作人员的合法权利。担任高级角色的超常儿童教育工作者通过教学技术、课程、有效的教学策略和辅助技术，不断拓宽和深化他们的专业知识，以支持学习，并专注于所有级别组织的有效实践。担任高级角色的超常儿童教育工作者通过自己参与专业发展和促进专业进步来践行自己的承诺，不断改进自己的专业实践。

表 8.2 《超常儿童教育教师培养的高级标准》（2013 年）[①]

标准 1 评估	1.0 使用有效和可靠的评估实践来减少偏见。
	关键要素
	1.1 超常儿童教育专家审查、选择和解释心理测量学上合理、无偏见、定性和定量的工具，以识别具有天赋和才能的个体，并评估他们的能力、优势和兴趣。
	1.2 评估具有天赋和才能的个体在通用教育和专业课程中的进步。
标准 2 课程内容知识	2.0 利用他们对通用和专业课程的知识来改进课堂、学校、社区和系统层面的计划、支持和服务。
	关键要素
	2.1 调整教育标准，提供具有挑战性的课程，以满足有特殊需求的个体。
	2.2 不断拓宽和深化专业知识，并通过教学技术、课程标准、有效的教学策略和辅助技术来扩展专业知识，以支持获取和学习具有挑战性的内容。
	2.3 利用对多样性和个体学习差异的理解来为有特殊需求的个体选择、开发和实施综合课程。
标准 3 计划、服务和成果	3.0 在课堂、学校和系统层面促进针对特殊个体的普通和超常儿童教育计划、支持和服务的持续改进。
	关键要素
	3.1 设计和实施评估活动，以改进针对有特殊需求的个体的计划、支持和服务。
	3.2 利用他们对文化、社会和经济多样性以及个体学习者差异的理解，为有特殊需求的个体制订和改进计划、获取支持和服务提供信息。
	3.3 运用理论知识、循证实践、相关法律和政策的知识来倡导为有特殊需求的个体提供计划、支持和连续服务。
	3.4 设计和开发系统的计划和课程模式，以在多种环境中促进人才发展。
	3.5 评估为有特殊需求的个体提供的计划、服务和支持在愿景、使命和目标方面的进展。

---

① 参见 http://files.eric.ed.gov/fulltext/ED562615.pdf。

标准4 研究与 查询	4.0 引导、评估和使用调查来指导专业实践。 **关键要素** 4.1 评估理论、研究和探究，以确定有效的实践。 4.2 利用专业文献的知识来改善与特殊个体及其家庭有关的实践。 4.3 根据持续的评估数据评估和改进教学实践，并参与研究和探究的设计和实施。
标准5 领导力 和政策	5.0 在制定目标、设定和满足高专业期望、倡导有效的政策和循证实践以及创造积极和富有成效的工作环境方面发挥领导作用。 **关键要素** 5.1 鼓励对所有有特殊需求的个体抱有很高的期望，尊重并落实道德实践。 5.2 支持和使用语言及文化响应实践。 5.3 创造和维护尊重与保护特殊个体及其家庭权利的大学和生产性工作环境。 5.4 在政策和实践方面发挥积极作用，以改善针对有特殊需求的个体的计划、服务和成果。 5.5 提倡为所有服务于特殊人群的人员的专业准备和专业发展分配适当的资源。
标准6 专业 和道德 实践	6.0 使用该领域的基础知识和职业道德原则与标准来指导超常儿童教育实践，参与终身学习，推动专业发展，并履行领导职责，以促进专业工作者和有特殊需求的个体的成功。 **关键要素** 6.1 对超常儿童教育相关的历史、法律政策、道德标准和新出现的问题有全面了解，这些认识有助于超常儿童教育专家的领导。 6.2 树立高专业期望和道德实践的榜样，并创造支持性环境，增加超常儿童教育各个层次的多样性。 6.3 树立榜样并促进对所有人的尊重，促进职业道德实践。 6.4 积极参与专业发展和学习社区，以增进专业知识和专长。 6.5 计划、展示和评估专业发展，重点是所有组织层面的有效和道德实践。 6.6 积极促进和参与未来超常儿童教育者的准备和入职培训。 6.7 积极推动专业发展。

3. 超常儿童教育教师培养课程教师标准

超常儿童教育教师培养课程的教师承担着培养学前至十二年级超常儿童教育教师的责任，这些教师需要在识别和回应超常、才华横溢和高潜力学生的需求方面做好充分准备。美国超常儿童教育协会发布《超常儿童教育教师培养课程教师标准》(Faculty Standards for Teacher Preparation Programs in Gifted & Talented Education)，该专业标准面向承担超常儿童教育教师培养课程的教师，包括该领域指导教师的候选人。期望全职或兼职从事学前至十二年级超常儿童教育专业人士培养的教师需要满足教育准备、专业经验、对超常儿童教育领域的贡献、超常儿童教育教师预备课程的规划和实施这四个方面的标准，详见表8.3。

培养学前至十二年级超常儿童教育专业人士的教师必须是他们所教授学科的专家，具备前沿的学术知识和超常儿童教育领域的广泛知识；全面了解超常儿童教育是一门基于哲学、循证原则和理论、研究、相关法律和政策、多样化观点和问题的不断发展和变化的学科；具有在不同环境中对于来自不同背景的超常、有才华和高潜力学生的教学或领导经验，能够将他们在超常儿童教育领域的广泛知识与他们自己的实践联系起来。这些培养超常儿童教育专业人士的教师，通过他们基于研究的出版物、演讲或服务为超常儿童教育领域做出过贡献，包括经过同行评审的出版物、演讲、课程的作者，超常评估工具的开发者，等等。他们可以有效地制定和实施一个全面、连贯的超常儿童教育教师培训计划，使之符合国家超常儿童教育教师标准，并定期与其他人一起参与超常儿童教育社区及相关领域的活动。

表 8.3 《超常儿童教育教师培养课程教师标准》

标准 1 教育准备	1.1 具备前沿的学术准备和超常儿童教育领域的广泛知识。
标准 2 专业经验	2.1 在该领域至少拥有三年的专业教学和（或）领导经验，或能够通过类似经验展示出超常儿童教育方面的能力。 2.2 了解超常儿童的特征以及多样性对其学习和发展的影响，并具有根据学生差异在不同环境中规划有意义和具有挑战性的学习机会的经验。
标准 3 对超常儿童教育领域的贡献	3.1 对该领域的影响从他们的研究贡献中可见一斑。

续表

| 标准 4
超常儿童教育教师
预备课程的规划和
实施 | 4.1 | 在他们的教学计划中使用反映当前研究和实践并符合"超常儿童教育教师预备标准"的课程。 |
| | 4.2 | 通过专业协会、专业学习机会和宣传等参与超常儿童教育社区和相关领域的活动。 |

（二）其他国家或地区超常儿童教育教师专业标准

1.英国超常儿童教育教师专业标准

英国超常儿童教育体系的专业化主要表现在学校、地方和国家三级一体的支持系统上。英国规定，所有学校都要专门设超常儿童教育管理者和管理机构，负责超常儿童教育的规划、政策、评估等事项；设一名主任教师，统筹并指导其他教师开展超常儿童教育。地方教育当局负责培训教师，协调跨校资源，并提供广泛支持。国家层面主要负责组织开发识别超常儿童的工具和超常儿童教育标准，统筹和调拨各种资源支持地方和学校的超常儿童教育。英国国家行业技能发展机构联合教师发展培训机构制订的教学领域的系列标准中就包括超常儿童教学职业标准。

该标准内容上可以分为行为标准、知识与理解两个部分。其中行为标准分为两大部分：与其他人员合作发展超常儿童学习项目、支持超常儿童的学习活动。每一个部分又分为若干细则，具体评估和指导教师的教学活动以及相关支持策略和项目。其中包括：了解超常儿童，包括超常儿童的特殊天赋和才能，及其在学习中的需求；了解课程，包括加速性课程、拓展性课程（侧重于能力的开发）、充实性课程（内容上的充实）；设计和实施教学活动，特别注重教学内容的深度广度速度、教学资源在教学活动中的设置配备和使用等、学生学习技能的提高、学生独立自主学习风格的养成、学生学习动机和兴趣的激发与维持等教学目标的达成；创造并维持适当的学习环境，与学生建立伙伴关系，提高学生的思考能力、活动参与度、帮助学生养成独立、自主学习的习惯，其中特别强调合作性学习模式、调整教学策略、满足学生的需求、积极利用外界资源、发展学生的天赋才能等；教师和其他教学人员在超常儿童教学活动中的作用、边界和相互联系，全纳教育和机会均等的政策对超常儿童教育的影响，如何从课程、教学策略、教学目标、教学态度等方面促进学生的发展，学生独立、自主学习能力和习惯养成的策略和方法，沟通、计划、合作的有效性原则，校内学习资源和校外拓展天赋才能的资源及其有效利用；等等（杨晓霞，2012）。

2. 我国台湾地区超常儿童教育教师专业标准

我国台湾地区 2006 年修订公布台湾特殊教育教师专业标准，共有 7 个维度与 48 个项目，据以规划师资职前教育课程。专业标准的 7 个维度分别为教师专业基本素养、敬业精神与态度、特殊教育专业知识、特殊需求学生的鉴定与评量、课程设计与教学、班级经营与辅导、研究发展与进修。该文件修订后，我国台湾地区教育主管部门推动调整了师资培养课程和教师资格考试的教育专业科目（吴武典，2019）。

三、超常儿童教育教师的培养培训实践探索

合格的超常儿童教育教师需要接受特殊的训练，不是任何一位教师都能成为合格的超常儿童教育教师（张引，1987）。教师的态度、意志和所接受的培训，对超常儿童的教育发展和心理健康以及学校内超常儿童教育的推进有着深刻的影响（Rowan, Townend, 2016）。同样，教师的消极看法、刻板印象和偏见在决定谁被认定为超常儿童方面也会产生严重的不良影响，可能成为学生进入超常儿童教育项目的阻碍（NAGC, CEC, 2013）。研究表明，教师接受的培训越多，其对超常儿童教育项目的态度就越积极（Polyzopoulou et al., 2014）。要为他们提供能够进行良好实践的工具，以支持超常儿童的需求。当教师必须处理与超常儿童相关的问题时，准备不足会成为他们所要面对的非常大的挑战（Gómez-Arizaga, Conejeros-Solar, Martin, 2016）。

（一）超常儿童教育教师培养的政策经验

1. 超常儿童教育教师的职前培养与职后培训政策

超常儿童教育在教师职前教育中可以是一门独立的学科，如为准教师提

供本科和研究生课程，使他们能够应对超常儿童的发展；也可以融入其他学科，作为特殊教育主题下的一部分。超常儿童教育相关问题在有些国家的教师职前教育中是必修内容，如法国、奥地利、斯洛文尼亚、匈牙利、希腊、爱沙尼亚、芬兰、挪威、瑞典和丹麦等；在有些国家超常儿童教育是一个独立学科，如德国、奥地利、拉脱维亚、匈牙利、希腊和斯洛文尼亚等（European Education and Culture Executive Agency, Eurydice, 2006）。还有一些国家，如奥地利、法国等，在官方政策文件中描述了超常儿童教育教学和支持人员的职责与培养，相关部委在专业协会的帮助下制定标准，并制定教师更有效开展超常儿童教育教学所需的基本知识和技能标准。这些标准旨在提高所有教师的教学质量，并使他们有信心有效实施面向本校超常儿童的指导方针和计划（Weilguny et al., 2013）。

持续的专业学习也是一种重要工具，可确保执业教师能够满足学生的个体需求，并基于职前教师教育计划中获得的知识和技能促进全纳教育（OECD, 2019）。因此，培养教师满足超常儿童的需求的能力，是促进全纳教育政策和实践的核心。应对特殊教育需求（包含超常儿童的需求）仍然是教师持续专业学习最重要的内容之一。教与学国际调查（TALIS）2018 年的研究显示，在参与调查的国家中，平均有 22% 的教师表示，在教授有特殊教育需求的学生时，他们有很强的专业学习需求，在巴西、哥伦比亚、墨西哥和日本，这一比例超过了 45%（Rutigliano, Quarshie, 2021）。

在教师持续专业学习中，政府和非政府的专业机构或大学都可以提供有关超常儿童教育的在职培训。在某些情况下，专门的国家协会和跨国网络也会为超常儿童教育的教师提供培训机会（Schiltz, 2005）。非政府组织在超常儿童教育教师培养方面也发挥着重要作用，如美国超常儿童教育协会和特殊儿童委员会，它们除了制定超常儿童教育规划服务和教师培训的国家标准，还提供教师培训的各种项目等。

虽然在许多国家，在职培训是强制性的，但教师通常可以自由选择他们感兴趣的领域。但即使有在职培训的机会，他们也可能没有经历过任何特殊的培训，这也会导致教师在应对超常儿童的知识和技能方面存在显著差异。在超常儿童教育不被视为优先事项的国家，超常儿童可能会在他们的学校和课堂中被忽视，非政府组织可以在超常儿童教育教师培养和为超常儿童提供服务方面发挥重要作用。例如，欧洲高能力研究协会可颁发"超常儿童教育专家"（Specialist in Gifted Education）证书。在荷兰，该证书由奈梅亨大学（Radboud University Nijmegen）的超常儿童研究中心（Centre for the Study of Giftedness）在学士和硕士水平上提供，该项目与一系列针超常儿童教育教师的课程并列，还包括由个人培训师和私人执业者组织的研讨会（De Boer, Minnaert, Kamphof, 2013）。葡萄牙的全国超常儿童研究和干预协会为教育工作人员提供培训课程，并支持学校领导和教师对超常儿童实施个性化方案。

2. 主要国家超常儿童教育教师的培养与培训

根据国家法规是否明确界定了超常儿童教育，各国会选择不同的方法开展超常儿童教育教师的培养与培训。一些国家对超常儿童教育教师培养有明确的法律规定。韩国的《英才教育振兴法》规定："国家和地方政府应定期提供教育和培训，以提高英才教育教师的质量。"韩国在中小学教师职前教育中有关于英才教育的必修课程，规定从事英才教育的教师必须获得教师资格，并修满教育部及科学信息通信技术部认可的培训课程。为激励更多的教师持有证书，韩国还推出设置英才教育中心特级教师、加分奖励等措施，以吸引更多优秀教师加入英才教育。国家和地方自治机构负责提供各种各样的培训项目，包括基本的国内培训（60 小时，涵盖理解超常儿童教育和对超常儿童的鉴别）、高级的国内培训（120 小时，内容更深入，涵盖了教学和评估方法以及方案开发等科目），以及在美国、以色列、澳大利亚等国的 2—4 周海外培训课程，培训项目质量由教育部、科学信息通信技术部与各城市和省教育厅负责监控。此外，韩国政府还为英才教育机构的管理者提供相应培训（肖广军，2014）。

美国从 1974 年开始，逐步将超常儿童教育教师的培养纳入超常儿童教师培养体系，规定在高校开设课程，培养超常儿童教育师资的高等院校已达一百多所。目前联邦及各州超常儿童教育办公室、各中小学校、高校及其教育学院、超常儿童教育研究中心、公司企业等为超常儿童教育教师提供了各种类型和层次的培养计划，包括学位培训、证书培训、一般性的培训等。美国建立了超常儿童教育教师资格认证制度，大部分州还设有专门的超常儿童教育机构，并配备相应的超常儿童教育专家，定期对教师进行在职培训。

俄罗斯非常重视对从事超常儿童教育工作的教师的职前培养和在职培训。俄罗斯在师范类高校和综合类高校的教育学、心理学学科中增加了"超常儿童"分支，以提高未来从事超常儿童教育工作的教师的教育学和心理学素质。高校的研究生院对超常儿童教育的专门学校和班级的教师进行培训，地方进修学院也对从事超常儿童教育工作的教师进行培训，让教师学习识别学龄超常儿童的现代技术和方法。俄罗斯组织编写和出版关于发现与支持超常儿童发展的教师指导用书，以帮助教师提高进行超常儿童教育工作的专业技能和素质。此外，有关机构还组织开展超常儿童教育教师职业技能大赛，对在超常儿童教育方面获得成果的教师进行物质激励和表彰，以激励教师对职业技能提升的追求和提高教师的工作积极性（北京教育科学研究院，中国人民大学，2020）。

以色列2003年之前的英才教育教师培训主要是在职培训和定期的英才教育教师会议。以色列2004年设置英才教育教师资格证书，2010年之后，所有从事英才教育的教师必须参加224学时的培训，并且获得英才教育教师资格证书（Nevo, Rachmel, 2009）。培训主要关注九个重点内容：英才的理论视角，如何确定英才，英才的认知特点，英才的非智力特征，创造力的定义和识别，英才的学习与认知，英才的培养模式和方法，英才中的特殊人群，作为一种独特的职业来指导英才（Rachmel, 2007）。

新加坡政府的教育部门开展了"天才教育计划"，参与的教师要经过新加坡教育部的特殊选拔培训，即这些教师在经过严格的选拔之后，还要接受严格的天才教育课程培训后才能上岗。在职教师也要不断参与天才教育培训、教学研讨、课堂观摩等，确保天才教育教师获得持续的专业发展。新加坡"天才教育计划"对选聘的教师有明确的要求：首先，在思想上，认同"天才教育计划"，有为天才教育事业献身的意愿；其次，具备良好的业务水平，包括学科教学能力、丰富的教学经验、良好的教学记录等；再次，具有与天才儿童顺利沟通的意愿以及付诸实施的能力；最后，注重天才儿童的道德和情感教育，善于与天才儿童的父母沟通，关注天才儿童身心健康与学业能力的同步发展。

英国从 1997 年开始将英才教育列入国家法律规定，此后英国教育部积极与大学合作，向大学提供专项资金帮助其开展英才儿童的校外辅导教育工作，此外也有一部分院校还承担相应的教师培养和培训工作。此外，教育部学校培训与发展司（Training and Development Agency for Schools, TDA）承担开发了国家职业标准（National Occupational Standards, NOS）中的英才教育教师职业标准部分，以规范和引导英才教育教师的专业化行为与意识。

德国以大学为主体，并与欧洲高能力研究协会、相关协会、基金会等合作，提供针对超常儿童教育专业教师、其他从业人员等不同目标群体的学历教育和各种培训课程，相关从业人员通过学习可获得对应的学历和资质。

法国对超常儿童的教育主要依靠学校普通教师。法国不仅对普通教师进行基本知识素养培训，还注重培养专门人员、学校心理学专家、心理辅导员、校医、督导人员和学校领导在诊断、咨询、帮助、评估超常儿童方面的专业能力（北京教育科学研究院，中国人民大学，2020）。

随着人们对全纳教育方法的兴趣日益浓厚，越来越多的国家和地区在职前教师教育中纳入了关于包容和多样性的最低知识要求。尽管许多国家职前教师教育中有全纳教育的主题课程，但这些课程往往侧重于特殊教育需求，而不包含超常儿童教育需求。还有一些国家，比如芬兰，虽然教育政策中没有明确提及超常儿童，但由于从幼儿园开始对差异化教学标准的强调，即使没有提供超常儿童教育方面的专门培训，教师也能意识到如何定制课程和教学计划，以满足超常儿童的特殊需要（Tirri, Kuusisto, 2013）。

（二）超常儿童教育教师的培养形式

在当前倡导拔尖创新人才早期培育的政策环境下，超常儿童教育师资培养应该受到重视并得到政策层面的支持，如实施超常儿童教育教师的资格认证制度，出台超常儿童教育教师的资格认证以及准入标准，为开展超常儿童教育教师培养专项计划提供经费支持，等等。实践层面，开展教师教育的大学和师范院校应设置与超常儿童教育教师培养相关的专业或课程，通过了解超常儿童的定义、特征和选拔标准，教师可以更有效地发现超常儿童的教育潜力，鉴别超常儿童，为超常儿童提供满足其学习需求的特殊教育服务。在超常儿童教育政策中，教师的培养是至关重要的，教师可以在鉴别、支持和监测超常儿童教育战略方面发挥核心作用。有研究表明，从鉴别、评估到差异化教学策略等超常儿童教育项目，由接受过超常儿童教育专业学习的教师实施更有效（Center for Education Statistics and Evaluation, 2019）。各国都制定了政策和倡议，旨在加强教师的培养工作，以回应超常儿童的需要。

1. 职前学位培养

国外许多高校开设了与超常儿童教育相关的教育计划，学生通过研修相关课程，获得该专业的学位，并同时获得超常儿童教育教师的任职资格。高校开设的超常儿童教育学历教育主要是在硕士阶段，本科或博士阶段的较少。据统计，美国具有教师资格认证资质的1700多所大学和学院中，有115所学校提供专门培养超常儿童教育教师的学历教育（肖甦，韩云霞，2017）。这些高校开设的课程内容主要包括五大方面：超常儿童的特点和需求；超常儿童教育的课程与方法；中小学校超常儿童教育项目的设计与管理；超常儿童教育研讨会；超常儿童教育实习。各校课程的差异则主要体现在课程名称、开课顺序以及教育实习的设计方面（付艳萍，2019）。

以康涅狄格大学的超常儿童教育领域工作者研究生计划为例，根据层次和授予学位证书的不同，该研究生计划分为博士学位计划和硕士学位计划。博士计划授予的是教育心理学领域的哲学博士学位，申请者要完成为期三年的全日制高级训练，并在其研究设计基础上修习一系列课程，比如教育测量与评估、教育研究的多变量分析、教育研究的方法和技巧、博士生实习、论文准备、教育研究中的质性研究方法、质性研究高级方法等。合格的博士学位论文研究必须能够对特殊教育这一领域的知识系统做出杰出贡献。除了课程和博士论文之外，博士生还要在其学习计划之外再选择一个相关的专门领域进行学习，从而在横向上扩展其专门技术，增加将来的就业机会。

硕士学位计划授予的是教育领域的文学硕士学位，分一般硕士学位计划、暑期硕士学位计划和在线学习暑期硕士学位计划三类。一般硕士学位计划要求学生在校园里全日制完成所有课程的学习，暑期硕士学位计划要求学生完成为期四年的独立学习，包括在校园里参加三个暑期的课程学习，并在线学完四门课程。暑期计划的一个显著特征是超常儿童教育领域的从业者，尤其是教师，同全日制研究生一样，也要完成同样的课程并参加考试。每个学生的学习计划根据其个人的兴趣、经历和职业目标来单独制订，每个学生都需要掌握有关超常儿童教育、才能发展和丰富性教学的历史和现状的知识，通过研究、调查工作和实习来发展创造性课程，掌握新的教学技巧，设计并实施解决问题的方案，熟练掌握研究和查找资料的技巧，高效率地对所选课题进行调查研究，完善并扩展其专业发展策略，完成一些创造性的论文，以期对本领域的知识库（课程材料、手册、研究综述、传媒作品等）做出贡献。在线学习暑期硕士学位计划要求学生完成为期四年的独立学习，包括在校园里参加两个各为期两周的研讨课程，并在线学完八门课程。除了课程增多、学习形式更加灵活之外，在线学习暑期硕士学位计划与暑期硕士学位计划在理念、要求上是完全一样的。计划都包括两种：一是面向想要继续学习并获得哲学博士学位的学生，这些学生必须完成一篇论文并参加答辩，需要背景准备和包括核心课程学分在内的 36 学分，并通过计算机在线考试；二是面向那些不打算进一步攻读哲学博士学位的学生，它致力于使学生适应丰富性教学的专业职位，需要背景准备和包括核心课程学分的 30—39 学分的课程学习，并且最后还要参加两种综合性考试，即计算机普通线上考试和场景模拟的开卷计算机考试（范明丽，张艳琼，2009）。

　　我国台湾地区早期特殊教育的师资主要来自普通班教师，他们以在职研习方式取得特殊教育专业学分。在师资培养多元化后，则以在各师范院校及各师资培养单位职前培养之师资为多。目前我国台湾地区有 12 所公立大学和 1 所私立大学设立特殊教育学系，是特殊教育师资的主要提供者。2018 年修订发布的《教师专业素养指引》提出 5 大素养及 17 项专业素养指标。规划的师资职前教育课程则在"素养本位"原则下，采用较开放的柔性观点，所列科目均为指引性质，各师资培养大学（师范大学、教育大学、设有师资培养相关学系或师资培养中心的大学）均可以依《教师专业素养指引》自行开设各师资培养职前教育课程，详见表 8.4（吴武典，2019）。

表 8.4　我国台湾地区《教师专业素养指引》

（2018 年）所列特殊教育资优组参考科目

专业素养	参考科目
一、了解教育发展的理论与实务	A. 各教育阶段职前教育专业课程（教育基础与教育方法） B. 特殊教育共同科目
二、了解并尊重学习者的发展与学习需求	A. 共同：普通心理学、发展心理学、儿童认知与学习概论、教育统计学、教育测验与统计、特殊教育学生鉴定与评量、多元评量、特殊教育学生评量实务、特殊幼儿教育 B. 资优组：资优学生教育概论、特殊族群资优学生教育、多元智能理论与应用、学术性向资优学生评量与实务、艺术才能资优学生评量与实务
三、规划适切的课程、教学并进行多元评量	A. 共同：特殊教育学生课程规划与实施、特殊教育课程设计、特殊教育课程调整与教学设计、跨领域课程设计与教学、主题融入特殊教育教学设计、科技在特殊教育之应用 B. 资优组：各教育阶段资优学生各（跨）领域 / 科目 / 群科之教材教法；中小学分散式资优教育资源班教学实习、高中教育阶段集中式资优班 / 分散式资优教育资源班教学实习；资优教育模式、区分性课程与教学、资优学生个别辅导计划、创造力教育、领导才能教育、情意发展教育、独立研究指导、高层思考训练、语文资优教育、数学资优教育、科学资优教育、艺术资优教育、资优教育支持与资源
四、建立正向学习环境并进行适性辅导	A. 共同：资源教室方案与经营、特殊教育班级实务、巡回辅导与在家教育、专业合作与沟通、亲师合作与家庭支持 B. 资优组：资优学生心理辅导与情意教育、资优学生生涯辅导
五、认同并实践教师专业伦理	共同：特殊教育教师专业发展、教育研究法、专题探究与实作、专题研究

2. 专业资格认证

与先取得学位进而获得任教资格的教师培养路径不同，专业资格认证可以看作应对师资短缺的另一种教师培养路径，主要看重教师候选人是否具备教学经验，为超常儿童教育教师的培养提供了更多选择。教师候选人不必接受超常儿童教育方面的学位教育，只要通过选修一定的课程并达到相关要求就可以获得开展超常儿童教育的教师资格。当高校缺少足够的师资开设大量学位教育，进而无法系统地培养超常儿童教育教师时，可以设计开发超常儿童教育课程模块，让教师通过学习这些模块，积累一定的教育教学经验，并通过相应的考核，最终获得超常儿童教育教师资格。

美国北卡罗来纳州超常儿童教育教师资格认证所需选修的高校核心课程包括超常儿童教育入门、差异化课程、教学 / 学习策略、超常儿童教育中的问题（实习课程）等 4 门。该州超常儿童教育领域的学者设计开发了针对超常儿童教育教师的培训课程模块，这些课程模块与北卡罗来纳州高校的 4 门核心课程内容一致，每门核心课程有 8—10 个课程模块与之对应，选修 4 个课程模块等同于选修 1 门核心课程，想获得资格认证的教师需要同时选择超常儿童教育入门、差异化课程和教学 / 学习策略这 3 门核心课程所对应的课程模块进行学习。

以色列政府针对超常儿童教育设立了 5 个教师专业发展项目培训中心，其中 3 个项目在不同地区的大学开展，2 个项目在教师学院进行。项目的课程设置和编制均有不同，教师必须完成所要求的项目并且被认可后，才能获得在超常儿童教育领域任职的资格。其教师培训课程体系包括思想体系课程、正式课程、领悟课程、操作课程和实验课程。思想体系课程注重理论与实践的结合。正式课程强调基础（理论和定义）、学习者的发展和特征、教学策略、高效的学习环境和社会互动、教学计划标准。领悟课程重在培养教师的思考能力、问题解决能力和创造力，以及灵活性和包容性。操作课程强调课堂的实际情况以及课堂情境中的课程，教师在教学过程中既要兼顾领悟课程里产生的变化，又要应对特殊学习者的需求。实验课程的重点是教师对所提供课程的理解，及其自身的经历和成果，这些内容在理论（新知）和教学（工具、技能）方面有不同体现（张倜，王萍萍，熊斌，2017）。

我国台湾地区 2005 年之前，教师资格检定采取初检和复检相结合的方式，修毕师资职前教育课程及格者即取得初检资格，实习成绩及格者复检合格后，即由我国台湾地区教育主管部门颁发合格教师证书。2005 年 4 月我国台湾地区首度举行教师资格检定考试。近几年通过率在五成上下，其中特殊教育类科的通过率在六七成，高于学前、小学、中学其他三类，参加教师甄选的录用率也较高。2018 年特殊教育合格教师比率在障碍教育类与资优教育类中相差悬殊，前者达 89%，后者仅约 38%。各教育阶段资优教育组合格教师的比率差异也较大，小学约为 92%，中学很低（初中约为 29%，高中约为 8%）（吴武典，2019）。

3. 项目进修

美国一些高校或科研院所会为那些致力于超常儿童教育的教师提供暑期教育计划的培训机会，提升其超常儿童教育理论与实践技能，如康涅狄格大学兰祖利创造力、超常儿童教育与才能发展研究中心（Renzulli Center for Creativity, Gifted Education, and Talent Development）、杜克大学的超常儿童识别计划（Duke Talent Identification Program）、普渡大学超常儿童教育资源研究所（Gifted Education Research and Resource Institute, Purdue University）、约翰·霍普金斯大学超常儿童教育中心（Center for Talented Youth, Johns Hopkins）、西北大学才能发展中心（Center for Talent Development, Northwestern University）等。暑期培训内容大致包括：提供关于全校充实模式、差异化教学与课程、创新性技术应用等方面的深度培训，提供关于正规教育和超常儿童教育领域相关研究与发展趋势的主题讲座，为教育者开发有助于学生才能发展与进行差异化教学的个性化教学方案提供帮助，组织针对校长和管理者设计的课程开放领域的领导者论坛，等等。借助这些暑期教育计划，教师还可以通过对超常儿童进行观察或直接参与教学互动，获得不同学科的超常儿童教育技能（付艳萍，2019）。

除了全国性的教育培训计划之外，区域性的短期工作坊也是教师获得经验提升的途径。一些比较重视超常儿童教育教师培训的学区或学校，会聘请有相应资质和经验的讲师，为该学区或学校的教师开设短期的工作坊，以提升教师进行差异化教学、编制差异化课程等多方面的能力（Gallagher, 2001）。这种培训形式能够有针对性地满足当地教师的需求，也使更多的教师获得培训机会。

高校或科研院所也会提供一些网络课程，这些课程不仅能为超常儿童提供教育服务，还能为超常儿童教育研究者和实践者提供各类超常儿童教育信息。通过网络学习共同体平台，超常儿童教育工作者可以与他人分享教育经验、寻求教育建议和资源，进而获得如何更好地服务超常儿童的知识与技能。

四、超常儿童教育教师的评聘与管理

（一）超常儿童教育教师的选拔及评聘

1. 新入职教师的选拔评聘

超常儿童教育教师的素质与学校的选人用人机制有着密不可分的关系。即使是超常儿童教育体制比较成熟的美国，由于各州制定的超常儿童教育政策与法规不同，其超常儿童教育师资力量也是不均衡的。美国大学有专门的超常儿童教育专业，但相对于需求，所培养的专业教师数量还是远远不够，教育机构缺少超常儿童教育专职教师。大多数州并不要求新入职的甚至在职教师获得超常儿童教育的专业资格证，教师也不一定接受过有关超常儿童的需求及特性方面的培训，甚至专职教师也不必须接受这方面培训（尹慧娇，2016）。

我国台湾地区从事初中、高中超常儿童教育的新入职教师一般为大学特殊教育学系资优组的毕业生，但这些学生因学科专业背景不足，又是教学上的新手，因此较适合从事行政工作，职前培育的方式似乎不适合初中、高中一般智能及学术性向资优班教学上的需求，因此，这些班级的教师还是以普通班教师、兼任及外聘教师和"在职进修"教师为主（杨海春，2007）。

我国大陆地区当前基础教育阶段新入职教师的来源主要是师范院校相关专业的毕业生，但即使特殊教育专业也没有针对超常儿童的研究方向，而超常儿童的培养对教师又有很高的要求，因此在招聘新入职的教师时需要一定的选拔。从事超常儿童教育的教师首先要达到中小学教师的专业标准。现阶段能进入超常儿童教育领域的新教师，往往都是学历高、科研能力及国际交流能力强、创新经验丰富的博士或硕士毕业生。他们有先进的教育理念和充沛的教育热情，既能开设高水平的专项研修课程，又能指导学生开展高水平的科研项目。

2.在职教师的选拔评聘

在美国，从普通教育到超常儿童教育，教师需要接受正式的职业培训，了解超常儿童的性格和需求、掌握超常儿童教育的课程设置等。各学区超常儿童教育办公室也会对他们的工作进行监督，以保证质量。但也有许多州没有专职的超常儿童教育教师，大多由兼职员工从事超常儿童教育。

我国台湾地区对于从普通教育教师中遴选的超常儿童教育教师有资格上的规定，其必须毕业于大学特殊教育系或接受过 30 个学分的特殊教育专业培训，超常儿童教育教师的专业课程主要为创造力与特殊才能、人格发展与辅导、超常儿童教育教材教法、超常儿童教育专题研究、教学实习、特殊儿童心理与教育、特殊儿童教育诊断等。

我国大陆地区从事超常儿童教育的学校数量很少，一般都是当地的优质学校，他们从普通教育教师中遴选从事超常儿童教育的教师时，会重点考虑"年富力强、精力充沛、教学好"的教师，注重教师的学科专业素养（杨海春，2007）。

（二）超常儿童教育教师的晋升与发展

由于学校学位有限及其他各方因素，只能有少部分超常儿童能在专门的学校或者班级就读，大多数超常儿童都是在普通班中就读的，因此，普通教师是否具备超常儿童教育的知识与能力、能否甄别出班级中那些具有更多教育需求的超常儿童，就显得至关重要。但即使在超常儿童教育师资标准和认证制度比较完善的美国，也并没有针对普通教师提出获得超常儿童教育教师资格认证的要求，但个别州明确把参与超常儿童教育知识与能力的培训作为教师上岗的条件，如内华达州要求所有学校教师在入职前接受超常儿童教育方面的培训，艾奥瓦州把满足特殊学习者（包括残疾儿童和超常儿童）的学习需求作为新任教师的必备能力（Davison, 1996），阿肯色州要求所有教师在上岗前必须首先了解该学区的超常儿童教育需求情况和超常儿童教育规划，同时掌握超常儿童教育的相关内容，包括超常儿童的特点与需求、超常儿童的识别程序、超常儿童教育的课程与教学策略、学区的教育理念与超常儿童教育项目以及该州对超常儿童教育的要求等。因此，除了探索资格认证这一路径，还应该加强针对普通教师的更广泛的超常儿童教育领域的培训。

在我国，职称的晋升和职务的晋级对于教师是十分重要的事件。有调查发现，超常儿童教育教师晋升和普通教师相比，速度相似，但机会更多。超常儿童教育教师在拥有"学术称号"方面所占的比率略高于普通教师，说明超常儿童教育教师在专业职务方面有一定优势。超常儿童教育教师在职称评定方面有一定的优势，这和学校对超常儿童教育教师在考核评价上的适当倾斜有关，和普通教师相比，超常儿童教育教师所获得的荣誉相对多些，而这一点为超常儿童教育教师的职务评审带来了更多机会，但其职务晋升速度和普通教师相比并无多大差异（杨海春，2007）。

（三）超常儿童教育教师的考核评价及激励

1. 考核评价

教师考核评价就是对教师工作现实的或潜在的价值做出判断，目的是促进教师的专业发展与提高教学效能，对于教师的专业发展起着导向、激励、推动的作用。目前对于普通教师的考核主要有三种。一是年度考核。学校在年底对全体教师在整个年度中的表现进行综合评价，根据教师在"德、能、勤、绩"四个方面的表现，确定年度合格、优秀等级。二是满意度调查。学校制定对学科教师和班主任教师的满意度评价表，在期中和期末考试前后下发给学生，由学生无记名写好对各个教师的评价，再交由教务处。调查的本意是让教师能在教育教学过程中诊断自己工作中存在的问题，不断调整自己的教育教学行为，但是在实际操作过程中，由于结果的简单化，教师除了分数并不了解自己的长处和不足在哪里，这种考核并没有起到积极的作用，甚至引起不少教师的反感。三是班主任考核。超常儿童教育教师的考核大部分参照普通教师的考核标准，也有学校会制定单独的考核评价标准对超常儿童教育教师进行考核，并在评优评先中有所倾斜。

俄罗斯加强了精英教师的绩效考核，针对超常儿童教育教师有更为严格的审核，并提高了教师的薪资待遇，抽调了不少教育界的专家来参与超常儿童教育的实施。俄罗斯教育部 2007 年的报告指出，俄罗斯在重点教育地区提高了超常儿童教育教师的资格门槛，专门对超常儿童教育教师的薪资待遇与教学环境进行了调整，规定教师必须按照严格的要求来进行教育，以便超常儿童能够得到全方位的发展。同时，教师以及超常儿童教育的行政管理人员拥有一套专门的系统来进行记录与考核，他们也兼具发掘、鉴别超常儿童的任务。

2. 激励与保障

激励是组织通过设计适当的外部奖励方式和工作环境来满足个人的需要而使其努力工作，从而实现个人目标和组织目标的过程。目前学校对超常儿童教育教师的激励措施主要有：教师课时奖励工资倾斜，超常儿童教育教师的工作量系数大于同年级的普通教师；评优评奖人数倾斜；外出考察和学习机会倾斜。尽管学校对于超常儿童教育教师有一定的激励政策，但激励效应并不明显。主要是除了额外的工作量，超常儿童教育对教师的专业性要求更高（杨海春，2007）。

五、我国超常儿童教育师资保障的制度设计

（一）研制我国超常儿童教育教师的专业标准

教师专业标准是使教学成为"专业"、教师成为"专业工作者"的关键所在，制定超常儿童教育教师专业标准是提升超常儿童教育教师专业化水平、促进教师队伍专业化发展的重要途径，也有助于规范教师的培养、聘任管理、考核激励机制。

1. 研制超常儿童教育教师专业等级标准

教师等级标准大致可分为通用标准和专业标准两类。通用标准是国家对中小学和幼儿园教师统一规定的标准，即政策性标准；专业标准是指为教师制定的具体专业发展标准，包括专业伦理、专业知识、专业能力等内容，即业务性标准。目前国际上对教师素质的要求主要表现为五个方面：专业知识——教师对学科知识的掌握；专业实践能力——教师作用的发挥以及在多样化的教和学的情景中对教学策略的掌握；持续的专业发展——教师对终身教育的强烈兴

趣；创新性和协调能力——教师的创新能力和在小组中工作的能力；专业情操——教师对职业伦理的遵守。

标准具有基础性和导向性。基础性标准对教师专业伦理、专业知识和专业能力方面所应具备的素质进行了规定；导向性标准在规定合格教师基础标准的同时，还具有发展性，能够引导教师不断发展。进入 21 世纪我国教师专业标准不断规范，教师专业标准、教师教育课程标准和教师资格考试标准成为我国教师专业标准的三大支柱，这些标准设计严密科学、内容详尽，三项标准的基本理念、理论框架和整体内容高度一致，将教师、课程和资格考试放在了相对一致的框架之中。

研制我国超常儿童教育教师专业标准，应该基于我国已经出台的中小学教师专业标准，包括专业理念与师德、专业知识、专业能力三个部分的内容。同时，还要考虑教师专业素质和教师专业发展两个方面，专业素质包含超常儿童教育教师的专业意识品质、专业知识、专业能力；专业发展应该考虑教师成长的阶段性、延展性，如超常儿童教育教师专业初级标准、中级标准、高级标准等。超常儿童教育教师专业标准的研制旨在针对超常儿童教育的特点，提出教师专业化发展的目标和内容。

2. 专业标准强调实践能力

超常儿童教育教师的专业理念与师德应该包括对超常儿童教育的理解与认识、对超常儿童的态度与行为、对超常儿童教育教学的态度与行为、个人修养与行为等；专业知识应该包括了解学生认知和情感领域的学习与发展差异，为超常儿童设计具有挑战性和独特性课程的专业知识，用于学生行为、学习、成就和环境评估的测量理论与技术，等等；专业能力主要包括能够创造有利于有天赋和才能的个人成为有效的学习者的教育教学环境，能够使用一系列差异化策略促进超常儿童的个人学习以及社交和情感技能的发展，能够寻求广泛的社会资源以满足超常儿童的发展需求，等等。

超常儿童教育教师的专业标准应该以学生为本、以师德为先，强调能力为重、终身学习。越高级别的标准越应该强调广泛的教学实践经验，并对超常儿童教育教学实践做出相应的要求。

（二）构建超常儿童教育教师的培训体系

由于大学少年班和中学超常班的规模限制，我国大部分的超常儿童只能在普通班级接受教育。没有一所大学提供专门的超常儿童教育教师培训项目，少年班或超常班教师的选聘采取的是招收特级教师或校内培训的形式，教师缺乏对超常儿童教育课程和教学形式的了解，凸显了培养相当数量的超常儿童教育教师的紧迫性。制定有关超常儿童教育教师专业发展的政策，明确对所有接触超常儿童的教育人员的专业学习要求，涉及从职前教育到高级资格认定的全过程。要由国家或地区组织专家制定专业学习标准和目标，以及定期更新计划，以确保指向标准和目标的最佳实践，并确保教育工作者及时获得有关超常儿童这个特殊群体的信息。要监测与评估教师专业学习的效果，以确保超常儿童教育中教师专业发展课程的与时俱进。要为教师专业发展项目提供支持，包括经费支持。

1.构建超常儿童师资职前职后一体化培养体系

尽管教师的重要性得到了公认，但职前教师教育往往很少关注超常儿童教育，超常儿童教育教师也很少有持续学习发展的机会。在许多国家，职前教师教育都被认为是超常儿童教育政策最被忽视的领域之一（Reid, Horváthová, 2016）。教师在超常儿童教育和差异化教育方面受到的指导往往非常有限，也可能因为缺乏对更广泛的教育环境的知识或兴趣而不加以实施（Dixon et al., 2014）。虽然我国目前还没有设立专门的超常儿童教育师范专业，但应该认识到，未来需要有相当一批接受过超常儿童教育系统学习的新入职教师。同时，由于现有师资大部分来自普通教师，他们没有超常儿童教育的相关学位背景，因此，我们就更需要为超常儿童教育教师提供必要的职后培训。

所有教师都要能够识别出可能需要更深入和复杂的教学或被转介以进行进一步评估的超常儿童，然而很少有普通教师的培训课程能够针对超常儿童的需求提供指导，美国超常儿童教育协会制定了用于普通教育工作者的关于超常儿童教育的知识和技能标准。首先，要识别有天赋和有才能的学生的学习差异、发展阶段和认知 / 情感特征，并确定他们相关的学术和社会情感需求；其次，要为具有天赋和才能的学生设计和调整适当的课程，以增强他们在学术和专业领域的创造力、学习速度、深度和复杂性；最后，要选择、调整和使用一系列循证教学策略来促进有天赋和有才能的学生的学习。

超常儿童教育教师的培养是一个长期系统的过程，必须将职前培养与职后培训相结合，尤其是要重视入职后的不断学习和提升。在职前培养阶段，开展教师教育的大学和师范院校，一方面可以在本科阶段开设超常儿童教育专业或必修课程；另一方面，可以在研究生阶段在心理学、特殊教育的学科下设置超常儿童教育的专业或者研究方向。在职后培训阶段，应为在职教师设计初级、中级、高级等阶梯性质的课程模块，并在每个模块下设一定数量的课程和教学实践，供从事或有意从事超常儿童教育的教师选择学习，并对学习结果进行必要的考核。

2. 探索灵活多样的培训方式

除了学位培养、系统性的培训课程模块之外，还需要探索灵活多样的方式，为从事或打算从事超常儿童教育的教师提供资源和机会。

要开展国家超常儿童教育师资建设项目，将超常儿童教育教师的培训纳入国家超常儿童教育的整体规划之下。要根据超常儿童教育教师的需求，设置定期和不定期培训计划。培训地点可以在学校，也可以在高校或科研院所。学校应该将培训作为一项基本制度。在学校可邀请超常儿童教育的专家展开直接面向超常儿童的实践性培训；还可以安排超常儿童教育教师到适合的机构中进行脱产学习，了解最新的超常儿童教育信息，更新教学内容和方式，优化教学效果。高校或科研院所要发挥其教育教学和科学研究的优势，定期开展超常儿童教育相关的学术会议或工作坊，提供学术研讨、经验交流的平台。

此外，要将超常儿童教育教师的专业学习纳入国家、地区的教育政策中，为超常儿童教育教师提供持续的专业学习机会，确保其通过在职培训和其他贯穿整个职业生涯的专业学习增进相关知识和技能。国家和区域教师研修部门应充分考虑教师发展的不同需求，构建针对教师的不同发展阶段、不同发展水平，面对不同问题的专业发展课程体系，帮助教师突破成长瓶颈。促进超常儿童发展是整个学校和地区的责任，而不仅仅是服务超常儿童的教师的事，超常儿童教育应该倡导整个社会提供资源，应该鼓励所有利益相关者，包括政策制定者、学校主管机构、社区成员、高等教育机构、科研院所之间的广泛合作。

学校层面，应该培养为学生成长服务的研究型、创新型教师，鼓励教师针对教学实践中的重点难点问题组建项目组，通过团队研究找出解决问题的关键要素和可能途径。要制订青年教师培养计划，在团队内安排资深教师对青年教师进行长期、有针对性的指导，定期开展教育学、心理学研修和教科研实践活动，充分发挥名师的"传、帮、带"作用，快速提升青年教师的综合能力。通过师徒结对的方式，帮助项目教师在教学上迅速成长；通过课题研究、编写特色校本教材等，提升教师的科研能力和创新意识。建立理论研修与实践锻炼兼顾、校本培养与专家指导相结合的培养机制，灵活采取理论研修、现场实践、专家讲座、参观访问、研讨交流等各种方式，促进资深教师向创新型教师转变。促进跨学科的交流与研究，形成一套教师在各个学段和协作体成员校之间流动的教学机制，鼓励教师开展科研，促进教师科研成果的转化与发展，培养一批具有文理科综合教学能力、初高中贯通教学能力、科研能力的创新型教师。学校还可以聘请在某一类或某一层课程上具有专业视野和教学经验的外部专家，负责超常课程的纵向管理，组建学校教师团队，负责课程方案的制定、课程资源的研发、教学实践及诊断评价体系的研究等工作，利用平时及寒暑假开展课程研讨，尤其是在寒暑假开展结合专业理论和自身教学经验的集中培训，在保障该类或该层课程质量的同时，让专家型教师的经验得以传递，带动教师实践成长。

3. 设置科学系统的课程内容

借鉴其他国家和地区在超常儿童教育计划服务和教师培养方面制定的标准。这些标准涵盖了诸如教师知识和技能以及教师培养课程等主题，不仅能帮助教师充分鉴别有天赋的学生，而且能确保这些学生获得相关的、有意义的和具有挑战性的学习体验（NAGC, CEC, 2013）。这些标准要求教师"认识超常儿童的学习差异、发展里程碑和认知/情感特征，包括那些来自不同文化和语言背景的学生，并确定他们相关的学术和社交情感需求"。

国外超常儿童教育领域研究生计划的核心课程主要包含：其一，超常儿童的教育和才能发展概述，主要内容包括在培养学生的天赋素质和才能时遇到的问题、特殊能力的特点、特殊教育的历史、有关超常才能的主要科学研究、现在的教育模式等；其二，全校范围充实培养模式教学计划，主要内容包括全校范围充实培养模式的理论、现有研究以及构成要素的概述，在课堂上或学区范围实施这一模式的实践技巧，能够用于年级课堂水平的教学性和管理性技巧，提高大组、个人和小组教学实践效率的策略，等等；其三，创造性课程，主要内容是创造性思维和问题解决的定义，创造性训练材料以及教学策略的发展和含义；其四，超常儿童的课程选择，主要是紧密关注教学材料发展的课程理论和技能；其五，教育研究的原则和方法，主要是理解和评价教育研究的成果；其六，人员培训和计划评估，对超常儿童教育领域的事件和研究进行分析。这些核心课程是对超常儿童教育领域现有研究科学系统的概括，从历史发展到现状热点，从理论模型到实践教学，这一计划的课程设置都力图使学生在超常儿童教育领域达到更高的标准和要求（范明丽，张艳琼，2009）。

在设计我国超常儿童教育教师的培训内容时，也应该在多元课程理念的指导下设置总体内容框架。首先，课程内容应该具有整体性与广泛性。超常儿童教育中教师的专业学习应该满足超常儿童各个方面的需求，包括学业、社交和情感需求。一个全面的教师专业学习项目应该对不同水平的天赋、不同形式的天赋、超常儿童的不同识别方法、不同的超常儿童教育模式、超常课程设计和差异性教学的各种方案都有所涉及。其次，课程分类分层设计。所有的普通教师都有可能遇到超常儿童，因此所有教师都需要一定程度的专业准备来支持超常儿童的教育和成长，尤其是关于超常儿童的识别、差异化教学等，这些专业准备都可以由基础类课程支持。专门从事超常儿童教育的教师还需要系统地学习评估理论、探究性学习、开发和实施综合课程等内容，这些应该在基础类课程之外，分模块、分层级设计，专业学习内容的数量和类型可以因教师角色的不同由教师自主选择。

4. 重视面向实践的教育教学能力

广泛的教学实践经验与直接面对学生的教学是有效教师职前培养项目的重要组成部分（Darling-Harmmond, 2006）。美国许多高校的超常儿童教育计划都把教育见习和实习作为重要组成部分。如哥伦比亚大学教育学院超常儿童教育研究生计划的课程中，不管是初等全纳教育教师资格证书及超常儿童教育拓展计划，还是超常儿童教育教师资格认证计划，其中教育实习都占据一定比重。实习期间学生每周要有 3—5 天时间在当地社区或学校中进行课堂观察或教学，周末返校围绕教学实践中的问题与发现召开研讨会。[①]

教师应该能够识别超常儿童特殊的学习需求，根据其不同的学习需求灵活调整课程方案，并运用恰当的教学策略激发其动机和潜力，这些能力需要在不断的教育教学实践中形成和发展。因此，我国超常儿童教育师资培养也应该重视教师教育教学实践能力的培养。大学或师范院校的职前培养方案要设定教育见习和教育实习在总课程计划的比重，并通过教师督导等方式关注见习和实习的质量，切实提高这些超常儿童教育教师候选人的教学实践能力。教师在接受职后培训的时候，往往会感觉更新了理念、进行了反思，受益良多，却很难将培训的成果与教学工作结合起来。针对超常儿童教育教师的职后培训，包括研讨会、工作坊等，也应该将提高教师教学实践能力作为首要目的。在有关超常儿童教育系统理论的基础上，增加实践性的培训内容，重视将新的知识、工具和技能应用于教学和课程设计中。例如，帮助教师掌握和应用学生学习评价和课程分析工具，知道在常规课堂中如何为超常儿童设置学习单元和课程，等等。

（三）规范超常儿童教育教师的评聘与管理

1. 严把超常儿童教育师资的入口关

学校要把好超常儿童教育师资的入口关，避免重专业、轻品德的做法。评价教师的首要标准是师德。超常儿童天赋异常，他们往往希望自己的老师在专业知识、教育教学手段、人格魅力等方面也是最优秀的。大部分超常儿童认为老师知识水平的高低并不会阻止他们前进的脚步，而人格魅力却会潜移默化影响他们的整个人生。拥有人格魅力的教师，会让学生信服，会激发他们的学习兴趣。在超常儿童教育的艰辛过程中，教师的人格引领是至关重要的。良好的教师人格是学生成长的重要保证。

除了在高校或科研院所设置超常儿童教育专业对教师进行职前培养之外，更需要拓展教师来源，在普通教师中选聘愿意且能够从事超常儿童教育的教师，将不同教龄、不同教育背景的教师有机地结合成研究团队，使研究团队整

---

① 参见 https://www.tc.columbia.edu/academics/courses/。

体能够满足创新人才培养体系对研究型、综合型、贯通型师资队伍的需求。

教师选拔是一种双向选择的聘用制，如果要吸引优秀的普通教育教师加入超常儿童教育的领域，就必须提供一种更为自由、公平的招聘机制，从设岗、面试到签订合同、解聘，做到公平、公开和公正。进行超常儿童教育的学校和机构要制定详细的实施细则，规范超常儿童教育教师聘任的程序和规则，公开教师的应聘条件，鼓励普通教育教师自主申请，由学校或机构通过系列考核后择优录用（张睦楚，2018）。同时还应该建立准出机制，一方面让普通教育中一部分真正愿意参与超常儿童教育的教师有机会进入该领域；另一方面，为了让现有的超常儿童教育教师队伍不断完善，也应让一些确实不适合或者不愿意从事超常儿童教育的教师适时流动到适合他们的岗位上去。

2. 提供普通教育体系晋升与专业资格等级认证的双发展路径

我国的超常儿童教育并没有独立的体系，而是融合在普通教育体系之内。除了在普通教育体系内的职称晋升之外，还应该支持超常儿童教育教师在专业领域的学术发展。从事超常儿童教育的教师以优秀的学历背景和丰富的教育教学经验为主要特征。有经验的骨干教师可以更多参与管理和德育工作；有活力、高学历的青年教师，在教学和科研领域有大胆的开拓精神，应该鼓励他们成为相关的团队负责人；要支持有兴趣有专长的教师开设研修课。要注重培养集研究型、综合型和贯通型于一身的"三型"教师，"研究型"是指教师具有深厚的科研素养和科研能力；"综合型"是指教师除专业技能外，还熟悉外语、计算机、心理学；"贯通型"是指教师能够教授从小学到高中甚至大学的课程。

由于超常儿童教育教师的管理并不是独立于普通教育的单独存在，教师专业上的职称晋升会受到全校范围内的名额限制，为保持超常儿童教育教师专业发展的外在动力，可以在职称晋升之外，尝试构建专业资格等级认证体系。首先，设立专业、独立、非营利的国家超常儿童教育协会，负责超常儿童教育教师专业资格等级认证的相关工作，认证遵循自愿开放的原则，无论是否正在从事超常儿童教育，教师都可以选择参加认证；其次，将资格认证与超常儿童教育教师专业等级标准的制定相结合，超常儿童教育教师专业资格可以分为初级、中级、高级，分别与超常儿童教育教师专业标准的初级、中级、高级相对应，认证作为对超常儿童教育教师专业发展的指导与支持，为愿意且有能力从事超常儿童教育的普通教育教师提供专业发展的机会，帮助教师在认证的过程中得到不断的成长；再次，资格的获得与教师在该领域的教学经验、贡献、专业能力相关，实践能力应该是专业资格等级评定的重要依据；最后，要获得专业资格，还必须完成规定的培训课程并通过考核，考核应该分笔试和面试两部分，既有理论层面的考核，又注重教师面试的实践表现。

3. 完善超常儿童早期教育师资的激励与保障机制

教师是超常儿童教育的关键因素，制定完善的激励和保障机制，对学校和教师来说都有重要的意义。

物质激励和保障方面，一要由国家和地区行政部门提供专项的人员经费支持，用于超常儿童教育教师的岗位补贴，二要结合超常儿童教育的特殊性，制定专门的绩效激励政策，工资福利以绩效为依据，对于教学效果显著的教师还可以给予一定的额外物质奖励。精神激励和保障方面，其一，要重视超常儿童教育教师成就感的获得、自我价值的实现等高层次需求，激发教师的内在工作动机。在规范教学的基础上，给予超常儿童教育教师更大的探索空间，允许超常儿童教育教师使用多样化的教学手段、开发多元的课程，尊重教师的教育教学自主权，激发超常儿童教育教师的创造性。其二，也可以借鉴俄罗斯的做法，开展全国性的超常儿童教育教师职业技能大赛，对在超常儿童教育方面获得成果的教师进行激励和表彰。此外，构建开放、包容的学校文化也非常重要，超常儿童的学习和个性发展差异非常大，需要教师创建安全、包容的学习环境，并提供具有挑战性的课程，因此，学校也必须构建相应的支持体系，营造轻松和谐的组织气氛，在教师感到任务重、挑战大、压力大时提供心理疏导。

超常儿童经过基础教育阶段的早期培养之后，如何能够顺利、有效地进入高等教育阶段并获得恰如其分的教育是世界多国长期进行探索与实践的一项重要课题。本章将通过梳理我国超常儿童进入高等教育的主要路径，全面介绍超常儿童进入高等教育的基本模式，分析当前超常儿童进入高等教育的影响因素，同时充分吸收借鉴国内外超常儿童选拔与培养实践的有益经验，在此基础上提出适合我国国情的超常儿童贯通培养的政策建议。

一、超常儿童进入高等教育的实践探索

（一）超常儿童进入高等教育的主要路径

虽然时至今日，我国仍未建立起专门针对超常儿童的教育制度，但事实上，自改革开放以来，以 1978 年中科大创建少年班为标志，高等教育领域便率先开启了招收超常儿童进行培养的探索。此后，虽然少年班的培养形式备受社会争议，但其始终在曲折中前行并延续至今。从这个意义上讲，我国的超常儿童培养发端于高等教育毋庸置疑。总的来说，少年班实质上是一种为理科智力超常的青少年所提供的大学教育，其创办目的在于使这些智力超常的少年能够早日脱颖而出，并且探索早出人才、出好人才的教育规律（叶俊飞，2014）。少年班的出现开创了我国高等教育人才选拔与培养的新形式，这项被誉为探索

具有中国特色超常教育的成功路径（李陈续，2008）的重要举措，历经四十余年的发展，取得了不菲的成就。

除少年班以外，我国在不同历史时期根据建设和发展的需要在高等教育领域先后推出了多个以"培养拔尖创新人才"为主旨的建设项目。例如，1992年国家教委下发《关于建设国家理科基础科学研究和教学人才培养基地的意见》，先后分五批建立了 106 个"国家理科基础科学研究和教学人才培养基地"，并采用"多样化招生"（叶俊飞，2014）的形式遴选出有扎实学科背景或有特长、有兴趣的学生进入基地班学习；2018 年，教育部在 2009 年"基础学科拔尖学生培养试验计划"的基础上联合六部门发布《关于实施基础学科拔尖学生培养计划 2.0 的意见》（该计划简称拔尖计划 2.0），在 77 所高校遴选出 288 个基地进行建设，鼓励各基地强化自主招生，创新遴选方式和评价标准，加强对各类偏才、怪才等学生的全面考察，真正发现志向远大、学术潜力大、综合能力强、心理素质好的优秀学生[①]；2020 年，教育部出台《关于在部分高校开展基础学科招生改革试点工作的意见》（该计划又称强基计划），至今共遴选出 39 所"一流大学"建设高校开展试点，其选拔对象涵盖两类群体，主体是高考成绩优异的学生和少数在某个领域具有突出才能的"偏才怪才"[②]。

上述不同历史时期国家推出的各种拔尖创新人才培养举措均可归为"人才培养特区"项目，虽然这些项目并未明确针对超常儿童设计，但其招收对象、招生形式、选拔机制和培养方式等方面均显示出与超常儿童培养的较高契合度，在具体的培养实践中这些改革项目无一例外均充分体现出"小规模、高投入、个性化、高质量、重改革"的特征。因此，从一定意义上说，"人才培养特区"项目的实施为超常儿童进入高等教育阶段提供了有利的条件、机会和可能，成为少年班以外超常儿童进入高等教育的主要路径，并在客观上形成了具有中国特色的超常儿童发展与拔尖创新人才培养深度融合的模式和特征。

---

① 参见 http://www.moe.gov.cn/srcsite/A08/s7056/201908/t20190829_396466.html。

② 参见 http://www.moe.gov.cn/jyb_xwfb/moe_2082/zl_2020n/2020_zl04/202001/t20200115_415644.html。

（二）超常儿童进入高等教育的基本模式

一般说来，超常儿童通常是具有创新潜质的，虽然他们并非一定是创新人才，但可以将超常儿童视为拔尖创新人才的主要来源之一和重要组成部分，这也是本节论述的基础和起点。根据前文所述，我国高等教育对拔尖创新人才的培养主要依托国家各类"人才培养特区"项目来实现，那么作为具有拔尖创新人才潜质的超常儿童如何通过这些项目顺利进入高等教育就成为目前需要探讨的基本问题。从当前各项目实施的具体情况来看，可以将超常儿童进入高等教育的路径大体上分为两种模式，即提前进入模式和常态进入模式。

1. 提前进入模式

提前进入模式主要是指超常儿童在尚未完成基础教育阶段所规定的修业年限的前提下，由于其智力水平出众、自身学业发展水平已基本达到国家规定的高等学校招生标准要求，在通过一系列规范化考核评价程序后被录取提前进入高等教育阶段学习的模式。这种模式是高等教育面向中等教育低年级学生招生的一种特有方式，其最显著的特征是"低龄化"。从目前各类国家项目和少数高校专门针对拔尖创新人才培养实施的计划来看，提前进入模式主要通过少年班和英才班（领军、卓越计划）两种路径得以实现。

（1）少年班

如前文所述，目前我国高校中只有中科大、西安交大和东南大学举办少年班，具体办学情况如表 9.1 所示。

表 9.1　我国高校少年班办学基本情况

	中科大	西安交大	东南大学
名称	少年班学院：下设少年班、创新试点班①	少年班	少年班

---

① 中科大少年班于 2008 年更名为少年班学院，包括少年班、零零班和创新试点班。其中，零零班不属于提前进入模式，因此在本部分未列出。

续表

	中科大	西安交大	东南大学
起始时间	1978 年、2010 年	1985 年	1985 年
招生对象	学习成绩优秀、创新潜力突出	智力超常、德智体美劳全面发展、身心健康	成绩优异、智力出众、具有专才和特长、身体健康、具有良好的心理素质和较强的生活自理能力
招生人数	约 200 人，其中少年班 50 人、创新试点班 150 人（另：零零班 100 人）	200 人左右	吴健雄学院和网络空间安全学院各 5 人以下
年龄要求	2006 年，少年班招生年龄放宽至 16 周岁高二（含）以下学生；2010 年，创新试点班招生年龄放宽至 17 周岁高二（含）以下学生	2004 年起，招生对象固定为 15 周岁以下的初三应届毕业生	15 周岁以下在校高二（含）以下的理科学生
选拔方式	高考初选和有针对性的复试、面试相结合	学校自主命题，"一考免三考"政策，"两阶段六模块"招生	参加高考，按照高考成绩 70%+ 校测成绩 30% 的综合成绩录取
培养阶段	本科	"2+4+2"的"预-本-硕"贯通培养	本科
培养特点	宽口径通识教育和个性化教育结合；"1+1+2"模式	"预科+基础通识+宽口径专业+创新能力"培养模式	—

	中科大	西安交大	东南大学
中高衔接	—	在西安交通大学附属中学、江苏省苏州中学、天津市南开中学、浙江省杭州高级中学四所中学开设预科基地	—
社会贡献	截至 2018 年，少年班学院共培育了 4140 名毕业生，其中，少年班毕业生 1589 人（朱芬，孔燕，2020）	32 年来，少年班培养了毕业生 1113 人（王妍，冯国娟，杨森，2018）	—

根据目前三所高校少年班招生情况比较发现：

年龄限制方面，西安交大和东南大学均要求学生在 15 周岁以下，区别在于西安交大要求学生为初三应届学生，而东南大学则放宽到高二（含）以下学生；相比之下，中科大的年龄要求相对较为宽松，少年班和创新试点班分别为 16 周岁和 17 周岁以下学生。

选拔方式方面，西安交大是唯一可以自主命题的高校。该校推出"一考免三考"政策，即考取少年班的学生可以免去中考、高考，如成绩合格者还可以免去研究生入学考这"三大考试"，以此强化贯通培养；而其他两所高校则均要求学生的高考成绩达到规定分数线并通过学校组织的相应测试。

招生规模方面，中科大和西安交大招生规模基本在 200 人左右，而东南大学少年班每年只招收不到 10 人。

中高衔接方面，西安交大是目前唯一实现大学和高中教育有效衔接的高校。在预科两年教育中，西安交大少年班的学生第一年被委托给四所合作的中学培养，第二年起在大学培养，实现高中基础教育课程与大学本科低年级课程有机融合。

（2）英才班（领军、卓越计划）

英才班（领军、卓越计划）是近几年推出的数学或物理学科方面有特长的超常儿童提前进入高等教育阶段学习的一类新型的招生培养形式，目前只在清华和北大开办。具体办学情况如表9.2所示。

表9.2　我国部分高校英才班（领军、卓越计划）办学基本情况

	清华英才班	清华领军计划	北大英才班	北大卓越计划
起始时间	2018年	2021年	2018年	2022年
招生对象	高三应届毕业生和高二在读生	国内：从初三到高三的学生；本科新生可以申请海外：九到十二年级	普通高二在校生	国内：从初三到高三的学生海外：九到十二年级或具有同等学力的学生
主要面向	数学特长生	数学特长生	数学特长生	物理特长生
招生计划	不超过30人	不超过100人	不超过30人	不超过100人
招生特别要求	无	无	全国中学生数学奥林匹克竞赛(决赛)一等奖获得者；有数学特长，并在国内外数学专业相关学习实践活动中取得优异成绩者	通过"物理卓越营"综合评价
高考要求	高考成绩须达到当地本科一批次录取控制线	无	高考成绩须达到当地本科一批次录取控制线	无
招生专业	数学与应用数学（本科阶段不得转专业）	数学与应用数学（八年制，不得转专业）	数学类（本科阶段不得转专业）	物理学类（本科阶段不得转专业）

续表

	清华英才班	清华领军计划	北大英才班	北大卓越计划
预科培养	无	春季入校，预科培养考查其是否能适应大学生活	无	无
培养阶段	本科	"3+2+3"本硕博一体化培养	本科	"3+X"本博衔接培养模式
培养模式	求真书院，个性化培养方案，实施双导师制、书院制	求真书院	数学学院	物理学院，单独编班，小班制和导师制

　　根据目前上述两所高校英才班（领军、卓越计划）招生情况的比较发现其有以下特点。

　　年龄限制方面，清华领军计划和北大卓越计划将招生年龄直接向前延伸到初三年级，并且涵盖了初三至高三共四个年级段，与英才班相比，年龄跨度更大，年龄条件更宽，低龄特征更明显。

　　选拔方式方面，清华领军计划和北大卓越计划招生均无高考要求，完全由两校自主选拔；相比而言，两校英才班均要求学生参加高考。

　　招生规模方面，清华领军计划和北大卓越计划招生规模均为100人以内，而两校英才班规模则在30人以内。

　　招生专业方面，除北大卓越计划招收物理专业学生之外，其他三项计划均招收数学专业学生。因此，从体量上看，数学专业招生规模相对更大。

　　贯通培养方面，清华领军计划和北大卓越计划均设计了一体化贯通培养方案，而两校英才班则以本科教育为主。

　　总的来说，作为当前我国高校为超常儿童提前进入高等教育阶段学习提供的两种主要途径，少年班和英才班（领军、卓越计划）无论从年龄（年级）标准、招生对象、考核要求等方面都有很多相似之处，但在某些具体规定和细节安排上也存在一定的差异。

入学门槛方面，高考是我国高等教育一直沿用至今用于选拔人才的一种基本形式。从现有情况来看，目前只有西安交大少年班和清华领军计划、北大卓越计划在招生方面有较大突破，不要求学生参加高考，完全通过学校自主设计的考核评价程序完成招生工作。

学生来源方面，除了招收本国学生外，清华领军计划和北大卓越计划在招生对象中还明确了可面向海外招收九到十二年级学生，其中包括港澳台学生、国际学生，以及实际在境外就读的中国籍学生，这在一定程度上进一步拓展了优质生源，表现出更大的开放性。

专业定向方面，很明显，英才班（领军、卓越计划）对特长学生采用的是专业定向的选拔方式，而且方向明确在数学或物理专业，二者均为纯理科专业，这也充分体现出两所学校在基础学科拔尖人才培养方面做出的制度安排。此外，英才班（领军、卓越计划）还进一步强调了本科阶段学生不得转专业，清华领军计划则更进一步强调"3+2+3"阶段学习期间不得转入其他专业的要求。相比之下，少年班对学生的要求更为宽松，招生方向总体上定位在理工类专业，学生入校经过基础阶段培养后在专业选择上有较大的自由度。

贯通培养方面，西安交大少年班和清华领军计划、北大卓越计划均有比较完善的一体化贯通培养方案，为超常儿童培养提供了重要的机制保障。不仅如此，在贯通培养方案设计中，三校都在一定程度上缩短了修业年限，为超常儿童加速成长提供了特别通道。

预科教育方面，目前只有西安交大少年班和清华领军计划实施预科教育，但两校之间的培养计划存在较大差异。如前文所述，西安交大实施两年预科教育，第一年委托四所中学培养，第二年起在大学培养，主要目的是实现高中基础教育课程与大学本科低年级课程的有机融合。清华领军计划则要求学生于春季学期到校接受预科培养。预科期间将考查学生对大学学习的适应能力，考查合格方可办理录取手续。

2. 常态进入模式

常态进入模式主要是指超常儿童在正常完成中等教育阶段所规定的修业年限前提下，在通过一系列规范化考核评价程序后被高等学校各类"人才培养特区"项目录取进入高等教育阶段学习的模式。从这个意义上讲，此种模式不具备"低龄化"特征。当前，从各类国家项目来看，常态进入模式主要通过拔尖计划 2.0 和强基计划两种路径实现。具体情况如表 9.3 所示。

表 9.3　拔尖计划 2.0 和强基计划基本情况

	拔尖计划 2.0	强基计划
起始时间	2009 年	2020 年
培养目标	选拔培养一批基础学科拔尖人才，着力培养未来杰出的自然科学家、社会科学家和医学科学家	选拔培养有志于服务国家重大战略需求且综合素质优秀或基础学科拔尖的学生
准入门槛	个性方案，大多以入校新生为主进行选拔	高考成绩、高校综合考核结果及综合素质评价情况
学科专业	2009 年在数学、物理、化学、生物和计算机科学 5 个学科试点；2018 年新增天文学、地理科学、大气科学、海洋科学、地球物理学、地质学、心理学、基础医学、哲学、经济学、中国语言文学、历史学等学科	数学、物理、化学、信息学、生物及历史、哲学、古文字学等
培养模式	—	本硕博衔接（原则上不得转到相关学科之外的专业）
覆盖高校	77 所高校 288 个基地	39 所试点高校
培养规模	每个基地每年的招生人数原则上不超过 20 人（共 288×20=5760 人）	2020 年：136 万人中招 6090 人 2021 年：187 万人中招 6090 人
社会贡献	已培养人才 1 万多名，毕业生 6600 多人	—

总的来看，提前进入模式和常态进入模式是目前我国超常儿童进入高等教育阶段学习的两条基本路径。相较而言，提前进入模式中的少年班在我国起步较早，在培养超常儿童方面积累了较为丰富的经验，其高等教育人才培养模式改革历经几十年的探索，始终坚持求新求变，产生了较大的社会影响力，对我国拔尖创新人才培养做出了积极贡献。提前进入模式在人才选拔上凸显"破格"和"提前进入"的特征，这对于完全有别于同龄组学生的超常儿童而言，

无疑是更加契合他们加速学习、快速成长的重要培养途径。但目前我国能够实施这一培养方式的机构数量很少、培养规模很小，正如表 9.1、表 9.2 所示，每年能够培养的学生大多为 10000 人左右。

从一定意义上说，常态进入模式为超常儿童进入高等教育提供了一条重要的补充路径。常态进入模式同样秉持高标准选拔的人才准入机制，其个性化人才培养方案和管理制度为超常儿童成长尽可能地提供了最大的空间和未来发展的诸多可能。从人才培养的体量上讲，拔尖计划 2.0、强基计划每年的人才培养规模约为万人左右，从国家相关政策的发展趋势看，未来还有进一步拓展的可能。常态进入模式美中不足的是，学生需要按部就班地完成基础教育阶段的学业，因此对超常儿童而言缺乏必要的灵活性。

二、超常儿童进入高等教育的影响因素

（一）体量因素：规模和机会

从目前的情况来看，超常儿童的规模与高等教育的体量之间似乎存在着矛盾，而这个矛盾是建立在"超常儿童需要高等学校提供与众不同的教育"这一假设之上的。正如前文所述，按照这一假设，目前无论是提前进入模式还是常态进入模式，都无法从根本上解决庞大的超常儿童群体及时、顺利进入高等教育的问题，而在特别契合超常儿童培养的提前进入模式上，高等教育所能提供的学习机会相对于这个庞大群体而言无疑是杯水车薪。

换言之，绝大多数超常儿童目前只能在"人才培养特区"项目之外接受具有更普遍意义的高等教育，那么超常儿童的特质和潜能与传统高等教育的培养模式之间就可能会产生矛盾：一方面，超常儿童的成长需求无法得到满足，由此会造成人才资源的巨大浪费；另一方面，为超常儿童提供不适切的高等教育可能会带来高等教育资源的结构性浪费。

（二）年龄因素：什么年龄合适？

超常儿童通常在什么年龄阶段接受高等教育比较合适？这是一个难解的问题，但也可以试图从我国办学历史最悠久的少年班中寻找答案。从中科大少年班目前的招生要求来看，入学年龄已放宽至 16 周岁高二（含）以下学生，创新试点班年龄放宽至 17 周岁高二（含）以下学生。针对超常儿童是否适合提早进入高等学校，中科大少年班学院原院长的陈旸认为不应提倡学生年纪越小越好。可见，如果从儿童的智力水平和身心发展水平等要素进行权衡，超常儿童大多并不适合在较小年龄阶段进入大学学习。但是从目前西安交大和东南大学少年班的招生来看，两校均已经将招生年龄下延至 15 周岁以下。同时，清华领军计划和北大卓越计划也开始了学生低龄化的探索，2021 年清华领军计划首届录取的新生中就有 14 岁特招的初三学生。面对这些"低龄化"的学生，清华领军计划和西安交大少年班均开展了预科教育，两校的预科教育虽然在培养年限、依托机构、培养形式、内容等方面存在较大差异，但都在一定程度上对这些低龄学生进入高校学习可能产生的不适应起到了缓冲作用。对于少年儿童究竟什么年龄接受高等教育比较合适，目前虽不能妄下结论，但可以明确的一点是，需以青少年的身心发展水平和社会交往能力能够适应大学学习生活为基本前提，并对其心理健康状况给予持续关注。

（三）准入因素：高考还是破格？

就目前各类"人才培养特区"项目的选拔操作来看，虽然高考并不是人才选拔的唯一途径，但"高考成绩"作为一个硬性条件在招生过程中仍然发挥举足轻重的作用。上述的各类人才项目中只有西安交大少年班、清华领军计划、北大卓越计划实现了完全的自主招生，这类学校的选拔工作主要通过校考统一命题及相关各类笔试、面试、体测等程序完成，高校享有充分的自主权。高考成绩是否能作为选拔超常儿童的重要依据，学界存在争议。特殊教育专家李彩云认为，超常儿童的界定本身就是模糊的，对超常儿童的全面衡量非常困难。现在的选拔办法基本是笔试和面试，即便如此，也很难鉴别和选拔超常儿童，很多有潜力的孩子通不过最初的考试，而能够通过考试的也未必都是超常儿童（王春，陈敬农，2001）。同时，来自经合组织的一项研究表明，成绩显著低下的超常儿童的比例可能至少在10%到40%之间，一些研究发现这一比例可能更高。这表明，相当数量的超常儿童没有充分发挥他们的潜力，最终可能在学校失败（Rutigliano, Quarshie, 2021）。换句话说，高考虽然是目前国家在人才选拔中能够体现公平和效率的最优方式，但在一定程度上可能成为超常儿童上升通道中的一个阻碍因素。

（四）专业因素：开放与限定

超常儿童个体在成长过程中逐渐对某一学科表现出浓厚兴趣或在某一（些）方面具有特别的天赋和潜能是一种常规现象。通常情况下，这种兴趣或潜质通过特殊教育的补给是可持续发展的，但同时也不排除部分学生中途可能会发生兴趣转移。所以从一定程度上讲，学生自身未来的发展走向在青少年时期存在较大的不确定性。从目前的"人才培养特区"项目来看，少年班模式总体上将招生限定在理工类专业，除东南大学少年班外，其他两校少年班学生入学时均单独编班，而且并未细化到具体的学科专业，学生通常可以根据前两年的基础性学习增进对相关学科专业的了解，然后再明确专业方向，因此这种模式下学生有充分的发展空间和较大的选择余地，灵活度相对较高。而英才班（领军、卓越计划）则显然不同，这种模式主要以为国家培养基础学科相关专业的拔尖领军人才为首要目标，定位非常明确，因此无论是清华的英才班、领军计划还是北大的英才班、卓越计划，都直接确定了专业面向，并明确规定学生入校后不得转专业，所以从这个角度上讲，英才班（领军、卓越计划）这一类型更适合对科学研究有远大理想抱负、有志在数学（或物理）方面有所成就的学生。因此，不同高校不同项目的招生面向决定了对学生的取舍，而学生对个人未来发展规划的设计在一定程度上决定了他们对高校的取舍。

（五）安置因素：集中或融合

与开放或限定专业相伴随的还有学生入学后的培养模式可能造成的影响，比如，"集中还是融合培养对学生发展更有益"就是我们需要面临的一个新问题。"人才培养特区"项目中，少年班运行的机制是前两年学生在专设机构中统一进行培养，随后根据他们个人选定的专业进行分流。例如，中科大少年班的学生入学后不分学院和专业，先进行一年的数理基础课教育，打实基础，第二年再进入各学院学习，第三年则在学院内自主选择专业，进入专业学习阶段。这一模式充分体现了该校"宽口径、个性化"的人才培养特征，呈现出先集中后融合的特点。相比之下，英才班（领军、卓越计划）因对学生入学后的专业有所限定，因此专职培养机构也基本限定在相应的学院，体现出高度集中的特点。

此外，在常态进入模式中，各高校在拔尖计划 2.0、强基计划的培养机制上也有所不同。以清华为例，该校在 2009 年推出清华学堂人才培养试验计划（简称学堂计划），在数学、物理、化学、生物、计算机和力学等基础学科探索拔尖创新人才培养。学堂计划作为"人才培养特区"，以各类实验班为载体，集中培养的特征凸显，主要通过大胆探索新的教育模式带动整体人才培养质量的提高。学堂计划注重因材施教，针对学生的特长和发展方向制定和实施个性化培养方案，力求小班化和多样化；建立科学的遴选机制，实行开放式动态进出机制和自由选择机制（佚名，2019）。2021 年，学堂计划已有数学班、叶企孙物理班、化学班、生命科学班、计算机科学实验班、钱学森力学班、人工智能班、世界文学与文化实验班、哲学班、量子信息班 10 个班，在校生 700 余人（杨飒，2021）。同期，国内多所高校陆续开展拔尖创新人才培养体制机制的改革探索，并成立了各具特色的"特区式"学院，如北大元培学院、浙江大学竺可桢学院、复旦大学复旦学院、南京大学匡亚明学院、华中科技大学启明学院、四川大学吴玉章学院、上海交通大学致远学院、南开大学伯苓学院等。在强基计划方面，清华则根据培养要求对人才培养体系进行整合设计，创设了致理、日新、未央、探微、行健五个书院。书院和相关院系共同负责学生培养工作，落实以通识教育为基础、通专融合的教育体系，践行"宽口径、厚基础、重交叉"的培养理念。新设立的五个书院没有自己的学科和专任教师，书院的根本任务就是以学生为中心、切实提高人才培养的成效（邱勇，2020）。这一模式呈现出集中与融合相结合的特点。以上各种安置类型主要根据人才培养目标来设计，从现实需要出发采用集中或融合式安置，二者各有优势和特色，也并不完全割裂，从当前我国高等教育以"宽口径、厚基础"为基本特征的人才培养模式改革情况来看，构建灵活多样的基层教学组织形式已成为基本趋势。

三、超常儿童贯通培养的政策建议

在国家大力培养拔尖创新人才的时代背景下，如何在政策设计上更有效地保障超常儿童得到公平的教育机会，如何更充分地开发、利用好这一宝贵而特殊的人才资源，是我们当前面临的一项新的课题。通过前文的分析，可以从以下几个方面着手进行政策设计，为超常儿童培养开辟更广阔的空间。

（一）从国家政策或立法层面构建超常儿童教育体系

在全纳教育已被国际社会普遍认可和践行的时代背景下，如何确保我们的教育制度的设计和教育计划的实施考虑到超常儿童特性和需要的广泛差异（赵中建，2005），是我们迫切需要解决的现实问题。我国的超常儿童教育长期在摸索中前行，历经几十年的发展依然存在着诸多问题，突出表现在对超常儿童教育的认识存在争议、超常儿童教育体系不完善、拔尖创新人才培养项目受众面小、超常儿童教育的规模小、超常儿童教育支持系统薄弱、教师专业素养不高（程黎 等，2019）等。由于国家缺乏明确的政策支持及相关的法规保障，当前我国的超常儿童教育政策存在的一个突出问题是，政策体系不完整，缺乏系统设计和整体思维，多为一些具体的项目（如"珠峰项目"），比较随意、零散，甚至比较急功近利，重拔尖、轻培养（褚宏启，2012）。可见，从国家政策和立法层面构建完备的超常儿童教育培养体系已经成为当务之急。综观国际社会，近年来越来越多的国家开始以立法的形式加强超常儿童教育，从而实现战略性的人才开发。

2018年12月中共中央、国务院印发的《中国教育现代化2035》明确提出，要探索发现与培养具有特殊才能和潜质学生的机制，为创新人才培养和成长提供更加有利的环境。基于此，有学者提出，拔尖创新人才培养是一个链条，要从学前教育抓起，并延伸到整个高等教育阶段。围绕拔尖创新人才培养，许多中小学和高校进行了探索，但总体而言，没有真正形成合力。建议从国家层面进行系统设计，打通基础教育和高等教育的壁垒，注重在招生、课程、教学、评价等各方面更好地衔接，让拔尖创新人才培养前后接续，避免半途而止（唐琪，2021）。2022 年两会期间，有多名人大代表联名提议尽快出台"拔尖创新人才教育促进法"，建议从实际出发，以小切口立法促进面向超常儿童的拔尖创新人才教育发展，并从拔尖创新人才教育的地位、教育主体的确立、人才培养过程、选拔评价机制等方面展开制度设计，为拔尖创新人才教育政策制定和实践推进提供依据和保障。总之，通过国家政策和立法的形式从基础教育到高等教育阶段进行整体、贯通的制度设计和一体化的安排，是解决上述现实问题的重要基础和先决条件。

（二）实行多样化的高等教育准入制度

正如前文所述，高考是长期以来我国一直沿用的在高等教育阶段选拔人才的最公平和最有效率的制度，但对超常儿童而言这一制度可能会成为其成长阻碍。曾有学者提出，拔尖创新人才在早期、前期的选拔和培养过程中就应受到高度重视，特别是要建立和健全拔尖创新人才选拔和培养的"绿色通道"，而且这种"绿色通道"必须是系统化的（卢晓中，2021）。因此，对于超常儿童而言，如何在现有的高考制度下系统设计并提供有利于其发展的绿色通道是至关重要的一环。

从国际经验上看，近十年间超常儿童教育取得飞速发展的苏格兰，在全纳教育背景和相关法律政策的支撑下对学生的大学入学考试进行了相应改革。所有学生都要参加当地统一的大学入学考试，考虑到某些领域超常儿童可能会在统一的考试中被埋没，皇家督学、地方教育部门以及高中的评估都是学生是否能进入大学深造的重要参考依据（程黎 等，2019）。在苏格兰，真正的教育公平是差异化的而非均等化的这一观点逐渐深入人心。正是由于建立了这样一套富有弹性的入学制度，苏格兰可以为超常儿童顺利进入高等教育提供更有利的机会和可能。日本对于在特定领域具有罕见才能的学生，作为教育上的例外措施，承认其具有大学入学资格。接受这些学生提前入学的大学至少应该满足的条件有：在数学、物理等领域设有博士课程，正在进行尖端的教育研究活动，等等。大学选拔学生的方法是根据推荐，多方面地考查学生，而不采用通常的学力考试——因为学力考试会更加激化考试竞争（王怀宇，2009）。

在我国，如何在现有的高考制度框架下进行突破和创新，是解决这一问题的核心。《国家中长期教育改革和发展规划纲要（2010—2020年）》明确提出要推进考试招生制度改革，按照有利于科学选拔人才、促进学生健康发展、维护社会公平的原则，探索招生与考试相对分离的办法，政府宏观管理，专业机构组织实施，学校依法自主招生，学生多次选择，逐步形成分类考试、综合评价、多元录取的考试招生制度。2013年《中共中央关于全面深化改革若干重大问题的决定》更进一步明确了考试招生制度改革的方向。但综观我国目前高等教育招生考试制度改革的实际，"一考定终身"的问题并没有从根本上得到解决。

为超常儿童建立"绿色通道"，需要对现有的高等教育招生考试制度有所突破，其实现的主要途径有二。

一是稳步推进高校招生自主权改革，逐步扩大高校自主招生权限，突破高考的制度框架，赋予高校完全的招生自主权。当前，国内只有极个别项目在此方面进行了探索和改革，例如"人才培养特区"项目中的西安交大少年班、清华领军计划、北大卓越计划，这一尝试无疑为高校扩大学生选择范围、选拔具有学科特长和创新潜质的优秀学生提供了有力的保障。此外，通过基础教育阶段层层选拔能够脱颖而出的超常儿童，已经明显表现出在某学科领域异于常人的特质，因此，构建完善的高等教育选拔机制，适当向部分高校放开自主招生权限，赋予高校充分的招生选拔权，为选拔超常儿童另辟蹊径，是适应新时代高等教育高质量发展的现实需要的。

二是在现有的高考制度框架下给予高校部分招生自主权。有学者研究发现，日本、俄罗斯等"考试制"国家的自主招生高校在招生计划、考核形式、组织命题、录取标准等多方面均具备充分或高度的自主招生权，尤其是较大的选拔标准自主决定权，这使这些高校能够依据专业特性、学校特色和社会需求制订科学、灵活、差异的人才测评方式，借助综合多元的招生门槛和严格的招生程序来选拔优秀人才，这就从"入口处"保障了高校的人才培养质量，为高校最大限度地走向卓越奠定了坚实基础（崔海丽，2018）。这些重要举措的最终目标无疑在既定框架下为高校的自主选拔提供了足够的空间和最现实的可能性。我国曾于 2003 年开始进行高校自主招生工作试点，经过十余年的改进、调整和完善，这项改革对于加强高校自主办学等方面发挥了积极作用，但目前这一试点举措已被强基计划取代，这在一定程度上反映出高校的自主招生权限又被收紧。在新一轮考试招生改革背景下，充分学习和借鉴国外部分"考试制"国家自主招生高校的做法，适度放开高校招生自主权，显然是十分必要的，也是时代发展所需。在具体实践过程中，前期可以选取部分高校进行试点，建立面向超常儿童的选拔机制，要求试点高校根据自身办学基础、专业特色等自行设计招生方案并组织实施，同时引入第三方评价机制，对学校每年招生、选拔、培养以及学生的学业发展情况进行即时追踪，并根据相关研究分析做出及时调整。

（三）加快构建中高衔接的立体化培养通道

发达国家较早开始从高等教育着手对超常儿童进行系统的选拔与培养，获得了较为丰富的实践经验。

美国 1979 年成立了第一个由高校发起的甄别和教育基础教育阶段早慧学生的中心——约翰·霍普金斯大学超常儿童教育中心，其使命是"帮助英才腾飞"（Helping Talent Soar），旨在为超常儿童提供测试评估和教育服务。约翰·霍普金斯大学超常儿童教育中心的项目为美国超常儿童的发展提供了更多的可能性和更大的弹性空间，如今美国的多所大学设有超常儿童教育中心，累计惠及了上百万名超常儿童。

在德国，大多数大学为超常儿童提供学习课程，超常儿童在大学听课并参加考试后，所得学分可用于日后申请学位（邓舒，2020）。

近些年来，我国在中高衔接培养拔尖创新人才方面也进行了较为系统的探索和实践，取得了一些有益经验。在国家层面，为切实促进高校优质科技教育资源开发开放，建立高校与中学联合发现和培养青少年科技创新人才的有效方式，中国科学技术协会和教育部自 2013 年开始共同组织实施中学生科技创新后备人才培养计划（简称英才计划）。英才计划旨在选拔一批品学兼优、学有余力的中学生走进大学，在自然科学基础学科领域的著名科学家指导下参加科学研究、学术研讨和科研实践，使中学生感受名师魅力、体验科研过程、激发科学兴趣、提高创新能力、树立科学志向，进而发现一批具有学科特长、创新潜质的优秀中学生，促进中学教育与大学教育相衔接，建立高校与中学联合发现和培养青少年科技创新人才的有效模式，为青少年科技创新人才不断涌现和成长营造良好的社会氛围。该计划涉及的专业有数学、物理、化学、生物和计算机。2018 年 10 月，英才计划被纳入拔尖计划 2.0。经过近十年的不断探索，英才计划培育了科技后备人才，搭建了科教融合协同育人的平台，探索出各具特色的培养模式，形成了上下联动、多方协同的工作机制，汇聚了高质量的培养队伍，建立了科技创新后备人才培养阵地。该计划的培养周期为一年，主要面向高一、高二学生，截至 2019 年 2 月，已累计培养 3000 余名品学兼优、具有创新精神的优秀中学生，随着计划不断深入推进，至 2023 年该计划招生规模将达到 1700 名。

国内一些省市或学校也积极开展中高衔接创新人才培养的探索实验。例如，北京市于 2008 年开始实施"翱翔计划"，该计划主要面向全市学有余力、对研究有兴趣、有创新潜力的高中学生，为他们提供在常规学校教育之外适合其成长需求的教育，通过学校与社会资源的横向整合、高中与高校资源的纵向衔接，实现丰富的、持续的优质资源供给，让学生在真实的研究情境中研究真实的问题，通过协同培养、深度体验，让学生在科学家身边成长（方中雄，2013）。这项由北京市教委重点资助的旨在在青少年中培养拔尖创新人才的项目自运行以来，在创新人才培养的体制机制、人才培养的有效路径与模式、推进中学大学有机衔接等方面进行了卓有成效的探索，在社会上取得积极反响。

创建于 2021 年的深圳零一学院，传承于清华钱学森力学班十二年的探索实践，以探索全球顶尖创新人才的培养范式为使命，面向更广泛的青少年学生群体开展拔尖创新人才培养。深圳零一学院贯通到中学阶段，选拔的学生来自拔尖创新培养基地中学、联盟中学及全国优秀中学生，还包括部分国内外知名高校的大学生。学院依据学生基础，采用进阶式研究学习体系，进行沉浸式科学研究项目实践，帮助更多学子更早获得跨学科思考能力、判断力、合作及领导力、批判性思维等，通过与学生相适应的个性化问题的牵引，帮助学生逐步成长。通过创新人才的"三大要素"——"问题 / 机遇""学生 / 激情""导师／机制"的汇集、碰撞，帮助学生们在头脑风暴、动手实践、团队协作中掌握未来社会所需的人才必备技能，逐渐塑造学生的核心竞争力，让每个人都成为在"五维"（内生动力、开放性、勇气和毅力、智慧、领导力）基础上超越"五维"的创新人才。

这些有益的探索和成功的经验为我国实施超常儿童贯通培养提供了丰富的思路，但目前从全国范围内看，关于超常儿童的贯通培养仍然是零散的、自发的，各地区、各学段的超常儿童教育割裂，导致超常儿童教育处于支离破碎、散兵游勇、自生自灭的状态（朱永新，褚宏启，2021）。针对当前我国拔尖创新人才培养机制存在的问题，有学者认为，高中阶段学校在拔尖创新人才选拔和培养方面能力不足，高中与高校在拔尖创新人才联合培养方面合作不够，虽然有一些合作培养项目，但是由于这些项目不能让高中生在升学方面获取优势，项目的效果有待进一步评估（朱永新，褚宏启，2021）。总的来看，如何从青少年早期开始着手进行拔尖创新人才的选拔与培养，目前国内尚处于探索的萌芽期，虽然取得了一些好的经验，但如何能够将其纳入已有教育体系当中并形成一套完整有效的机制仍需进一步探索与完善。

《国家中长期教育改革和发展规划纲要（2010—2020 年）》明确提出要开展拔尖创新人才培养改革试点。要探索贯穿各级各类教育的创新人才培养途径；鼓励高等学校联合培养拔尖创新人才；支持有条件的高中与大学、科研院所合作开展创新人才培养研究和试验，建立创新人才培养基地。上述国际经验和国内改革的实践也证明，构建中高有效衔接的超常儿童培养立体化通道已经刻不容缓。可以探索实施的主要举措包括：一是以区域为中心全面整合社会教育资源，为超常儿童提供更多在科学家指导下进行实验探究、亲历科研实践过程、完成研究性学习任务的机会，全方位拓展学生视野；二是鼓励高水平大学与中学联合开展超常儿童教育，合作开设课程，不断创新人才培养模式，为超常儿童提供更多适合其智力发展水平的教育机会；三是构建完善的超常儿童教育培养体系，这将有利于促进形成中高衔接的有效机制，既可以全力推进高校开展早期培养，又可以通过建立超常儿童档案，进行全过程成长记录，为高校选拔人才提供重要依据，在高校进行自主招生选拔时起到重要的参考作用，从而进一步弱化高考分数带来的影响。

（四）持续深化高等教育供给侧改革

提供高质量、个性化的高等教育既是培养拔尖创新人才的基础，也是新发展理念下解决高等教育深层次问题的重要突破口。在加快推进教育现代化的新形势下，高等教育需不断创新教育服务供给方式，面向学习者个性化、多样化的学习和发展需求，不断完善教育体系，创新体制机制，充分运用新技术、新机制、新模式，努力使不同性格禀赋、不同兴趣特长、不同素质潜力的学生都接受符合自己成长需要的教育，这也是高等教育为适应社会发展和时代要求所必须做出的回应。

目前的"人才培养特区"项目虽然已经取得一些可喜的成就，但在实际运行中仍存在一些亟待解决的问题。例如，每年只有万余人的培养规模明显过小，无法满足庞大的超常儿童群体的发展需求；由于项目制的约束，高等学校自身蕴含的强大活力未能得到充分有效的释放；等等。当前，高等教育的改革正逐步走入深水区，由于拔尖创新人才培养具有培养对象的独特性、培养目标的卓越性和培养模式的挑战性（张建红，2021）特征，其对高等学校人才培养理念更新、机制革新、模式创新提出了新的更高的要求。从国家政策层面需要积极鼓励更多的高校参与到这项改革实践中来，大胆鼓励创新，及时总结成功经验，逐步形成以点带面的格局，持续探索具有中国特色的拔尖创新人才培养路径，为实现拔尖创新人才"大规模的个性化"培养打下坚实基础。

在拓展和提升拔尖创新人才培养能力的同时，构建灵活高效的教学管理运行机制也是供给侧改革的核心内容之一。以美国为例，高中阶段学生可以选修大学预修课程（PRE-AP）和大学先修课程（AP）。所谓大学先修课程就是让超常儿童在高中阶段提前修习相当于大学水平的课程，如果能通过全国统一的选修课程考试，可获得大学学分，几乎所有的公立大学和大部分私立大学都承认这些学分（王怀宇，2009）。这些措施充分体现出美国在超常儿童贯通培养方面具有的高度灵活性，可见，构建中高衔接的超常儿童立体化培养通道、实现高等教育的前置培养等对于当前我国高校的教学管理运行机制而言也是一项新的挑战。

（五）适度放开专业限定，促进人才多样化培养

在现有的制度框架下，由于目前的"人才培养特区"项目大多数对招生对象有专业定向要求，这对于超常儿童进入高等教育会带来一定的阻碍。从人才培养的客观规律和现代科学发展的总体趋势来看，较早的专业限定无疑与"厚基础、宽口径"的人才培养理念存在一定的矛盾。因此，国家层面的制度设计，需要在充分满足国家基础学科拔尖创新人才培养特定需求的同时兼顾个体需求，通过构建形式多样的人才上升通道实现高等教育效益的最大化。换而言之，在上述国家计划项目之外，对于具有更广泛需求、更强烈探知欲的超常儿童而言，构建灵活多样的教学组织形式更契合他们的基本特征，这就需要"双一流"高校加快人才培养模式改革的步伐，以新发展理念面对新发展阶段带来的现实挑战，大力推进教育教学变革，加快构建灵活高效的人才培养机制，不断扩大辐射面，全方位提升高等教育的供给能力，让更多的超常儿童能够享受到高等教育改革带来的红利。

第十章　超常儿童教育的条件保障

超常儿童教育的条件保障主要涉及三个方面：超常儿童教育的法律与政策保障、超常儿童教育的经费保障和超常儿童教育的专业支持保障。需要回答和解决以下问题：一是超常儿童教育需要哪些政策制度支持，这些支持与现行政策法规有何矛盾与冲突之处，如何调整或重新建构政策制度体系；二是超常儿童教育应该由谁来资助，经费支持的对象是谁，经费支持的标准如何划定；三是超常儿童教育的专业支持体系如何设定和运行，除了常规的科研和教研之外，还有哪些方式可以为超常儿童教育提供专业支持。

一、超常儿童教育的法律与政策保障

依法治教是加快推进教育现代化的时代要求，完备的法律制度是推动超常儿童教育事业发展和开展超常儿童教育的重要条件保障，在国家意志的层面决定着一系列政策的制定和举措的实施。政策是国家大政方针的具体化，超常儿童教育重大政策安排在议事日程的意义上决定着相关制度的完善和人财物等资源的有效配置，是超常儿童教育得以切实开展的重要推动力。而且，从超常儿童教育的全过程来看，政策保障涉及其中的各个环节和各个方面。但是，已有相关政策和法规的内容对于超常儿童及其教育而言可以说是"似有似无"，没有明文规定，这在根本上制约着超常儿童教育。因而，超常儿童教育首要的条件保障突破点就在于尽快制定和完善相应的政策和法律法规，为事业的发展和一系列工作的开展提供法律遵循和政策根据。

（一）分步完善超常儿童教育法律法规

在法理学上，法律的规范作用通常被称为"法律的功能"。法律的规范作用根据其具体对象、主体范围和方式的不同，可以分为指引作用、评价作用、预测作用、强制作用和教育作用。对于超常儿童教育的全过程来说，作为条件保障意义上的法律法规，其核心就在于上述主要功能的有效发挥。

在我国现行法律体系和教育法律规范当中，没有专门的超常儿童教育法。在受教育者范畴上应该包含超常儿童的法律法规，如《中华人民共和国义务教育法》《中华人民共和国家庭教育促进法》《中华人民共和国未成年人保护法》以及我国缔约的联合国《儿童权利公约》等，均没有对超常儿童及其教育做专门的规定，只有部分条款的内容在一定程度上涉及了超常儿童及其培养教育。

《中华人民共和国宪法》第四十六条所确立的公民受教育权规定了超常儿童教育的最高合法性。《中华人民共和国教育法》第四条明确规定："教育是社会主义现代化建设的基础，对提高人民综合素质、促进人的全面发展、增强中华民族创新创造活力、实现中华民族伟大复兴具有决定性意义，国家保障教育事业优先发展。"第九条规定："中华人民共和国公民有受教育的权利和义务。公民不分民族、种族、性别、职业、财产状况、宗教信仰等，依法享有平等的受教育机会。"《中华人民共和国义务教育法》第一章第三条规定："义务教育……为培养有理想、有道德、有文化、有纪律的社会主义建设者和接班人奠定基础。"第三章第十九条规定："县级以上地方人民政府根据需要设置相应的实施特殊教育的学校（班），对视力残疾、听力语言残疾和智力残疾的适龄儿童、少年实施义务教育。特殊教育学校（班）应当具备适应残疾儿童、少年学习、康复、生活特点的场所和设施。普通学校应当接收具有接受普通教育能力的残疾适龄儿童、少年随班就读，并为其学习、康复提供帮助。"第五章第三十四条规定："教育教学工作应当符合教育规律和学生身心发展特点，面向全体学生，……注重培养学生独立思考能力、创新能力和实践能力，促进学生全面发展。"《中华人民共和国家庭教育促进法》将家庭教育规定为"父母或者其他监护人为促进未成年人全面健康成长，对其实施的道德品质、身体素质、生活技能、文化修养、行为习惯等方面的培育、引导和影响"。

所有涉及儿童少年教育培养的法律都没有直接和明确地提出"超常儿童"的教育培养问题，而是将其作为普通教育的对象在基本教育权利的条款中予以包含。《中华人民共和国残疾人教育条例》也没有涉及残疾但在某些方面具有超常能力的儿童少年的教育问题。由全国妇联等部门于 2010 年联合发布并于 2019 年修订的《全国家庭教育指导大纲》在"特殊儿童"的家庭教育指导上，将"智优儿童"作为一个群体明确提出。2010 年的表述为："引导家长深入地了解儿童的潜力与才能，正确全面地评估儿童；从儿童的性格、气质、兴趣和能力等实际出发，因材施教，循序渐进地开发儿童智力、发展儿童特长；坚持德智体全面发展，提高儿童的综合素质；保持头脑清醒，正确对待儿童的荣誉。"2019 年的修订中增加了发展儿童的"外部条件"、进行劳动教育和"引导儿童正确认识自己和他人，鼓励儿童在人群中平等交流与生活"等相关表述。但是，2021 年颁布的《中华人民共和国家庭教育促进法》仍没有提及超常儿童教育问题。

1. 完善现有相关法律条款

上述有关少年儿童教育的既有法律（草案）的内容规定已经构成了比较完整的教育法律体系，直接和超常儿童相关的包括《中华人民共和国学前教育法草案（征求意见稿）》《中华人民共和国义务教育法》《中华人民共和国家庭教育促进法》《中华人民共和国教师法》。基于《中华人民共和国立法法》的规定，法是法律和行政法规以及地方性法规、自治条例和单行条例的总称，法律由全国人民代表大会和全国人民代表大会常务委员会通过一系列的程序设立。行政法规由国务院根据宪法和法律就特定事项制定，通常由国务院法制机构根据国家总体工作部署拟定年度立法计划报国务院审批后按程序制定。地方性法规、自治条例和单行条例、规章，由省、自治区、直辖市的人民代表大会及其常务委员会根据本行政区域的具体情况和实际需要，在不同宪法、法律、行政法规相抵触的前提下按程序制定。

从法律制定的必要性上看，超常儿童属于儿童青少年相关教育法律的自然范畴，也就是说其教育已经适用于既有法律的规定。另外，法律的一个重要作用就是划定底线，保证基本的公平正义。对于超常儿童，既有的法律保障了其基本的受教育权利，在此基础上开展额外的特需性教育对于个体的发展是极其重要的，在因材施教和教育公平的意义上是合情合理的。相关立法虽然不具有十分重要性、紧迫性和优先性，但是从法律的指引、评价、预测和教育等作用上看，以法律相关内容的规定来规范和强化对超常儿童的教育也是教育改革发展、建设高质量教育体系、加快推进教育现代化的时代要求。

因此，要对现有关于儿童青少年的教育法律进行修改，围绕超常儿童教育的定义、对象、主体、责任等关键问题，在相关的章节和条款中进行补充。例如：在《中华人民共和国教育法》第五章"受教育者"第三十九条"国家、社会、学校及其他教育机构应当根据残疾人身心特性和需要实施教育，并为其提供帮助和便利"中增加一款"针对超常儿童，采取多种形式开展必要的教育"。在《中华人民共和国义务教育法》第五章"教育教学"第三十五条第三款"国家鼓励学校和教师采用启发式教育等教育教学方法，提高教育教学质量"中增加"对超常儿童组织开展适应其身心发展的教育教学"。在《中华人民共和国学前教育法草案（征求意见稿）》第二章"学前儿童"第十七条（特别保护）"任何组织或者个人不得组织学前儿童参与商业性活动、竞赛类活动和其他违背学前儿童年龄特点、身心发展规律的活动"中增加"幼儿园要注重对具有超常儿童特征的幼儿进行发展保护和引导"。在《中华人民共和国家庭教育促进法》中明确家庭在超常儿童发现和早期教育引导方面的责任。

2. 纳入特殊教育法的制定中

普通教育和特殊教育构成了整个国民教育的重要类型划分，在法律的制定和实施上，前者已经形成了一个比较完整的体系，后者基本上被等同于1994 年 8 月 23 日发布 2017 年修订的《残疾人教育条例》，其法律依据是《中华人民共和国教育法》和《中华人民共和国残疾人保障法》，旨在保障残疾人受教育的权利，并规定："发展残疾人教育事业，实行普及与提高相结合、以普及为重点的方针，保障义务教育，着重发展职业教育，积极开展学前教育，逐步发展高级中等以上教育。残疾人教育应当提高教育质量，积极推进融合教育，根据残疾人的残疾类别和接受能力，采取普通教育方式或者特殊教育方式，优先采取普通教育方式。"作为一种教育方式，围绕残疾人教育教学活动的开展，条例分别针对学前教育、义务教育和高等教育进行规定，并对特殊教育机构、特殊教育资源教室、特殊教育班、特殊教育资源中心、特殊教育学校等组织形态提出了要求，还对特殊教育课程、教材、条件以及特殊教育教师及其培养的院系和专业设置安排做出了说明。

也就是说，《残疾人教育条例》当中的"特殊教育"是作为一种方式及相应组织和资源的配置与条件保障而服务于残疾人教育的。但是，在我国的教育实践和普遍的观念中，残疾人教育几乎被等同为特殊教育。反过来讲，包括学术界在内的社会各界通常所表述的特殊教育其实质就是残疾人教育，比如在《中国教育统计年鉴》和《中国教育经费统计年鉴》中，"特殊教育"的相关数据就是开展残疾人教育的数据。

从严格的概念意义上讲，特殊教育准确的表述应是针对特殊儿童（有特殊需要儿童），使用特别设计的课程、教材、方法、教学设备和组织形式专门进行的教育。作为教育对象的特殊儿童，应泛指在身心发展或学习、生活方面与普通儿童有显著差异而需要给予区别性特殊服务的儿童，包括超常儿童、学习困难儿童、各种残疾儿童和需要各种特殊服务的非残疾儿童等。由此，准确的特殊教育定义在对象上就必然既包含超常儿童又包含残疾儿童。① 相应地，特殊教育法也需要把超常儿童纳入其中。然而，如前所述的有关特殊教育的法律建设，基本上也是围绕残疾人教育开展的，完全没有体现超常儿童的特殊需要。《中华人民共和国宪法》第四十五条规定"国家和社会帮助安排盲、聋、哑和其他有残疾的公民的劳动、生活和教育"，这构成了残疾人特殊教育法律制定的根本依据。有学者（邓猛，周洪宇，2005）提出应制定"中华人民共和国特殊教育法"。② 另外，从学说和学科的层面看，超常儿童存在于学术研究的范畴，国内外许多的机构和学者进行了大量的研究。比如美国的超常儿童教育协会、我国的中国科学院都对超常儿童进行了长期的系统性研究。在制度建构和政策安排上，很多关于超常儿童教育的研究都建议将其纳入特殊教育体系之中，而不是让其单独作为一个教育类型而存在。

---

① 触犯刑法等法律的未成年人属于有特殊需要的非残疾儿童少年，《中华人民共和国预防未成年人犯罪法》规定应以专门学校对其进行专门教育。

② 此立法倡议也只是从残疾人教育权利的角度提出应制定法律予以保护，而没有从特殊教育对象的类型特征提及超常儿童。

　　因此，基于对立法的可行性的评估，要进行超常儿童教育的立法，一个较为理想的选择就是在现有《残疾人教育条例》的基础上，将超常儿童作为一个特殊儿童类型，并将《残疾人教育条例》上升为"中华人民共和国特殊教育法"。

　　3. 制定专门的超常儿童教育条例

　　放眼世界，区别于对弱势群体和处境不利残障儿童少年进行保护的残疾人教育，很多国家都制定了专门针对超常儿童的教育法律法规，并从卓越人才培养的意义上进行了教育制度和运行机制以及资源配置的安排。从历史的角度看，这也是各国进行创新型人才培养和提升国家科技竞争实力的重要教育举措。

　　美国是世界上超常儿童教育法制建设最发达的国家之一。虽然美国社会各界就超常儿童及其教育存在不同的声音，但这并不妨碍联邦和各州政府在超常儿童教育方面的立法进程和巨大投入。从 20 世纪 50 年代初开始，美国就出台多部法令，鼓励超常儿童教育事业。1988 年的《贾维斯天才儿童教育法》对超常儿童科研项目、示范项目、创新策略，及建立和巩固初、中等学校学生能力的类似活动进行统筹安排。国会建立超常儿童联邦办公室，提供训练及研究计划，并建立超常儿童教育的全国研究中心。1994 年的《改进美国学校法》和 2015 年的《每一个学生都成功法》都对《贾维斯天才儿童教育法》进行了重新授权，对超常儿童教育的概念内涵进行了相应的扩展和丰富，使超常儿童教育法律规范更成熟，更具普适性和权威性。欧洲各国也非常重视针对超常儿童的立法和执行。例如，在瑞士，大多数州的立法都认同超常儿童是有特殊需要的儿童。西班牙的法律不仅明确涉及超常儿童，而且还在其《教育质量组织法》（Organic Law on Quality in Education）中重点关注包括超常儿童在内的有特殊教育需要的学生。再如，英国虽然没有在立法中提及超常儿童或超常儿童教育，但确实公布了有关超常儿童教育的规定和指导方针。澳大利亚和新西兰也十分重视超常儿童培养。2003 年新西兰教育部修订了《国家行政指南》（The National Administration Guidelines），将超常儿童纳入其中。

　　因而，在加快推进教育现代化建设，以教育强国建设引领社会主义现代化强国建设的意义上，进行超常儿童教育对于培养一批拔尖创新人才和在国民经济社会建设各行业领域的关键少数人才，对于建设人力资本强国和提升国家软实力具有战略意义，从指导、规范保障的层面进行立法是极其必要的。建议结合既有的研究成果和国际经验，在国务院层面制定"超常儿童教育促进条例"。参照《中华人民共和国家庭教育促进法》和《残疾人教育条例》，对超常儿童的甄别以及超常儿童教育的规模范围、培养目标、组织机构、实施途径、管理机制等基本问题进行整体设计，对超常儿童教育进行引导和规范。

专栏 --

韩国《英才教育振兴法》

1999 年韩国制定了《英才教育振兴法》，并于 2000 年 3 月 1 日起实施。该法将"英才"的内涵界定为："具有非凡的才能，为了开发其潜力，需要特殊教育的人才。"该法第二条规定，国家为了振兴英才教育应完善以下几个方面的政策：有关英才教育的各种综合计划；英才教育内容及方法的改善和补充；英才教育及教育班级的设立和管理；支持英才教育所需的费用；有关振兴英才教育的其他政策；等等。《英才教育振兴法》还专门规定了实施英才教育的教育机构：普通学校的英才特殊班、英才教育中心、英才特殊学校。基于该法，韩国还在教育部设立了"中央英才教育振兴委员会"，在各市、道教育行政管理部门也设立了"英才教育振兴委员会"。

（二）实施超常儿童教育的政策举措

尽管目前我国的超常儿童教育还没有形成专门的法律规范，但是在自改革开放以来的教育发展历程中，我国的超常儿童教育取得了显著的成就，主要体现在：一是已经形成了对超常儿童相关概念和理论基础的基本共识；二是心理学界、教育学界联合开展了一系列重大的研究；三是在实践中形成了一套超常儿童教育的基本方法和工作流程。与此同时，也存在一些问题，如关于超常儿童教育深层次的观念冲突凸显、超常儿童教育的功能定位和发展路向不明确、超常儿童教育的理论基础和实践方法不足、外在教育体制机制等的制约，尤其是政策体系保障严重不足。

超常儿童教育是有别于普通教育的非义务教育，应有适应自身发展的独特教育体制。除了法律规范，还应从制度安排上明确超常儿童教育的体制和地位，在政策举措上为超常儿童的教育与发展提供可靠有力的保证。整体上看，我国的超常儿童教育尚无明确的体制可言，从局部来看，虽有体制，但不健全、混乱。由于超常儿童教育体制体系的不健全与混乱，许多问题长期存在而难以根除。这些问题涉及培养经费、培养目标、培养模式、教育计划、教育内容以及师资队伍等各方面。因此，我们提出如下几点政策举措建议，这些建议一方面可推动当前超常儿童教育的开展，另一方面也可推动超常儿童教育法律制定上的初步政策准备。

1. 强化社会各界关于超常儿童教育的共识

通过对超常儿童教育重要性的讨论，全面提升和强化各级政府和社会各界对超常儿童教育重要性的认识与理解，形成推动超常儿童早期教育重要价值的共识和良好的氛围。

（1）超常儿童教育对国家的战略价值

超常儿童的研究和教育与其他事业一样，首先要考虑的是对国家和社会的实践意义，国家和社会的需要是最强大的推动力。21世纪到来，国际人才竞争更加激烈。时代发展对人才的需要是对我国超常儿童研究和教育的进一步发展有力的推动。从理论上估算，我国可能的超常儿童和少年应有几百万或上千万。然而，在现实的社会中可见的超常儿童却是凤毛麟角，能受到特殊教育的更不过是其中的佼佼者。大量的超常儿童哪里去了？他们实际上是被埋没了。这是人才资源的极大浪费，不仅对我国对世界也是巨大的损失。所以，对超常儿童的及时发现、积极培养和研究是关系国家兴旺、人类社会进步的大事之一。

（2）对儿童个人发展和家庭的现实意义

部分学校有一些超常儿童教育的自发性尝试，但由于高考、中考压力的存在，一些学校的超常儿童教育走向了应试教育的轨道，与超常儿童教育的本质追求南辕北辙。有些学校开设了大学少年班和中小学超常儿童教育实验班，初步建立了具有一定特色的超常儿童培养模式，教育教学强调思维训练，强调创新能力和实践能力的培养。但这部分学校数量极少，远远不能满足超常儿童的需要。当前存在一个重要认知误区，认为超常儿童教育有违教育公平原则，不敢在政策上予以突破。实质上，超常儿童教育反映的因材施教的教育规律及教育的差异性公平，恰恰是教育公平的体现。要非常警惕教育公平政策实施中存在的平均主义思想（谷琭，欧阳秀娟，2021）。

2. 成立专门的超常儿童教育组织管理和实施机构

一是在国务院层面进行超常儿童教育管理机构和组织的总体设计。由人力资源和社会保障部与教育部联合牵头组建国家超常儿童组织管理机构，制定相关的制度，其内容包括超常儿童的发现、筛选、安置、培养及具体的条件保障等内容。二是建立国家级超常儿童教育研究中心。由几所大学和科研院所共同筹建，其主要任务是：建设全国性超常儿童教育数据库，追踪超常儿童的成长、发展；制定超常儿童教育总体方案，开发超常儿童教育课程、教材与评价工具；调查及整合全国超常儿童教育师资，安排全日制培训和在职进修，推动优秀专业师资养成；进行超常儿童教育的国内外学术交流。

专栏 ---

印度和俄罗斯的超常儿童教育机构

印度有专门的超常儿童管理机构——"新黎明学校组织机构"，学生一切生活费用都由中央政府负担，除了泰米尔纳杜邦外，每个区都有一所这样的超常儿童学校。印度70%的人口在农村，农村儿童占大多数，超常儿童学校保证了农村超常儿童能像城市儿童一样获得高质量的教育，能够充分挖掘他们的潜力，实现教育公平。

2012年，俄罗斯联邦政府成立由副总理直接领导的"俄罗斯青少年天才支持国家协调委员会"，以确保联邦采取协调一致的行动，其在存在的六年间（2012—2018年）共召开了9次会议，主要职责是协调联邦层面不同机构间以及联邦和地区间的工作，发展儿童补充教育，确保为超常儿童的发展提供支持。2018年，协调委员会的职能转移到教育部，俄罗斯教育部新设"德育、补充教育和儿童休闲国家政策署"，其主要职责包括制定和实施超常儿童识别、支持政策，建立超常儿童识别、支持体系，实施"量子智慧家"项目。

----

3. 制定超常儿童教育的标准体系和机构准入资格框架

超常儿童的鉴定要注意发掘各个领域的超常儿童，避免因为甄选工具和方式的不当造成超常儿童被埋没、特殊需要被忽视的问题。在鉴定时有很多需要考量的因素，如标准化评量和观察评量的并用、替代性评量工具的开发等。要采用多样化的选拔方法，如标准化成就测验、标准化智力测验、标准化性向测验、创新能力测验等来甄选、锁定目标群体，摸清超常儿童的底数，为因材施教奠定基础。

实施超常儿童教育，需要对超常儿童进行严格甄别，对承办机构进行专业规范，对师资进行专业认定。一是要建立超常儿童甄选标准。对超常儿童的甄别，需要研制有良好信度和效度的甄别工具，要建立政府主导并由相关科研机构、承办机构和家长代表组成的鉴定小组，规范甄别程序，确保甄别公平、公正、权威、高效。二是要建立实施机构准入标准。对实施超常儿童教育的机构进行认定，须从课程设置、教材和教法选择、管理与评价的适宜性、相关教育资源支持和条件保障等方面入手，强调因应超常儿童的特殊性和发展需求，确保教育质量。三是要建立超常儿童教育师资标准。在超常儿童基本特征与表现把握、课程设置与教学实施、环境创设与活动组织、交流沟通与评价辅导等方面对教师提出专业要求。

4. 依法进行超常儿童教育的制度安排与管理机制建设

国内特殊教育制度与管理所针对的对象多是身心障碍儿童，较少涉及超常儿童，超常儿童教育缺乏基本的管理制度系统和管理运作模式。参照发达国家关于超常儿童教育的法律和政府支持的发展趋势，我国政府对超常儿童教育的支持和鼓励有待加强，需制定相关制度为超常儿童教育实践和研究提供指导和保障。要组织有关学者研究组建超常儿童教育资源中心的可行性，尽快完善超常儿童教育的有关制度和规范等，促进超常儿童教育事业的发展。

首先，要明确各类主体及其基本职责。政府发挥主导作用，其主要职责是统筹、监管和保障，在发展取向、法律完善、制度健全、条件保障等方面进行引导和规范。各级各类学校要因地制宜、因校制宜开展超常儿童教育实验探索，幼儿园主要在于把握征兆持续跟进，小学重在针对性甄别和基础性培养，中学要在拓展性培养的基础上逐步进行专深性培养，大学则主要对拔尖创新人才进行专门培养。高等院校、科研机构、各类学会和协会应发挥各自优势和专长，通过开设超常儿童教育相关专业、进行师资培训与认证、建立超常儿童教育研究机构、开展超常儿童教育专题研究等多种方式，为超常儿童教育提供服务与支持。家长在超常儿童的早期甄别和教育上发挥着不可忽视的作用，对超常儿童的健康成长承担着无可替代的职责。其次，要完善运行管理机制，在国家和省级教育行政部门设立相应管理机构，负责制定国家或省域内的超常儿童教育规划、经费投入比例、师资认定及配置标准等；可由地市级教育行政部门负责制定超常儿童教育规划、设置超常儿童教育学校或在普通中小学设置专门班级，指定专人负责超常儿童教育管理、统筹和指导工作。有条件的地区可在县（市、区）级教研部门设立超常儿童教育教研人员岗位，组织开展业务研讨和经验交流，为中小学实施超常儿童教育提供指导。

5. 采用先行试点、逐步推广的办法引导地方探索

超常儿童教育是一个复杂的体系和系统工程，涉及政府、学校、家庭、社会等多元主体，以及政策法规、组织管理、培养模式、条件保障等诸多要素。超常儿童教育体系的建立需要一定的时间，体系的完善更是一个漫长的过程。但是，超常儿童教育不能等，只能在实验中不断摸索规律、积累经验。当前，应根据区域经济社会教育发展水平、资源条件和经验积累等情况，按照国家宏观指导、省级全面统筹、学校自主实验的原则，在省域内多点布局、先行试点，鼓励学校开展不同培养模式的创新探索。经验积累一点，制度固化一步，试点扩大一片。以点上实验带动面上推广，逐步扩大超常儿童教育的覆盖面，逐步提高超常儿童教育的质量和水平。

二、超常儿童教育的经费保障

稳定且充足的资金是保证超常儿童教育各个环节顺利进行、确保超常儿童教育质量的重要条件。如果没有充足的资金作为基础，超常儿童教育的硬件设施和软件资源都无法得到保障，教育教学很可能无法正常开展。超常儿童教育的经费保障涉及来源、分担机制以及资助对象等问题。培养超常儿童的责任与收益是什么，个人、家庭、社会、国家等多方如何分担相关经费，经费是要直接拨付到学校还是到学生个人，这几个问题的内在逻辑环环相扣，这一部分将依次做介绍。

（一）超常儿童教育的经费来源

超常儿童教育的资助方式因国家而异，不同国家和地区教育政策的优先事项、教育系统的结构和教育资源的管理方式，往往对超常儿童教育的资助产生着重要影响。人们常常会误认为，发展超常儿童教育就是强化"精英教育"，为超常儿童投入财政资源，对其他儿童不公平，由此形成了关于超常儿童教育经费保障的主要分歧：是要基于国家培育英才的目的，由财政经费主要负担？还是要根据"受益者负担"原则，更多由家庭承担？（Rutigliano, Quarshie, 2021）

从研究和各个国家的实践来看，目前主要有三种代表性观点：一是认为超常儿童教育是为国家培育英才，应该由政府资助；二是认为超常儿童教育超出了政府提供的基本公共服务的范畴，需要广泛收集民间资金；三是认为超常儿童及其家长是超常儿童教育的直接受益者，超常儿童教育本已是"精英主义"和"不平等主义"，主要面向的对象是在社会经济地位上已经具有优势的学生，按照"谁获益谁投资"原则，可以由个人负担。基于不同的观点，在实践中形成了不同的经费保障模式。

1. 政府主导

在大部分国家，超常儿童教育的预算来自政府资金。由政府财政保障超常儿童教育的一个主要原因是认为超常儿童的天赋能够带来广泛的社会和经济收益。俄罗斯心理学家霍洛德那亚（M. Kholodnaya）提出了著名的天赋理论，认为之所以要发展超常儿童教育，是因为从实用主义的角度看，对超常儿童的投资是有望得到回报的（Grigorenko, 2017）。有天赋的学生被认为是知识的创新者和创造者，通过适当的环境和发展，将能够解决未来预期的挑战。成绩优异的学生对国家创新和经济增长的贡献超出普通学生，支持超常儿童充分发挥其潜力可能会得到丰厚的社会回报（Sahlgren, 2018），由此超常儿童教育表现出鲜明的公共性。

基于这一认识，美国、韩国、新加坡等国家都制定了明确的超常儿童教育发展战略，为财政经费保障超常儿童教育提供了依据。例如，1960 年美国国会出台了美国联邦政府为超常儿童设立专门培养基金的规定，1978 年《天才教育法》将资助范围扩大到弱势群体中的超常儿童，1988 年颁布的《贾维斯天才儿童教育法》再次确定要向超常儿童教育提供经费支持。《贾维斯天才儿童教育法》是美国联邦政府针对超常儿童设置的，至今已实施三十余年，在 2015 年的《每一个学生都成功法》中该法获得重新授权，主要用于协调超常儿童教育的科学研究、示范项目、创新战略和类似的活动，提高中小学生的能力，以满足超常儿童的特殊教育需要。

专栏 ---

美国贾维斯天才儿童教育项目

美国 2015 年通过的《每一个学生都成功法》的最后一章"天才法案：通过教师赋权为天才和高能力学生提供支持"，要求各州推进超常儿童教育的具体实施，并通过为弱势群体和高能力学生提供保障来实现更高层次的公平。该法案授权专用资金支持重要优先事项，包括举办课外项目、增加接受 STEM 教育和艺术教育的机会（肖甦，韩云霞，2017）。

2016 年 2 月，奥巴马政府宣布，从 2017 年的教育财政预算中拿出 1200 万美元资助贾维斯天才儿童教育项目，用于基于课堂的研究，帮助发展有效的天才儿童鉴别策略，为弱势群体中的高潜能学生提供帮助。《贾维斯天才儿童教育法》的重点是发现和服务那些传统上在超常儿童项目中代表性不足的学生，特别是少数族裔、经济弱势群体、英语学习者和残疾学生，帮助缩小成绩差距，鼓励为所有学生建立平等的教育机会。除了示范拨款，贾维斯天才儿童教育项目还资助了国家天才儿童和青年教育研究与发展中心，该中心开展了一系列探索性研究、效果评估以及领导和推广活动，以确保研究为超常儿童教育实践提供信息。

与其他得到授权的联邦拨款项目一样，贾维斯天才儿童教育项目每年由美国国会提供资金。表 10.1 呈现了 2015 年《贾维斯天才儿童教育法》重获授权以来每年投入的资助金额。其中，每年该项目支出 100 万美金，用于支持科研机构开展超常儿童教育的相关科研工作，此外，每年投入 1000 万到 1250 万美金不等，用于为少数群体和贫困学生中的超常儿童接受教育提供资助。

表 10.1　2015—2021 年美国贾维斯天才儿童教育项目资助费用总览[①]

年份	拨付总金额（美元）	科研（美元）	延续奖（美元）	当年新奖项（美元）	预付奖金（美元）
2021	13500000	1000000	11514814	—	984186
2020	13000000	1000000	9965927	1419368	614705
2019	12000000	—	7238635	4047789	642962
2018	12000000	1000000	10506537	439918	53545
2017	12000000	1000000	5667099	5237014	—
2016	12000000	1000000	11000000	—	

---

① 本表后四列为实际用途金额，实际用途金额之和与拨付总金额在部分年份略有出入。

续表

年份	拨付总金额（美元）	科研（美元）	延续奖（美元）	当年新奖项（美元）	预付奖金（美元）
2015	10000000	1000000	5000000	4000000	—

----

2. 社会支持

为了扩大超常儿童教育的经费来源，许多国家和地区的超常儿童教育专业团体或基金会也会拨出专门的资金用于支持超常儿童教育的开展。

例如，在美国，各州的超常儿童教育组织通常会为有天赋的学生提供奖学金。比较有代表性的有：美国超常儿童教育协会赞助了国家尼古拉斯·格林杰出学生奖计划（Nicholas Green Distinguished Student Awards Program），该计划为三至六年级的学业优秀学生提供参加超常儿童教育暑期项目的奖学金。美国的"戴维森青年学者"（Davidson Young Scholars Program）奖励计划，面向4到16岁的超常儿童，每年从表现出极端智力超群的申请者中挑选出若干提供奖助学金。

为进一步促进香港资优教育的发展，我国香港地区于2016年成立资优教育基金，至今共注资16亿港元，以利用投资回报支持香港资优教育相关机构优化服务及落实资优教育咨询委员会建议的措施，鼓励不同资优教育服务提供机构为资优儿童提供优质的进阶学习课程，从而让他们能够在适当情况下，在更广的范畴甚至跨领域中获得高素质及富挑战性的学习经验，并发展他们多方面的潜能。

3. 个人分担

超常儿童教育被认为可以为个人和家庭带来巨大收益，在一些国家和地区，超常儿童教育主要由个人负担。例如，美国约翰·霍普金斯大学下设的非营利机构超常儿童教育中心的大部分项目主要靠捐赠和项目收费运营，不直接受美国联邦政府资助，学生需要付费参加中心提供的超常儿童教育项目。除了在美国，这一中心也在全球许多国家建立了超常儿童教育项目，如和爱尔兰的都柏林城市大学共同成立了都柏林城市大学超常儿童教育中心项目等。与该项目在美国本土的实施方式相类似，爱尔兰的这一项目也采用收费方式，学生家长需要付费参加。与此同时，中心也会用这些经费中的一部分来资助来自指定的贫困学校的、有才能的、在 SAT 考试中得分排名前 5% 的学生，以最大限度地避免"精英化"倾向，为超常儿童这一国家战略性资源提供必要资助。

专栏　--

美国约翰·霍普金斯大学超常儿童教育中心的经费来源

美国约翰·霍普金斯大学的超常儿童教育中心是美国第一个由高校发起建立的甄别和培养基础教育阶段超常儿童的中心，也是全球超常儿童教育领域的标杆。其作为大学下设的非营利机构，大部分项目靠捐赠和项目费运营，不直接受美国联邦政府资助，学生需要付费参加中心提供的项目。对于经过严格选拔、测试确认的学生，对其实施的教育立足于为国家培育英才，政府会为该项目中处于弱势阶层的超常儿童提供经费支持，专门的经费保障使这类学生不受家庭经济条件的限制，体现了更强的公益性。此外，该中心还设有家庭项目、诊断和资讯中心服务，不设分数线，对于成绩不够但有经济实力的学生，中心也能提供一定的教育机会，所有学生都可以付费参加，具有鲜明的商业价值。该中心用这些收入反哺公益性的教育工作。通过这样的方式，该机构平衡了超常儿童教育的公益性和商业性。同时，在这种机制下，两个群体并不构成竞争关系，形成了良性的互惠，实现了培育英才和受益者负担成本这两种原则的并行不悖。

（二）超常儿童教育经费的政府分担机制

在明确了超常儿童教育的经费保障需要以政府为主承担之后，在存在多级政府的前提下，各级政府的职能和责任范围不同，因此，还需要进一步分析各级政府在保障超常儿童教育经费中所应该承担的责任，这也是超常儿童教育经费保障的关键所在。超常儿童教育是基础教育的重要组成部分，其经费分担机制也可以充分借鉴基础教育的责任分担方式。从发达国家基础教育经费分担的实践模式来看，基本上经历了"投入以地方政府为主"到"地方政府管理为主，各级政府共同分担经费"的变迁，并且投入主体逐级上移，基本上以中央政府和州政府为主。这样的经费分担模式变迁在超常儿童教育的经费分担机制上也有明显体现，形成了中央和州（省级）政府为主体、各级政府合理分担的经费保障机制。

1. 中央政府为主的经费保障模式

从国际经验来看，美国、韩国、新加坡、日本等发达国家普遍通过制定政策法律赋予超常儿童教育极为重要的地位，为超常儿童接受适合自身特点的教育教学提供经费支持。

如前面介绍的，美国通过颁布各种有关促进超常儿童发展的法案和政策，既从法律上为超常儿童的教育发展提供了有力的保证，又特别强调了联邦政府层面教育经费的保障。

在新加坡，教育部不遗余力地为超常儿童教育提供经费支持。比如：所有就读于政府支持的特殊教育学校的学生，每年都可以获得教育储蓄学生基金的支持，小学生为每年 230 美元，中学生为每年 290 美元。[1] 新加坡政府也会专门为私立学校开设的超常儿童教育综合项目提供奖学金等。[2]

早在 2002 年，日本就选定了 26 所高中作为超级科学高中，并提供了 7.27 亿日元的经费用于支持这些高中，平均每校的年度资助额约为 23 万美元（魏能涛，2012）。随后，日本文部科学省采取优中选优策略，2011 年进一步指定部分学校为"核心超级科学高中"，2013 年将其更名为"超级科学高中科学技术人才培养重点校"（李建民，2018）。资助时间由原来的三年一期改为五年一期，每所学校每五年获得的资助金额为 5000 万—6000 万日元（魏能涛，2012）。

---

① 参见 https://www.moe.gov.sg/financial-matters/edusave-account/overview。

② 参见 http://moe.gov.sg/financial-matters/awards-scholarships/edusave-scholaships-independent。

在韩国，超常儿童教育学校和课程由政府通过教育部和地方教育厅资助。

2019 年 2 月，新西兰教育部宣布了一项 127 万新西兰元（约 73 万欧元）的一揽子计划，通过资助一日学校（one-day schools），并为超常儿童提供奖励、活动和校外体验，来支持超常儿童教育。

2. 地方政府为主的经费保障模式

在大多数国家，教育经费的资助和使用管理呈现出责任分散的趋势，这也意味着地区、地方和学校各级在预算编制和教育资源分配方面获得了越来越大的权力。特别是联邦制国家中，超常儿童教育的经费通常由地方教育当局支持和管理。

在美国得克萨斯州，对超常儿童教育的经费预算，直接取决于各学区内被认定为超常儿童的学生数量。对超常儿童的资助和鉴定是受到鼓励的，各学区每鉴定出一个超常儿童，就可获得授权资金，总资助人数最多不超过学区学生人数的 5%（Hodges, 2018）。

在奥地利，各省根据各自的教育发展策略，可自行决定想要分配给超常儿童教育的资金。例如：有的省的预算可能仅够支持一名项目支持协调员，这也是现有指导方针建议的最低标准；而有的省则在超常儿童教育方面投入相当大的预算，并发展全面的超常儿童教育项目（Resch, 2014）。

我国台湾地区规定政府应按年从宽编列特殊教育预算，台湾地区政府该预算不得低于当年度教育主管预算的 4.5%，地方政府该预算不得低于当年度教育主管预算的 5%。根据这一要求，我国台湾地区教育行政部门不断推动特殊教育经费占比的提高，但是，其中用于超常儿童教育的经费所占比例很低（见表 10.2）。

表 10.2　我国台湾地区台北市特殊教育经费分配比例

	2016 年	2017 年	2018 年	2019 年	2020 年
全市教育总经费（新台币，元）	61055079430	60092472897	61515337762	57495316000	61481507000

续表

	2016 年	2017 年	2018 年	2019 年	2020 年
特殊教育总经费（新台币，元）	3383288788	3375162700	6565015662	6486856300	6824475585
占教育总经费百分比（%）	5.54	5.62	10.67	11.28	11.10
超常儿童教育经费（新台币，元）	571205293	620837851	1729715622	1560739738	1451623425
占特殊教育总经费百分比（%）	16.88	18.39	26.35	24.06	21.27

（三）超常儿童教育的经费支持对象

关于超常儿童教育的经费支持对象，目前各个国家和地区的典型做法有三种：一是按照学生人数，直接拨付给学校；二是直接拨付给有需要的学生；三是拨付给学区或专门的机构。

1. 以学校补助的方式支持学校

通过学校补助的方式，为开展超常儿童教育的学校提供直接补助，是各国政府支持超常儿童教育的普遍做法。

例如，在日本，文部科学省下属的独立行政法人科学振兴机构设立管理超级科学高中的专门机构，负责超级科学高中的经费支持，按照每三年一期或每五年一期，为每所选定的超级科学高中提供资助（魏能涛，2012）。

我国台湾地区规定，高级中等以下各教育阶段主管机关，需要为学校实施多元超常儿童教育方案提供补助，通常根据学生人数，直接将经费拨付到校，并对教育成效优良的学校予以奖励。

2. 以学生奖、助学金的方式支持有需要的学生

除了直接为学校提供公用经费之外，各国普遍也为参加超常儿童教育的学生提供奖、助学金。其中，奖学金主要是用于奖励那些在超常儿童教育项目中表现优异的学生，助学金则为来自贫困家庭的或少数族群的处境不利的超常儿童提供资助。

在爱尔兰，以收费为基础的爱尔兰天才青年中心与爱尔兰"在学校提供平等机会"政策一起运作，资助来自指定的贫困学校的有才能的学生。

在美国，《贾维斯天才儿童教育法》的资助重点就是传统上在超常儿童教育项目中代表性不足的学生群体，即少数民族学生、来自低收入背景的学生或英语学习者以及残疾儿童。该法案于 2018 年获得了 1200 万美元的联邦资金，旨在减少成就差距，促进教育机会平等。

在英国，"城市优等生"政策倡议力求将资助对象对准来自社会和经济贫困程度很高的城市学校的超常儿童，并按照他们的处境不利程度（以接受免费学校餐的学生百分比作为衡量低收入家庭的主要指标），将超常儿童资助分配给地方教育当局及其所在学校。大体而言，来自优势学校的每个学生每年可以获得 50 英镑资助，而处境不利学校的每个学生每年大约获得 140 英镑资助（Rutigliano, Quarshie, 2021）。

3. 以专项经费的方式将经费拨付给学区

在澳大利亚昆士兰州，超常儿童教育预算是根据学生入学人数和可用预算总额分配给各学区的。大部分经费由学区持有，用于管理超常儿童教育项目，一小部分经费会直接分发给学校，以加强学校的能力建设或帮助学校执行有针对性的方案。

（四）我国超常儿童教育的经费保障机制构建

从国内外超常儿童教育的发展来看，稳定且充足的资金是保障超常儿童教育的硬件设施和软件资源建设，确保各个环节顺利、有质量推进的重要条件

（宋乃庆 等，2019）。为超常儿童教育提供资金保障是国家和政府的应有之举。这里需要澄清的是，为超常儿童教育提供财政支持，实际上是将不同的资源配置给有不同需求的对象，而非将大量公共教育资源投到极少数超常儿童身上（景晓娟，程黎，2021），并不会妨碍我国基础教育的平等性公平。从学段上看，超常儿童教育同时涵盖了义务教育和高中阶段教育；从类型上看，对超常儿童的教育可以纳入特殊教育体系（方中雄，张瑞海，黄晓玲，2021）。建议明确政府在超常儿童教育经费投入中的主体地位，建立以财政拨款为主、其他多种渠道筹措经费为辅的超常儿童教育经费保障机制，保证国家举办的学校开展超常儿童教育的经费来源稳定并具备可持续性。

1. 提高超常儿童教育生均经费拨款标准

在我国，由于国家对超常儿童教育尚没有出台正式的政策，对超常儿童教育的财政支持也比较薄弱，大部分学校并没有开展超常儿童教育的专门的经费来源和预算，只能从学校全部经费中抽取一部分，用来作为发展超常儿童教育的费用（安升华，2010），由此导致超常儿童教育的发展得不到稳定的支持，学校其他方面的运作也因为经费用于超常儿童教育而受到影响。为此，建议建立和完善超常儿童教育的生均拨款制度，提高超常儿童教育生均经费拨款标准，使超常儿童教育的财政性经费投入有章可循。

在义务教育阶段，我国已有相对完善的生均公用经费基准定额标准和特殊教育生均公用经费标准。其中，义务教育生均公用经费基准定额为小学阶段每生每年 650 元、初中阶段每生每年 850 元；特殊教育公用经费标准普遍高于普通教育，特殊教育学校学生和普通学校随班就读学生的生均公用经费标准已达到每生每年 6000 元，根据《"十四五"特殊教育发展提升行动计划》，到2025 年，特殊教育学生的生均公用经费将提高至每生每年 7000 元。考虑到超常儿童教育的特殊性和复杂性，其生均公用经费基准定额应高于普通教育生均公用经费基准定额，但可以略低于目前以残疾学生为主的特殊教育生均公用经费标准，可以按照目前特殊教育生均公用经费标准的 80% 设置超常儿童教育生均公用经费基准定额，确保面向超常儿童教育的生均公用经费为普通学生的 6—8 倍，达到每生每年 4800 元，并逐步提高，到 2025 年提高至每生每年5600 元。

在高中教育阶段，根据《关于新时代推进普通高中育人方式改革的指导意见》要求，生均公用经费拨款标准应于 2020 年达到每生每年 1000 元以上。考虑到面向超常儿童教育的学校办学成本高的现实情况，参考北京、上海、福建等地高中阶段特殊教育生均经费拨款标准，参照义务教育阶段标准，建议同步将开展超常儿童教育的特殊教育学校和特殊教育班级的生均公用经费拨款标准提高到普通学生的 6 倍以上，即每生每年 6000 元以上。

2. 细化各级政府超常儿童教育经费投入责任

构建超常儿童教育经费保障机制，要将责任落实到各级政府，合理分配经费投入比例和金额。

在义务教育阶段，经费投入实行国务院和地方各级人民政府根据职责共同负担，省、自治区、直辖市人民政府负责统筹落实的体制。中央和地方对城乡义务教育实行分项目、按比例分担的机制。具体来讲，由国家统一制定城乡义务教育学校公用经费基准定额，中央和地方分担比例在西部地区为 8：2，在中部地区为 6：4，在东部地区为 5：5。面向超常儿童教育的经费投入，可以按照现行义务教育经费投入分担机制，参照面向特殊教育学生的经费投入方式，根据基准定额标准，由中央财政和地方财政共同按比例负担。

在普通高中教育阶段，各地制定生均经费拨款制度，明确各级政府在超常儿童教育中的成本分担责任，依据生均经费拨款标准为普通高中投入经费。由于我国实行"以县为主"的管理体制，普通高中经费严重依赖于地方财政实力（刘建民，刘建发，吴金光，2012），考虑到超常儿童教育的数量有限，以县为主的投入体制重心过低，难以维持超常儿童教育可持续发展的长期投入，建议将责任上移，针对高中阶段超常儿童教育，由省级政府和市级政府切实承担起经费的投入责任。

3. 设立国家和地方超常儿童教育财政投入专项

目前，我国特殊教育体系的经费投入从学段上覆盖了学前教育到高等教育，从用途上包括人员经费和公用经费，从支出对象上包括学生、教师和学校。无论是软件还是硬件方面的投入，能从正常教育系列安排的，都在各级普通教育经费预算中予以倾斜和保障。除此之外，对特殊教育的特殊困难和特殊问题，通过专项资金来特殊解决。

参照这一保障机制，建议由中央财政拨款、地方配套，设立超常儿童教育投入专项，以专项经费、特殊项目等方式，根据地方、学校的具体需要，用于加强超常儿童教育基础能力建设。例如：购置必要的教学仪器设备或图书资料等，新建或改建各类超常儿童教育学校，支持专门的科学高中以及设立超常儿童教育实验班（特殊教育班）的学校设立超常儿童教育试点项目，加强一批超常儿童教育示范校建设，支持超常儿童教育的基础平台建设，将专款重点向能够起到杠杆作用的科学研究、区域实验倾斜，等等。

在经费使用过程中，国家可以实行目标管理，主要考核各地目标完成情况和资金管理情况，并将考核结果作为下一年度或新一周期专项资金分配的重要因素。各地可以进行超常儿童教育项目管理，建立和落实项目管理责任制度，按照"谁使用，谁负责"的原则，进行绩效考核和责任追究。

4.完善超常儿童教育多渠道资金筹措机制

在加强政府主渠道投入地位的同时，建议进一步拓宽超常儿童教育经费的来源渠道，整合社会资源，完善超常儿童多渠道资金筹措机制。

一是在普通高中教育阶段，按照受教育者合理分担教育成本的原则，确定合理的学费标准，严格执行学费标准调整程序和动态调整机制。

二是鼓励并规范民间资本进入，以轻资产模式（共建共管）和重资产模式（投资兴办）参与举办超常儿童教育高中阶段特殊教育学校。针对非营利性民办学校，可以采用公办高中的办学政策，对土地采用政府划拨方式，对学校运营进行税收全免，给予部分教师编制，补贴教师的基本工资、社会保障支出等，通过多种方式激励其提供所在区域需要的超常儿童特殊教育。针对营利性民办学校，可以依据《中华人民共和国民办教育促进法》授予其合法身份，给予必要的税收减免政策，并为办学质量突出的学校提供必要的政策支持和资金支持。

三是通过设立基金会，积极鼓励企事业单位、社会组织、个人捐资助学等，扩大超常儿童教育资金来源的渠道，为培育超常儿童提供资源。

三、超常儿童教育的专业支持

超常儿童教育的有效性，在很大程度上取决于超常儿童教育的所有利益相关群体（教育决策者、学校管理者、教师、家长、社会组织等）都能拥有正确的知识和技能。从这个意义上讲，为超常儿童教育提供专业支持保障，可以提高对超常儿童教育的认识以及超常儿童教育质量，进而促进整个教育系统的多样性和包容性。从组织和运行方式上，超常儿童教育的专业支持体系包括分级设立的超常儿童教育专业研究机构（此处特指超常儿童教育资源中心）、专业支持机构以及专业团体。此外，家庭和社会在超常儿童教育过程中的深度参与，也能够切实提高超常儿童教育的有效性，共同构成了超常儿童教育专业支持体系中的重要组成部分。

（一）超常儿童教育的专业研究机构

超常儿童教育专业研究机构对超常儿童教育的发展起到了重要的作用，这些机构为政府、学校、教师以及家长提供了超常儿童教育的理论支持和实践指导。

美国国家超常儿童研究中心（The National Research Center on the Gifted and Talented）是在美国颇具影响力的超常儿童教育研究机构（刘星，杨挺，2012）。这一中心是为美国联邦政府制定超常儿童教育相关政策提供咨询的重要智库组织，其研究成果也多被美国联邦政府采纳并作为关于超常儿童教育相关立法的重要依据，进而推进了面向国家和地方超常儿童教育项目的规划和实施。

1996 年，韩国教育部指定韩国教育开发院作为国家超常儿童教育研究中心，主要负责研究超常儿童发展潜能、开发和研制超常儿童鉴定工具和学习材料、培训超常儿童教育教师等，并为政府和超常儿童教育机构提供决策参考（肖广军，2014）。此外，韩国政府在韩国教育开发院、韩国科学技术学院、韩国综合技术大学、韩国信息通信大学等机构内先后创建了国家级的超常儿童教育研究院（肖广军，2014），共同组成了国家级的超常儿童教育研究机构群体。

1988年，澳大利亚艾奥瓦大学（The University of Iowa）康妮·贝林和杰奎琳·布兰克天才教育与天赋发展国际中心（Connie Belin and Jacqueline N. Blank International Center for Gifted Education and Talent Development）成立，这一中心是国际著名的超常儿童教育研究、培训和服务机构，主要发挥以下作用：一是鉴别超常儿童，二是为超常儿童提供专门的教育机会，三是提高人们对超常儿童教育的认识和接纳水平，四是提供评估、咨询、诊断服务，五是开发和设计超常儿童教育课程资源与教材，六是促进超常儿童专业工作者的专业发展，七是通过举办研讨会、发布专题报告等形式宣传超常儿童教育相关研究信息，八是为国际、国内和区域超常儿童教育有关政策制定提供咨询服务，九是利用信息技术促进超常儿童教育，十是积极开展国际合作，十一是在发展天赋方面促进普及性、多样性及公正性。

我国台湾地区规定主管教育行政机关应指定相关机构成立研究发展中心，但是实际上，目前我国台湾地区尚未成立超常儿童教育研究中心。目前关于超常儿童教育的研究与发展工作主要是由各所师范类、教育类院校及相关系所（如特殊教育学系）以及特殊教育中心等学术单位与科研机构承担，主要是组织开展超常儿童教育教师的在职进修培训，为各级超常儿童教育实践工作者提供相关的著作、研究报告、学术论文等资源，以提升教师的专业素养及教学质量。

（二）超常儿童教育的专业支持机构

除了扮演智库角色的专门研究机构之外，超常儿童教育的实施需要专业支持机构提供对日常实践的专业指导。在许多国家和地区，分级设立超常儿童专业支持机构是构建超常儿童专业支持体系的普遍做法。

例如，我国台湾地区建有由行政组织、资源中心、教研团队构成的全方位、多层级的资优儿童专业支持体系。

首先，在行政组织上，由地方教育局成立特殊教育咨询委员会和特殊教育学生鉴定及就学辅导会（简称"鉴辅会"）。特殊教育咨询委员会主要负责研讨特殊教育法律法规和政策修订、规划资源分配、培训师资及相关人员、设置行政支持网络，以及提供教学辅导、服务措施、转衔服务等促进资优教育发展的相关事项；特殊教育学生鉴定及就学辅导会则具体负责决议特殊教育学生（包括资优儿童）的鉴定、安置、重新安置及辅导，以及审议年度工作计划、提供资源配置专业咨询等。

其次，在专业机构上，我国台湾地区在地区层面和各个县市层面均设立资优教育资源中心。在地区层面，我国台湾地区专门成立了资优教育资源中心；在县市层面，我国台湾地区也积极推动下设的 14 个县市设立资优教育资源中心。目前在台北市、新北市和高雄市均已建立资优教育资源中心，负责资优教育资源服务、进修推广以及研究发展等工作，还为教师和家长提供资优教育鉴定、评量、课程、教材、教具、咨询与辅导等服务。

再次，在教学指导上，我国台湾地区在整个教育辅导团（类似于我国大陆地区的"教研团队"）下设置小学和初中特殊教育辅导小组以及高中特殊教育辅导团，提供教学辅导、咨询等服务，协助特殊教育教师提升特殊教育专业水平、课堂教学能力及教学效能。

最后，在各中、小学校，我国台湾地区均设有"特殊教育推行委员会"，由各处室管理者、特殊教育教师、普通班教师和家长组成特殊教育团队，负责学校特殊教育班级（包括资优班）的教育教学及相关行政业务，并在学校设置资优班的召集人或者资优教育组。

（三）超常儿童教育的专业团体

1.超常儿童教育的国际专业团体

世界超常儿童理事会（World Council for Gifted and Talented Children）是世界范围内超常儿童教育的倡导者，每两年举行一次世界大会。这一会议为教育工作者、研究人员、家长、心理学家和其他对超常儿童教育感兴趣的人士提供机会，分享他们在超常儿童及其教育方面的经验、知识和信息。

欧洲高能力研究协会成立于 1987 年。1994 年，该委员会专门发布了一项有关超常儿童教育的建议，并"谨慎地避免了精英主义的指责"（Rutigliano, Quarshie, 2021），指出"特殊教育的提供绝不应……给予某一群体儿童特权而损害其他群体的利益"（Rutigliano, Quarshie, 2021）。该委员会旨在促进教育工作者、研究人员、心理学家、家长和所有对高能力感兴趣的人，包括高能力学生之间的信息交流，主要目标是让不同的利益攸关方分享他们与天才人士合作的知识和经验，并促进超常儿童教育的发展。

此外，在国际层面还有亚太超常儿童教育联盟（Asia-Pacific Federation on Giftedness）、国际卓越表现及才能发展协会（International Research Association for Talent Development and Excellence）等国际专业团体。

2. 超常儿童教育的国家专业团体

在国家层面，美国、澳大利亚、英国等国家均成立了国家超常儿童教育协会，主要为开展超常儿童教育提供服务、研究和指导，以支持决策者和实践者鉴别与回应超常儿童的教育需求。

例如，美国超常儿童教育协会是美国最早成立的非营利性超常儿童教育组织，主要支持并制定针对超常儿童的各种政策。该组织主要致力于传播、分享可供超常儿童教育的利益相关群体使用的研究成果，并进一步支持专业发展以及与其他相关组织的合作。此外，美国教育研究协会超常儿童研究分会（American Educational Research Association: Research on Giftedness, Creativity, and Talent Development）、美国特殊儿童理事会超常儿童分会（Council for Exceptional Children: The Association for the Gifted）等都是在美国颇具影响力的超常儿童教育研究机构或协会组织（刘星，杨挺，2012）。

澳大利亚超常儿童教育协会（Australian Association for the Education of the Gifted and Talented）于 1985 年 5 月成立，旨在为澳大利亚国内超常儿童教育的开展提供正确的信息、支持、宣传和网络。其主要发挥以下作用：一是确保对超常儿童的教育方法能够公平公正，二是重视超常儿童的潜力及其对澳大利亚做出的贡献，三是鼓励对超常儿童天赋、才能、创造性及教育培养等方面进行深入的研究并积极宣传研究成果，四是促进国内外对超常儿童教育感兴趣的人群之间的交流和分享，五是让政府能够意识到超常儿童与在正规教育中接受特殊教育的个体是一样的，六是建立在澳大利亚范围内关于超常儿童教育的观念、经验、教学方法、教师培训等方面的沟通渠道，七是促使超常儿童教育能够作为澳大利亚的有价值的资源而被广泛接纳，八是发起、组织和推进澳大利亚的超常儿童教育活动。

3. 超常儿童教育地方专业团体

在地方层面，美国、澳大利亚等联邦制国家中的各州也纷纷成立了自己的超常儿童教育协会。

在美国，各州均成立了超常儿童教育协会，如犹他州超常儿童教育协会（Utah Association for Gifted Children）、宾夕法尼亚州超常儿童教育协会（Pennsylvania Association for Gifted Education）、加利福尼亚州超常儿童教育协会（California Association for the Gifted）等都是各州成立的超常儿童教育专业团体。这些协会定期召开年会，邀请该州的学校校长、教师、超常儿童的家长以及对超常儿童教育感兴趣的有关人士共同参与，交流和讨论超常儿童教育实践中存在的问题及教育经验。研究者在收集各方意见和经验的基础上，可以为教育行政部门制定相关政策和法规提出咨询建议。

在澳大利亚，各州和地区也都成立了各自的超常儿童教育协会（见表10.3）。例如，新南威尔士州超常儿童教育协会是一个非营利性组织，不接受来自外部的资助，每年仅向每一位会员收取 60 澳元的会费，来维持协会的基本开支。从 1991 年开始，澳大利亚新南威尔士大学就开始了对超常儿童教育的研究，于 1997 年正式成立了新南威尔士大学超常儿童教育研究、资源和信息中心（Gifted Education Research, Resource and Information Center），提供超常儿童教育研究、培训和服务。该中心的研究人员包括政策制定者、大学学者、中小学校管理者、教育顾问、教育家、心理学家、课程顾问和设计者等。该中心不仅为超常儿童提供智力评估测试，还向超常儿童开设短期课程和长期项目。除了与澳大利亚联邦、新南威尔士州教育行政部门合作之外，该中心也与中小学校形成重要的伙伴关系。此外，该中心还为超常儿童教育教师提供专门的培训，经过四期的培训，教师可以获得"超常儿童教育证书"。

在我国香港地区，推动超常儿童教育的主要力量在民间，以大学为主。1988 年，我国香港地区民间成立了超常儿童教育相关协会。20 世纪 90 年代中期，香港中文大学、浸会大学、香港城市大学、香港科技大学等纷纷开始举办面向超常儿童的研习活动或研究，并与香港教育署合办"名师教研计划"。香港中文大学教育学院设立了大学与学校伙伴协作中心"资优计划"。

表 10.3　澳大利亚联邦及各州超常儿童教育协会和研究中心（部分）

地区	协会	研究中心
澳大利亚联邦	超常儿童教育协会	康妮·贝林和杰奎琳·布兰克天才教育与天赋发展国际中心 戴维森研究所
首都领地	—	首都领地超常儿童支持中心
新南威尔士州	超常儿童教育协会	超常儿童教育研究、资源和信息中心
北领地	超常儿童教育协会	—
昆士兰州	超常儿童教育协会 超常儿童教育教师网络	超常儿童学习发展中心
塔斯马尼亚州	超常儿童教育协会	—
维多利亚州	超常儿童教育协会 超常儿童教育网络	科隆戈尔德中心
西澳大利亚州	超常儿童家长和教师专业协会	超常儿童中心

（四）超常儿童教育的社会宣导

实施广泛的社会宣导，让社会相关人士了解和接纳超常儿童教育，进而为超常儿童教育提供重要资源，这也是超常儿童教育专业支持体系的重要组成部分。

例如，日本的超级科学高中项目虽然是教育项目，但是在实施过程中动员了相当多的社会资源。其中，超级科学高中项目的指导委员会一般包括当地重点大学的负责人、教授、博物馆馆长、著名公司的老板、教育行政部门的负责人等。特别是该项目还与大学直接合作与对接，让大学能够全程参与超级科学高中的管理、课程体系建设、课程贯通设计、合作科研、授课和实习，甚至学生选拔标准的确定等。

在澳大利亚，由澳大利亚超常儿童教育协会组织的超常儿童宣传周旨在提高人们对识别超常儿童的意识，支持超常儿童的学习需求，并共同感谢那些为超常儿童及其家庭的生活带来积极影响的个人和教育机构的贡献。

在爱尔兰，爱尔兰天才青年中心在 2011 年和 2013 年分别发起了"全国天才教育宣传周"，并通过爱尔兰天才教育网络进行推广。这一宣传周的目的是消除有关天才教育的一些神化和误解，提高对教师通过互联网获得资源的认识，并在家长和教师之间开启对话。

在新西兰，2019 年，新西兰英才教育中心组织开展了新西兰英才宣传博客之旅，让每个人分享他们的经验、故事和对英才教育的看法——成为一个有天赋的学习者的经验，或抚养、教导、辅导一个有天赋的学生的经验。

（五）超常儿童教育的家庭参与

要想充分发挥超常儿童的潜力，仅靠学校教育是不够的，必须发挥家庭在超常儿童教育中的作用。家长参与其子女的学习过程对学生在学校的全面成功和福祉起着突出的作用，对于超常儿童来说也是如此（Koshy, Smith, Brown, 2017）。

例如，在英国，父母参与曾经是超常儿童教育项目的核心组成部分。英国政府在 1999 年至 2010 年期间推出了三项主要政策。它们旨在加强所有天才学生的识别、参与和进入劳动力市场的机会。在新西兰，政府鼓励家长参与有关学生教育的决策。教育部不仅可以为教师提供指导，也可以为家长提供指导，让他们知道如果他们认为自己的孩子有天赋，应该如何识别，以及在哪里寻求支持。美国设有针对超常儿童家长的联合组织，如超常儿童家长联合会（Parent Association for Gifted Education），为超常儿童的父母提供培训和指导，使他们更加了解自己的孩子，理解超常儿童的心理和行为特点，并能够根据自己孩子的特点提供适当的家庭教育，在家庭层面为超常儿童的健康成长提供支持和保障。

在实践中，以下做法可以让家长更加充分地参与到超常儿童的教育过程中。

一是鼓励家长参与对超常儿童的鉴定。在早期发现孩子的天赋方面，父母首先起着核心作用。家长需要熟悉超常儿童的特征和超常儿童的鉴别模式，并能够和学校教师以及学校有关超常儿童教育的决策机构成员保持联系，以鉴别超常儿童并确保他们拥有适当和持续的教育机会。一个人越早被认定为超常儿童，学校系统就能越早地适应他的需要。因此，在学校层面，应该鼓励家长参与超常儿童的鉴定（和提名）过程。

二是积极发展教师和家长的合作关系。如果学校无法回应超常儿童的需求，这些学生很可能会表现不佳、失去动力。许多有天赋的学生在学校不断经历失败，但在家里却能成功地学习和创造，在那里他们可以把更多的努力投入自己的爱好和兴趣中。因此，需要积极发展家长和教师之间的合作关系。

三是及时向家庭分享必要的信息和资源。当孩子被认定为超常儿童时，父母通常会支持孩子的兴趣，并更多地了解孩子的特殊教育需求。此外，当父母获得相关的信息和资源时，他们可以成为超常儿童教育的重要支持力量。一般而言，家长在超常儿童教育中扮演着激励者、资源提供者、监督者、内容顾问和学习顾问的角色。家长还要在家庭中为超常儿童提供有利于他们成长的学习环境，使家庭生活与学校教育相辅相成。此外，家长也要积极鼓励自己的孩子追求卓越和自主学习。

（六）我国超常儿童专业支持体系建设

1. 建立国家和省级超常儿童教育研究中心

我国于 1994 年在中国科学院心理研究所成立了超常儿童研究中心，在超常儿童的心理发展和教育培养方面开展了广泛的科学研究，取得了可喜的成果，为我国超常儿童教育理论奠定了重要的基础。

从国外的经验看，超常儿童教育研究机构既能够为学校、教师及家长提供具有操作性的意见和建议，又能够在国家超常儿童教育有关立法和政策制定中发挥重要的咨询作用。因此，建议借鉴美国、澳大利亚、韩国等国家的做法，由几所大学和科研院所共同筹建，成立国家和省级超常儿童教育研究中心，积极吸纳教育学、心理学，特别是特殊教育、科学教育、课程与教学论、管理学、经济学等学科领域的优秀学者和实践工作者，对超常儿童教育进行系统的研究，积极探索超常儿童教育的理论与实践，推广超常儿童教育知识和最新研究成果，以科研引导超常儿童教育健康、可持续发展。

具体而言，超常儿童教育研究中心可以承担的主要任务包括以下几方面。

一是作为超常儿童教育基础研究中心，在超常儿童身心特征、发展和教育规律等基础领域进行深入研究。

二是作为超常儿童教育智库，为推进国家和地方超常儿童教育立法、政策制定、项目规划和实施等提供政策咨询，为政府引导超常儿童教育的发展提供有力的理论及技术支持。

三是作为超常儿童教育科研机构，设计科学系统的超常儿童培养模式和教育教学方案，开发超常儿童教育的课程、教材与评价体系，如超常儿童的早期鉴别及选拔标准与方案、超常儿童培养课程标准等。

四是作为超常儿童教育师资培养机构，培养和培训超常儿童教育师资，促进优秀师资成长。

五是作为超常儿童教育信息中心，建设全国性超常儿童发展与教育的追踪性研究数据库，追踪超常儿童的成长和发展。

六是作为超常儿童教育交流中心，定期发布超常儿童教育相关研究成果，切实推动超常儿童教育的国内外学术交流。

2.分级组建超常儿童教育专业支持机构

除了科学研究之外，超常儿童教育实践还需要具有操作性的教育服务和指导。目前，我国特殊教育已经建立由特殊教育专家委员会和各级特殊教育资源中心构成的专业支持保障体系，并要求各地配齐特殊教育教研员。可以延续这一路径，分级建立超常儿童教育的专业支持机构。

一是政府主责，组建由教育学、心理学、脑科学等领域的专家组成的省级超常儿童教育专家委员会。专家委员会的主要职责包括：研究提出落实国家和地方关于超常儿童教育有关部署的具体举措并指导推动落实，为超常儿童的申报、筛查、鉴定、安置和教育教学质量提高提供专业建议，为超常儿童的教育和生涯发展提供咨询和个性化的指导，为超常儿童教育科研、评估与鉴定、师资培训等提供科学的咨询和引导服务，对区域内超常儿童教育事业发展、师资队伍建设、课程设置与教育质量评估等提供专业性指导，提出政策建议，等等。

二是依托超常儿童教育基础较好的学校或地方超常儿童教育科研机构，建立省、市级超常儿童教育资源中心，协调社会各方力量，发挥学校/机构的专业优势，帮助开展超常儿童教育的学校提高教育教学水平，主要工作包括以下几个方面。第一，负责区域内超常儿童教育对象的审核以及学籍管理工作，为每个超常儿童建立个人档案，进行跟踪管理。第二，对超常儿童特殊教育学校、特殊教育班级和普通学校的超常儿童教育工作进行指导，对超常儿童的安置、课程安排、教育教学管理、评价内容与方式、教育资源的配置等工作提出意见与建议，对超常儿童个别教育方案的制定与实施、教育教学等工作进行专业指导。第三，开展教研和科研，对区域内超常儿童教育工作进行前瞻性研究，同时对超常儿童教育管理、课程教学、发展指导等工作中的热点、难点等问题进行研究，总结与推广学校开展超常儿童教育工作的先进经验与研究成果。第四，开展超常儿童家长咨询和指导工作，向家长普及超常儿童教育的有关知识，帮助他们形成对儿童的正确态度，采用正确的教育方法，从而与学校教育形成合力。

有条件的地区，可以在省、市级教研部门设立超常儿童教育教研人员岗位，组织开展业务研讨和经验交流，为中小学校实施超常儿童教育提供指导。

3.积极培育各级超常儿童教育专业团体

当前，我国已有超常儿童教育的民间学术组织，如中国人才研究会超常人才专业委员会，但是仍需要进一步开展相关专业团体建设，发挥其在学术指导与学术资源支持方面的有效作用。建议借鉴美国、澳大利亚等国家的经验和做法，积极培育专业团体，建立超常儿童教育学会或协会，通过学术和实践团体建设，促进所有超常儿童相关专业工作者的能力提升。

一是在国家层面成立超常儿童教育国家协会，比如，依托中国教育学会成立超常儿童教育分会，或扩大中国教育学会特殊教育分会的研究范围，将超常儿童教育研究纳入其中。协会主要的职能包括：组织开展群众性超常儿童教育科学研究、教育教学改革实验和学术交流活动；普及超常儿童教育科学知识，介绍国内外超常儿童教育科学研究动向、优秀成果和教育教学改革经验；为教育决策提供科学分析、信息反馈和咨询意见；开展超常儿童教育改革实验，组织超常儿童教育科学研究成果和超常儿童教育教学改革实验成果的评价与推广；发布超常儿童教育信息；开展培训活动；开展超常儿童教育相关的业务咨询、政策咨询和法律咨询；组织开展超常儿童教育评价活动；等等。

二是在地方层面依托各地的教育学会，成立地方性超常儿童教育专业团体，开展超常儿童教育的理论研究、学术交流、信息交流、咨询服务、科普宣传、专业培训、专业刊物出版等。例如，可以定期召开年会，邀请学校校长、教师、超常儿童的家长以及对超常儿童教育感兴趣的有关人士共同参与，交流地方超常儿童教育信息和教育改革经验；开展调查研究、科学实验及超常儿童教育评估，在收集各方意见和经验的基础上，为有关部门制定超常儿童教育相关政策和法规提出咨询建议；定期发布地方超常儿童教育的年度报告；等等（张景斌，2014）。

4. 加强超常儿童教育的社会宣导和家庭教育指导

超常儿童教育是一个复杂的体系和系统工程，涉及政府、学校、家庭、社会等多元主体（方中雄，张瑞海，黄晓玲，2021）。要想更好地发展超常儿童教育，就必须走出观念和理解上的误区，树立正确的超常儿童教育观，即超常儿童教育的实施，是我国实施创新战略、人才强国战略的重要支撑点，是国家积极应对国际人才竞争和科技竞争的教育基础。

一要加强超常儿童教育的社会宣导，对家庭、社区、学校、社会大众以及相关单位等进行必要的超常儿童教育知识和概念的普及，如组织"超常儿童教育宣传周"活动，或者让超常儿童及其教师、家长分享他们的经验、故事与对超常儿童教育的看法，消除公众对超常儿童教育有损教育公平的误解与担心，让社会相关人士广泛认可和接纳超常儿童教育，进而为超常儿童教育提供重要资源。

二要做好超常儿童家长的咨询和指导工作。鼓励家长参与超常儿童的鉴定过程。及时向家长分享必要的信息和资源，通过发放家长指导手册、组织家长培训等多种方式，引导超常儿童家长对孩子的合理期待，鼓励他们给予学校更多信任，并在家庭教育中积极关注儿童的全面发展，为超常儿童提供有利于他们成长的学习环境。邀请家长通过座谈会、志愿活动等形式参与学校活动，让家长深度参与到超常儿童教育实践中。

参考文献

安升华，2010. 美国天才儿童教育安置模式研究 [D]. 重庆：西南大学.

北京教育科学研究院，中国人民大学，2020. 北京市超常儿童教育调查研究报告 [R].

蔡金法，2020. 数学教育研究手册：第四册：数学教育研究热点初探 [M]. 北京：人民教育
出版社.

曾有娣，1999. 加速式超常儿童教育研究综述 [J]. 中国特殊教育（4）：1-3.

陈璠，2021. 警惕培训机构的"超常"谎言 [J]. 教育家（16）：9.

陈剑，2014. 高中拔尖创新人才培养模式研究 [D]. 宁波：宁波大学.

陈静，2021. 上海开启建设接轨国际的青少年科创教育社会支持体系 [EB/OL].（2021-05-23）
[2023-01-29]. https://www.chinanews.com.cn/gn/2021/05-23/9483841.shtml.

陈敏华，2016a. 高中物理教材中的普遍性错误Ⅰ：忽视物质的存在：以人教版高中物理教
材为例 [J]. 新课程教学（电子版）（10）：4-8.

陈敏华，2016b. 高中物理教材中的普遍性错误Ⅱ：等同物质和物理量 [J]. 新课程教学（电
子版）（11）：4-7.

陈敏华，2016c. 高中物理教材中的普遍性错误Ⅲ：误解守恒和不守恒定律 [J]. 新课程教学
（电子版）（12）：4-7.

陈全银，肖乐，危玲玲，2019. 我国台湾地区学前巡回辅导探究 [J]. 绥化学院学报（7）：
124-128.

陈治兰，2016. 美国天才儿童教育教师培养研究 [D]. 桂林：广西师范大学.

成建丽，2020. 以色列中小学英才教育发展历史研究 [D]. 天津：天津师范大学.

成锦平，2020. 高品质示范高中构建英才教育课程体系的探讨：以江苏省南通中学"三力合

一"的课程体系建设为例 [J]. 江苏教育研究（10）：3-7.

程黎，程曦，王美玲，等，2021. 超常儿童内部动机与创造力的关系：课堂同伴互动的中介作用 [J]. 中国特殊教育（1）：58-65.

程黎，马晓晨，张凯，等，2018. 我国超常教育发展 40 年：基于政策及实践的分析与展望 [J]. 中国特殊教育（8）：61-67.

程黎，马晓晨，张凯，等，2019. 拔尖创新人才培养背景下对我国超常教育的再思考：苏格兰的经验及启示 [J]. 中国特殊教育（6）：85-90.

程黎，王美玲，2021. 国内外超常儿童概念的发展及启示 [J]. 中国特殊教育（10）：65-69.

程黎，张嘉桐，陈啸宇，2020. 新时代融合教育环境中超常儿童教学模式的探索：基于全校范围内丰富模式的分析 [J]. 中国特殊教育（10）：50-57.

褚宏启，2012. 追求卓越：英才教育与国家发展：突破我国英才教育的认识误区与政策障碍 [J]. 教育研究（11）：28-35.

褚宏启，2020. 新时代需要什么样的教育公平：研究问题域与政策工具箱 [J]. 教育研究（2）：4-16.

崔海丽，2018. 如何扩大与落实试点高校的招生自主权："考试制"国家自主招生制度的启示 [J]. 湖南师范大学教育科学学报（3）：118-124.

达令 - 哈蒙德，亚当森，2023. 超越标准化考试：表现性评价如何促进 21 世纪学习 [M]. 陈芳，译. 长沙：湖南教育出版社.

戴爱华，2016. 美国超常教育范式比较及其启示 [J]. 创新人才教育（1）：88-91.

戴海琦，张锋，2018. 心理与教育测量 [M]. 4 版. 广州：暨南大学出版社.

戴维斯，里姆，1992. 英才教育 [M]. 杨庭郊，吴明泰，等译. 北京：新华出版社.

戴耘，2013. 超常能力的本质和培养：超常教育理论的前沿探索 [M]. 刘倩，译. 上海：华东师范大学出版社.

戴耘，蔡金法，2013. 英才教育在美国 [M]. 杭州：浙江教育出版社.

邓猛，周洪宇，2005. 关于制定《特殊教育法》的倡议 [J]. 中国特殊教育（7）：3-6.

邓舒，2020. 德国超常儿童教育及其对我国的启示 [J]. 大学（44）：148-151.

董妍，陈勉宏，俞国良，2017. 科学好奇心：研究进展与培养途径 [J]. 教育科学研究（9）：76-80.

杜玫，詹丽峰，2013. 心理学 [M]. 武汉：湖北科学技术出版社.

范明丽，2010. 美国天才儿童受教育权利保障的经验与启示 [J]. 教学与管理（5）：62-64.

范明丽，张艳琼，2009. 美国天才教育的师资培训：以康涅狄格大学天才教育领域研究生计划为例 [J]. 河北大学成人教育学院学报（3）：69-71.

方中雄，2013. 北京"翱翔计划"：探索拔尖创新人才培养新范式 [J]. 中小学管理（11）：7-10.

方中雄，2022. 创新人才基础培养的核心意旨与实现路径 [J]. 中国教育学刊（2）：22-27.

方中雄，张瑞海，黄晓玲，2021. 破解超常教育的制度重构：将超常儿童纳入特殊教育体系 [J]. 教育研究（5）：101-107.

冯翠典，2021. 联合国教科文组织指向未来的课程、素养及其实现的"三部曲"[J]. 全球教育展望（4）：3-15.

冯艳艳，2009. 新加坡"天才教育计划"研究 [D]. 武汉：华中师范大学.

付艳萍，2019. 美国英才教育师资培养：政策与实践路径 [J]. 基础教育（5）：103-112.

高琛，2012. 促进学生优长发展教育模式研究 [D]. 大连：辽宁师范大学.

高江涛，2019. 如何更科学有效地发现超常儿童：基于中国人民大学附属中学"早培班"实践的思考 [J]. 中小学管理（7）：36-39.

高普尼克，梅尔佐夫，库尔，2019. 孩子如何学习 [M]. 林文韵，杨田田，译. 杭州：浙江人民出版社.

葛新斌，2006. 关于特殊儿童教育安置模式的理论分析 [J]. 教育导刊（3）：50-53.

龚正行，2010. 为了学生的健康成长：一位中学校长的自述 [M]. 北京：北京出版社.

谷珵，欧阳秀娟，2021. 超常儿童教育呼唤"正常"模式 [J]. 教育家（16）：12-15.

官群，2009. 树立和实践又好又快"双超常教育"科学发展观 [J]. 中国特殊教育（1）：4-7.

何金茶，查子秀，2001. 10—12 岁超常和常态儿童创造思考和创造倾向研究 [C]// 中国心理学会. 第九届全国心理学学术会议文摘选集. 上海：中国心理学会：63.

荷克丝，2004. 差异教学：帮助每个学生获得成功 [M]. 杨希洁，译. 北京：中国轻工业出版社.

贺淑曼，陈龙安，陈劲，2009. 创新与超常发展：像天才一样思维 [M]. 北京：北京工业大学出版社.

贺淑曼，吴武典，刘彭芝，2008. 圆普通人的天才梦 [M]. 北京：北京工业大学出版社.

胡卫平，2003. 青少年科学创造力的发展与培养 [M]. 北京：北京师范大学出版社.

胡晓萍，2018. 超常儿童化学实验教学策略 [J]. 教学研究（5）：24-26.

华国栋，1999. 超常学生教育安置之我见 [J]. 现代特殊教育（8）：8-9.

华国栋，2009. 你也能出类拔萃：普通班的超常教育 [M]. 北京：北京工业大学出版社.

黄四林，张叶，莫雷，等，2021. 核心素养框架下创新素养的关键指标 [J]. 北京师范大学学报（社会科学版）（2）：27-36.

黄伟杰，2012. 超常儿童教育：不该是无解的难题：基于国外政策及实践的思考 [J]. 当代教育科学（22）：58-60.

黄晓玲，2021. 基于核心素养形成机制的学校课程实施路径创新 [J]. 教育导刊（11）：12-18.

贾志国，朱怡萍，2021. 新时代超常儿童教育：缺失与回归 [J]. 教育探索（1）：22-28.

缴润凯，张锐，杨兆山，2008. 智力超常儿童的发展：从加速式教育到丰富式教育 [J]. 东北师大学报（哲学社会科学版）（6）：20-23.

教育部基础教育质量监测中心，2021. 2020 年国家义务教育质量监测科学学习质量监测结果报告 [R/OL].（2021-12-03）[2023-03-27]. http://www.moe.gov.cn/jyb_xwfb/gzdt_gzdt/s5987/202111/W020211129416653107115.pdf.

金添，段会冬，穆阿妮，2013. 美国英才教育的实践及对我国基础教育创新型人才培养的启示 [J]. 基础教育参考（11）：75-80.

景晓娟，程黎，2021. 超常儿童也需要教育公平 [J]. 中国特殊教育（9）：60-65.

卡特纳，2003. 培养天才儿童的创造力 [M]. 开振南，王维臣，徐嬿，译. 上海：上海译文出版社.

亢晓梅，2010. 通过制度创新建立拔尖创新人才基础教育体系 [J]. 教育导刊（3）：28-30.

课程教材研究所，2001. 20 世纪中国中小学课程标准·教学大纲汇编：课程（教学）计划卷 [M]. 北京：人民教育出版社.

孔燕，孟伟，2015. 美国促进天才教育的政策探析及启示 [J]. 当代教育科学（1）：49-51.

匡冬平，2015. 新西兰英才儿童教育研究 [D]. 长沙：湖南师范大学.

兰继军，2001. 论国外特教对象的演变对我国特殊教育的影响 [D]. 西安：陕西师范大学.

兰继军，蓝岚，2006. 以色列发展特殊教育的经验 [J]. 中国特殊教育（2）：91-96.

兰祖利，里斯，2000. 丰富教学模式：一本关于优质教育的指导书 [M]. 华华，戴耘，包容，译. 上海：华东师范大学出版社.

黎明，牟映雪，2009. 中国超常教育的发展历程及启示：未来呼唤"双超常教育" [J]. 中国特殊教育（1）：8-13.

李陈续，2008. 中国科大少年班"三十而立"：探索具有中国特色超常教育的成功路径［N］. 光明日报，2008-03-22（4）.

李建辉，张国超，王少龙，2014. 天才教育学 [M]. 广州：中山大学出版社.

李建民，2018. 从隐性到显性：日本英才教育政策及实践路径分析 [J]. 比较教育研究（1）：30-36.

李静，李明眸，2022. 俄罗斯天才儿童教育管理体系构建：基于高校天才儿童支持与发展机构的实践 [J]. 中国特殊教育（6）：68-77.

李拉，2013. 世界范围内残疾儿童教育安置形式的变迁与趋向 [J]. 现代教育管理（9）：121-124.

李琦，2019. 基于学生评价视角构建创造性人才的评价体系 [J]. 教育观察（37）：12-14.

李晓武，江世亮，2010. 最重要的，是一颗好奇心：科学大师这样自述成功心得［N］. 文汇报，2010-12-08（12）.

李昕，刘敏，2014. 韩国的科学高中与科学英才高中 [J]. 上海教育（35）：45.

李颖，施建农，2005. 大鱼小池塘效应：对超常儿童教育安置的思考 [J]. 心理科学进展（5）：623-628.

李振玉，张珂，2016. 创新教育视域下中美英才高中课程设置比较研究 [J]. 全球教育展望（7）：68-76.

李志鸿，周云祥，2005. 国外对学生创造力的评价技术 [J]. 外国中小学教育（10）：23-27.

廖哲勋，1999. 论中小学课程结构的改革 [J]. 教育研究（7）：59-65.

林崇德，1991. 天才儿童的教育 [M]. 哈尔滨：黑龙江教育出版社.

林崇德，2013. 教育与发展：兼述创新人才的心理学整合研究 [M]. 修订版. 北京：北京师范大学出版社.

林崇德，2021a. 21 世纪学生发展核心素养研究 [M]. 修订版. 北京：北京师范大学出版社.

林崇德，2021b. 创造性心理学 [M]. 北京：北京师范大学出版社.

刘国伟，易国栋，文宗，等，2015. 高中阶段拔尖创新人才基础培养的课程设计与实施 [J]. 教育科学论坛（4）：57-60.

刘昊，2015. 我国小学创新人才培养模式的构建研究 [D]. 南昌：江西师范大学.

刘继和，赵海涛，2012. 韩国英才教育制度及启示 [J]. 比较教育研究（12）：59-63.

刘建民，刘建发，吴金光，2012. 强化普通高中教育经费政府投入责任的路径探讨［J］. 教育研究（9）：44-48.

刘楠，2016. 俄罗斯天才教育政策、措施及其保障机制 [J]. 现代教育论丛（6）：83-88.

刘溯，2004. 天赋教育：超常儿童的发现与培养 [M]. 北京：中国人口出版社 .

刘彭芝，2008. 中国人民大学附属中学超常儿童教育实验发展 30 年 [M]// 施建农 . 超常儿童成
　　长之路：中国超常教育 30 年历程 . 北京：科学出版社：48-88.

刘彭芝，2010. 关于培养拔尖创新人才的几点思考 [J]. 教育研究（7）：104-107.

刘彭芝，2012. 对拔尖创新人才要早发现早培养 [J]. 今日教育（1）：43-44.

刘彭芝，2013. 人大附中超常教育实践 [J]. 创新人才教育（4）：20-29.

刘彭芝，周建华，张建林，2013. 整体构建大中小学创新人才培养新模式的研究与实践 [J].
　　教育研究（1）：58-64.

刘铁芳，2010. 超常儿童的超常教育：是扩大公平还是制造不公平：与刘彭芝先生商榷 [J].
　　探索与争鸣（2）：23-26.

刘星，杨挺，2012. 美国对超常儿童教育的支持措施及其启示 [J]. 中国特殊教育（6）：18-21.

刘岩，2009. 美国斯坦福大学英才青少年教育计划研究 [D]. 北京：首都师范大学 .

刘瑛，2008. 超常儿童全面发展的问题研究 [D]. 南昌：江西师范大学 .

刘玉华，朱源，1994. 超常儿童心理发展与教育 [M]. 合肥：安徽教育出版社 .

卢晓中，2021. 基于系统思维的高质量教育体系构建与教育评价改革：兼论拔尖创新人才培
　　养的系统思维 [J]. 国家教育行政学院学报（7）：9-16.

陆一，朱敏洁，2019. 美国的"少年班"何以成立：一种高选拔适度竞争的英才教育路径
　　[J]. 国家教育行政学院学报（9）：61-68.

马秀勇，王永平，2001. 论唐代童子科 [J]. 齐鲁学刊（3）：127-131.

毛杰，2014. 面向 21 世纪的基础教育：为创新型人才培养奠基 [J]. 创新人才教育（2）：37-42.

母小勇，2016. 论科学创新人才的一体化培养：来自诺贝尔奖获得者的启示 [J]. 教育发展
　　研究（9）：18-24.

倪明，熊斌，夏海涵，2010. 俄罗斯高中课程改革的特色：数学课程普通教育与英才教育并
　　举 [J]. 数学教育学报（5）：12-16.

朴钟鹤，吴越，2013. 英才教育研究现状与趋势：国内英才教育研究综述 [J]. 现代教育科学
　　（8）：10-12.

钱颖一，2018. 批判性思维与创造性思维教育：理念与实践 [J]. 清华大学教育研究（4）：1-16.

邱勇，2020. 以自强精神夯实人才成长之基、筑牢民族复兴之基：在强基计划启动会暨书院院长聘任仪式上的讲话 [EB/OL].（2020-05-12）[2023-01-31]. https://www.tsinghua.edu.cn/info/1688/79314.htm.

裘士京，张翅，2002. 略论两汉察举制度与人才选拔 [J]. 安徽师范大学学报（人文社会科学版）（5）：597-601.

全国中学超常少儿教育协作研究组，1996. 中国超常少儿教育的理论与实践：英才教育与潜能开发 [M]. 北京：新华出版社.

任飚，陈安，张晨阳，2018. 基础教育阶段创新型人才培养路径探析：以北京四中为例 [J]. 中国教育学刊（4）：98-101.

佘丽，王昆，2016. 我国台湾地区资优教育的特色及启示 [J]. 教育探索（7）：55-59.

沈茂德，2020. 我所经历的江苏省天一中学课程建设 [J]. 福建基础教育研究（5）：21-23.

沈茂德，许芹，2013. 课程：英才教育的核心竞争力：对英才教育课程设计与实施的若干思考 [J]. 创新人才教育（2）：60-65.

盛志荣，周超，2010. 国际数学资优教育的研究综述 [J]. 浙江教育学院学报（3）：9-15.

施建农，2008. 超常儿童成长之路：中国超常教育 30 年历程 [M]. 北京：科学出版社.

施建农，2021. 超常儿童教育与杰出人才培养 [J]. 中国特殊教育（9）：54-55.

施建农，徐凡，2004. 超常儿童发展心理学 [M]. 合肥：安徽教育出版社.

宋乃庆，凌琳，李化侠，等，2019. 我国超智儿童特殊精英教育的政策构建探析 [J]. 中国教育学刊（9）：38-43.

苏雪云，张旭，2016. 超常儿童的发展与教育 [M]. 2 版. 北京：北京大学出版社.

孙金鑫，王刚，2020. 用好"后发优势"：对中国英才教育政策的反思与建议 [J]. 教育科学研究（4）：16-23.

唐科莉，2021. 新加坡天才教育体系及实践经验 [J]. 新课程评论（1）：120-128.

唐科莉，张娜，2020. PISA 2021 评估新领域：创造性思维 [J]. 人民教育（11）：32-37.

唐琪，2021. 拔尖创新人才培养切忌半途而止 [N]. 中国教育报，2021-03-10（3）.

唐盛昌，2022. 拔尖创新人才早期培养的维度与内涵变化 [C]// 上海星河湾双语学校. 中国教育财政政策咨询报告（2019—2021）. 上海：[出版者不详]：618-621.

唐璇，2010. 中美天才教育的比较与启示 [D]. 上海：上海师范大学.

万绍娜，冯维，2009. 论双超常教育理念下我国超常儿童教育培养存在的问题及解决对策

[J]. 基础教育参考（8）：19-22.

万玉凤，2020. 解读来了！强基计划：为新时代选拔培养拔尖创新人才 [EB/OL].（2020-01-15）[2023-01-30]. http://www.moe.gov.cn/jyb_xwfb/moe_2082/zl_2020n/2020_zl04/202001/t20200115_415644.html.

王春，陈敬农，2001. 少年班为何纷纷停办 [N]. 科技日报，2001-09-19（5）.

王怀宇，2009. 国际社会天才教育的背景、目标、立法及其实施策略 [M]// 北京青少年科技创新学院翱翔计划项目组，北京青少年科技创新学院办公室 . 创新：让人生插上翱翔的翅膀（一）. 北京：首都师范大学出版社：3-15.

王娟，冯国娟，杨森，2018. 超越高考：西安交大"少年班"的大中学联合培养之路 [J]. 中小学管理（8）：21-23.

王俊成，2018."素质班"：智力优秀学生的"充实式"培养新模式：新形势下北京八中拔尖创新人才培养的本土探索 [J]. 中小学管理（8）：8-11.

王俊成，2021. 为拔尖创新人才培养贡献智慧和力量 [J]. 人民教育（24）：16-18.

王立雪，衣新发，李梦，2018. 美国资优教育的研究与实践：以美国国家英才研究中心为例 [J]. 创新人才教育（3）：80-89.

王丽萍，2011. 高中创新人才培养模式的实践与启示 [J]. 上海教育科研（2）：58-59.

王梅，2004. 关于孤独症儿童、青少年教育安置问题的几点思考 [J]. 现代特殊教育（10）：30-32.

王寅枚，刁雅欣，张兴利，2022. 超常儿童鉴别的实践与展望 [J]. 中国特殊教育（1）：91-96.

王寅枚，冯超，程黎，2014. 新加坡天才教育的现状及特色 [J]. 外国教育研究（3）：12-21.

王竹颖，2015. 我喜欢展望无尽的未来：北京八中超常教育 30 年文集之学生篇 [M]. 北京：学苑出版社 .

维布纳，2003. 班有天才：普通班级中培养天才儿童的策略与技能 [M]. 杨希洁，徐美贞，译 . 北京：中国轻工业出版社 .

魏能涛，2012. 日本"超级科学高级中学计划"建设及启示 [J]. 基础教育参考（9）：21-24.

温慧卿，张春莉，2021. 我国超常儿童教育的政策、法律法规现状及思考 [J]. 中国特殊教育（9）：66-72.

吴春艳，肖非，2012. 以色列的英才教育现状研究 [J]. 比较教育研究（12）：54-58.

吴汉荣，李丽，2005. 小学生数学能力测试量表的编制及信效度检验 [J]. 中国公共卫生

（4）：473-475.

吴金航，余舒，2014.民族地区残疾儿童教育安置现状、问题及对策研究：以威宁彝族回族苗族自治县为例 [J].内蒙古师范大学学报（教育科学版）（4）：59-61.

吴武典，1997.从特殊儿童的教育安置谈特殊教育的发展：台湾的经验与省思 [J].中国特殊教育（3）：15-21.

吴武典，2013.台湾资优教育四十年（三）：惑与解惑 [J].资优教育季刊（128）：7-14.

吴武典，2019.台湾地区特殊教育专业发展与前瞻 [J].现代特殊教育（22）：3-12.

肖广军，2014.韩国科学英才教育经验及启示 [J].教学与管理（24）：154-156.

肖甦，韩云霞，2017.21世纪以来美国英才教育的发展与趋势：基于对 NCLB 以及 ESSA 的分析 [J].外国教育研究（6）：3-14.

谢宜宸，2012.澳大利亚天才教育政策研究 [D].福州：福建师范大学.

辛厚文，2008.少年班三十年 [M].合肥：中国科学技术大学出版社.

邢红军，2004.论杨振宁的超常儿童早期教育思想及其对"少年班"教育的启示 [J].河南广播电视大学学报（4）：1-4.

休厄德，2007.特殊需要儿童教育导论：第八版 [M].肖非，等译.北京：中国轻工业出版社.

徐士强，2011.走近台湾地区普通高中资优教育 [J].上海教育（19）：44-45.

严孟帅，2015.学生创造力培养及评价研究 [D].上海：华东师范大学.

阎琨，吴菡，2020.拔尖人才培养的国际趋势及其对我国的启示 [J].教育研究（6）：78-91.

阎琨，吴菡，张雨颀，2021.拔尖人才培养的要素、动态和系统视角：基于茨格勒理论 [J].清华大学教育研究（3）：33-38.

杨瑗伊，孙进，2017.西班牙如何培养天才儿童？[J].人民教育（5）：71-74.

杨德广，宋丽丽，2019.我国应着力于"超常"学生的选拔和培养：兼论"钱学森之问"的破解 [J].教育发展研究（22）：1-9.

杨海春，2007.中学超常教育师资队伍建设的现状及对策研究 [D].上海：华东师范大学.

杨岚，刘争先，2021.历史制度主义视角下俄罗斯英才教育制度的演进研究 [J].外国教育研究（11）：79-95.

杨飒，2021.基础研究人才培养如何选得对、留得住、教得好 [N].光明日报，2021-12-20（7）.

杨晓霞，2012. 天才儿童教育教师专业标准比较研究 [D]. 北京：首都师范大学 .

姚红玉，2013. 英国的英才教育 [J]. 比较教育研究（5）：38-42.

姚林，2021. 澳大利亚英才教育的历史、实践与经验 [J]. 全球教育展望（9）：80-91.

叶俊飞，2014. 从"少年班""基地班"到"拔尖计划"的实施：35 年来我国基础学科拔尖
　人才培养的回溯与前瞻 [J]. 中国高教研究（4）：13-19.

佚名，2019. 清华大学：不断提升育人高度 [N]. 光明日报，2019-05-21（14）.

易凌云，2018. 国际特殊教育发展趋势：融合与个别化 [J]. 湖南师范大学教育科学学报
　（6）：83-90.

尹慧娇，2016. 美国中小学天才儿童教育研究 [D]. 沈阳：沈阳师范大学 .

于海琴，陈亮亮，2018. 拔尖人才培养中的大鱼小池塘效应及启示 [J]. 青岛科技大学学报
　（社会科学版）（3）：100-105.

余文森，2012. 学生自主学习要培养三种核心能力 [N]. 中国教育报，2012-12-06（7）.

袁圣敏，吴键，2015. 自然体育：超常儿童健康成长的基石：北京八中体育教学创新之路
　[J]. 中国学校体育（11）：41-42.

岳龙，东方，2001. 走进天才：重审英才教育 [M]. 福州：福建教育出版社 .

查子秀，1995. 我国超常儿童的研究和教育的发展 [J]. 特殊儿童与师资研究（4）：2-8.

查子秀，2006. 超常儿童心理学 [M]. 2 版 . 北京：人民教育出版社 .

查子秀，2019. 中国超常儿童心理和教育研究史实 [M]. 上海：华东师范大学出版社 .

查子秀，周林，1993. 对中学超常儿童的教育实验：北京八中首届超常实验班追踪研究 [J].
　心理学报（4）：337-345.

翟金静，2009. 国际英才教育的现状及对我国英才教育的思考 [J]. 河北农业大学学报（农林
　教育版）（1）：18-21.

翟秀华，1999. 欧美对超常儿童教育的研究 [J]. 大连教育学院学报（1）：27-29.

张博，黎坚，徐楚，等，2014. 11—14 岁超常儿童与普通儿童问题解决能力的发展比较 [J].
　心理学报（12）：1823-1834.

张春莉，程黎，王本陆，等，2018. 青少年创新素质模型的理论构建 [J]. 北京教育学院学报
　（3）：28-34.

张建红，2021. "双一流"建设背景下我国高校拔尖创新人才培养研究 [J]. 江苏高教（7）：
　70-74.

张景斌，2014. 拔尖创新人才早起培养机制研究：以北京市为例 [J]. 教育科学研究，2014（6）：43-48.

张景焕，林崇德，金盛华，2007. 创造力研究的回顾与前瞻 [J]. 心理科学（4）：995-997.

张立娅，2015. 以色列英才教育研究 [D]. 上海：华东师范大学.

张琳，刘玲，刘嘉，2014. 破译人类"黑匣子"：与教育相关的脑科学研究 [J]. 中小学管理（6）：4-9.

张梦琦，2016. 法国智力早熟儿童教育研究及启示：理念、政策与实践路径 [J]. 外国教育研究（12）：81-94.

张睦楚，2018. 我国教师教育的现实处境与回归路径 [J]. 黑龙江高教研究（9）：104-109.

张鹏飞，杨义英，张纪法，2008. 中国科学技术大学少年班三十年招生工作综述 [M]// 施建农. 超常儿童成长之路：中国超常教育 30 年历程. 北京：科学出版社：189-199.

张琼，施建农，2005. 超常儿童研究现状与趋势 [J]. 中国心理卫生杂志（10）：43-45.

张偶，王萍萍，熊斌，2017. 以色列英才教育教师培训课程的特色 [J]. 外国中小学教育（8）：49-55.

张武升，2014. 国外创造性教学研究的发展与特点 [J]. 教师教育学报（2）：51-61.

张妍琳，谷珵，2021. 超常儿童教育在曲折中跌宕前行 [J]. 教育家（16）：6-8.

张毅，2019. 北京人才培养方式创新的普及化探索实践：北京市基础教育阶段人才培养方式创新的 12 年 [J]. 中小学信息技术教育（1）：13-17.

张毅，2020. 创新教育普及化，普通教育创新化：北京市"翱翔计划"的新发展 [J]. 未来教育家（9）：34-37.

张引，1987. 为英才儿童准备教师 [J]. 教育理论与实践（1）：59-60.

赵大恒，2002. 超常儿童的物理教学策略 [J]. 现代特殊教育（2）：26-28.

赵梅菊，肖飞，2016. 完全融合与多元安置：美国特殊儿童安置模式的争论 [J]. 比较教育研究（11）：98-103.

赵中建，2005.《萨拉曼卡宣言》摘录 [J]. 全球教育展望（2）：80.

郑泉水，2021. 郑泉水：拔尖人才的培养不是"拔苗助长"，是让人才自己"冒尖儿" [EB/OL]. (2021-12-01)[2023-02-01]. https://jsjjh.chsi.com.cn/jsjjh/xxdt/202112/20211201/2138265179.html.

郑泉水，徐芦平，白峰杉，等，2021. 从星星之火到燎原之势：拔尖创新人才培养的范式探

索 [J]. 中国科学院院刊（5）: 580-588.

郑太年，赵健，2012. 国际视野中的资优教育：拔尖创新人才培养的理论、政策与实践 [M]. 上海：华东师范大学出版社.

郑永和，王晶莹，李西营，等，2021. 我国科技创新后备人才培养的理性审视 [J]. 中国科学院院刊（7）: 757-764.

周菲菲，孙妍，2016. 以色列天才儿童的选拔、教育及启示 [J]. 学理论（7）: 169-170.

朱芬，孔燕，2018. 中国科大少年班 40 年教育实践的演变及其启示 [J]. 中国特殊教育（8）: 55-60.

朱芬，孔燕，2020. 中国科大少年班超常教育的实践成果与经验探讨：基于"双超常教育"思想的视角 [J]. 中国特殊教育（8）: 43-47.

朱娜，2014. 美国乔伊斯·范·塔赛尔－巴斯卡的英才教育一体化课程模式研究 [D]. 北京：首都师范大学.

朱训明，谢天，周静，2010. 浅谈超常儿童教育现状与建议 [J]. 知识经济（16）: 165-166.

朱奕，1992. 超常教育：20 年桃李初成林 [J]. 中国人才（2）: 14-16.

朱永新，褚宏启，2021. 发现和培养拔尖创新人才研究 [J]. 宁波大学学报（教育科学版）（6）: 2-7.

朱媛媛，2012. 智力障碍儿童教育安置方式研究 [D]. 上海：华东师范大学.

Arkansas Department of Education, 2009. Gifted and talented: program approval standards [Z/OL]. [2019-01-20]. https://dese.ade.arkansas.gov/Files/20201223145241_2009_GT_Revised_Program_Approval_Standards.pdf.

ASSOULINE S G, COLANGELO N, IHRIG D, et al., 2004. A validation study of the Iowa Acceleration Scale [R]// COLANGELO N, ASSOULINE S G, GROSS M U M. A nation deceived: how schools hold back America's brightest students: volume II. Iowa City, IA: University of Iowa: 167-172.

BENBOW C P, STANLEY J C, 1983. Differential course-taking hypothesis revisited [J]. American educational research journal, 20(4): 469-473.

BETTS G T, 1985. Autonomous learner model: for the gifted and talented [R]. Greeley, CO: Autonomous Learning Publications and Specialists.

CALERO M D, BELEN G M, ROBLES M A, 2011. Learning potential in high IQ children: the contribution of dynamic assessment to the identification of gifted children [J]. Learning and individual differences, 21: 176-181.

CALLAHAN C M, MOON T R, OH S, et al., 2015. What works in gifted education: documenting the effects of an integrated curricular/instructional model for gifted students [J]. American educational research journal, 52(1):137-167.

Center for Education Statistics and Evaluation, 2019. Revisiting gifted education [R]. Sydney: NSW Department of Education.

CHO S, SUH Y, 2016. Korean gifted education: domain-specific developmental focus [J]. Turkish journal of giftedness and education, 7(1): 3-13.

CLARK B, 2012. Growing up gifted: developing the potential of children at home and in school [M]. 7th ed. New Jersey: Pearson Education.

CLARK G, ZIMMERMAN E, 1987. Tending the special spark: accelerated and enriched curricula for highly talented art students [J]. Roeper review, 10(1): 10-17.

COLANGELO N, ASSOULINE S G, GROSS M U M, 2004. A nation deceived: how schools hold back America's brightest students: volume 1 [R]. Iowa: The University of Iowa.

COLEMAN M R, SHAH-COLTRANE S, HARRISON A, 2010. A guide to TOPS [R]. Arlington, VA: Council for Exceptional Children.

CRABBE A B, 1982. Creating a brighter future: an update on the Future Problem Solving program [J]. Journal for the education of the gifted, 5(1): 2-11.

CROPLEY A J, 2000. Defining and measuring creativity: are creativity tests worth using? [J]. Roeper review, 23: 72-79.

CUKIERKORN J R, 2007. Serving the preschool gifted child: programming and resources [J]. Roeper review, 29(4):271-276.

DANIELS P R, 1983. Teaching the gifted/learning disabled child [M]. Rockville, MD: Aspen.

DARLING-HARMMOND L, 2006. Constructing 21st-century teacher education [J]. Journal of teacher education, 57(3): 300-314.

DAVIS G A, RIMM S B, 1989. Education of the gifted and talented [M]. 2nd ed. Englewood Cliffs, NJ: Prentice-Hall.

DAVIS G A, RIMM S B, SIEGLE D, 2011. Education of the gifted and talented [M]. 6th ed. New

York, NY: Pearson.

DAVISON J, 1996. Meeting state mandates for gifted and talented: Iowa teacher preparation programs [J]. Roeper Review, 19(1): 41-43.

DE BOER G C, MINNAERT A E M G, KAMPHOF G, 2013. Gifted education in the Netherlands [J]. Journal for the education of the gifted, 36(1): 133-150.

DEARY I J, PENKE L, JOHNSON W, 2010. The neuroscience of human intelligence differences [J]. National reviews: neuroscience, 11(3): 201-211.

DIXON F A, YSSEL N, MCCONNELL J M, et al., 2014. Differentiated instruction, professional development, and teacher efficacy [J]. Journal for the education of the gifted, 37(2): 111-127.

Education Review Office, 2008. Schools' provision for gifted and talented students: good practice [R]. Education evaluation reports.

European Education and Culture Executive Agency, Eurydice, 2006. Specific educational measures to promote all forms of giftedness at school in Europe [R]. Eurydice study.

EYRE D, 2009. Gifted and talented education: major themes in education [M]. Abingdon: Routledge.

FELDHUSEN J F, 1991. Saturday and summer programs [M]// COLANGELO N, DAVIS G A. Handbook of gifted education. Boston, MA: Allyn & Bacon: 197-208.

FELDHUSEN J F, 1994. Talent identification and development in education (TIDE) [J]. Gifted education international, 10(1): 10-15.

FELDHUSEN J F, JARWAN F A, 1993. Identification of gifted and talented youth for educational programs [M]// HELLER K A, MONKS F J, PASSOW A H. International handbook of research and development of giftedness and talent. Oxford: Pergamon Press: 271-282.

FOX L H, 1979. Programs for the gifted and talented: an over view [M]// PASSOW A H. The gifted and the talented. Chicago, IL: The University of Chicago Press: 104-126.

GAGNÉ F A, 1998. A proposal for subcategories within gifted or talented populations [J]. Gifted child quarterly, 42(2): 87-95.

GALLAGHER J J, 2001. Personnel preparation and secondary education programs for gifted students [J]. Journal of secondary gifted education, 12(3): 133-138.

GENTRY M, PEREIRA N, PETERS S J, et al., 2015. HOPE Teacher rating scale [M]. New York:

Routledge.

GIBSON K L, MITCHELL L M, 2005. Critical curriculum components in programs for young gifted learners [J]. International education journal, 6(2): 164-169.

GÓMEZ-ARIZAGA M P, CONEJEROS-SOLAR M L, MARTIN A, 2016. How good is good enough?: a community-based assessment of teacher competencies for gifted students [J]. SAGE open, 6(4): 1-14.

GRIGORENKO E L, 2017. Gifted education in Russia: developing, threshold, or developed [J/OL]. Cogent education, 4(1): 1364898. (2017-09-13)[2023-01-06]. https://doi.org/10.1080/2331 186X.2017.1364898.

GROSS M U M, 1992. The use of radical acceleration in cases of extreme intellectual precocity [J]. Gifted child quarterly, 36(2): 91-99.

GROSS M U M, 2004. Exceptionally gifted children [M]. 2nd ed. London: Routledge.

GUBBINS E J, SIEGLE D, HAMILTON R, et al., 2018. Exploratory study on the identification of English learners for gifted and talented programs [R]. National Center for Research on Gifted Education. Storrs, CT: University of Connecticut.

HAIER R J, SIEGEL B V, TANG C, et al., 1992. Intelligence and changes in regional cerebral glucose metabolic rate following learning [J]. Intelligence, 16(3-4): 415-426.

HARRADINE C C, COLEMAN M R B, WINN D-M C, 2014. Recognizing academic potential in students of color: findings of U-STARS-PLUS[J]. Gifted child quarterly, 58(1): 24-34.

HODGES J, 2018. Assessing the influence of No Child Left Behind on gifted education funding in Texas: a descriptive study [J]. Journal of advanced academics, 29(4): 321-342.

HOWLEY A, HOWLEY C B, PENDARVIS E D, 1986. Teaching gifted children: principles and strategies [M]. Boston: Little, Brown.

IBATA-ARENS K C, 2012. Race to the future: innovations in gifted and enrichment education in Asia, and implications for the United States [J]. Administrative sciences, 2(1): 1-25.

JAUŠOVEC N, JAUŠOVEC K, 2000. Differences in resting EEG related to ability [J]. Brain topography, 12(3): 229-240.

JOLLY J L, ROBINS J H, 2016. After the Marland Report: four decades of progress? [J]. Journal for the education of the gifted, 39(2): 132-150.

KETTLER T, OVEROSS M E, SALMAN R C, 2017. Preschool gifted education: perceived challenges associated with program development [J]. Gifted child quarterly, 61(2): 117-132.

KIM M, 2016. A meta-analysis of the effects of enrichment programs on gifted students [J]. Gifted child quarterly, 60(2): 102-116.

KOSHY V, SMITH C P, BROWN J, 2017. Parenting 'gifted and talented' children in urban areas: parents' voices [J]. Gifted education international, 33(1): 3-17.

KRONBORG L, 2018. Gifted education in Australia and New Zealand [M]// PFEIFFER S I, SHAUNESSY-DEDRICK E, FOLEY-NICPON M. APA handbook of giftedness and talent. New York: APA Publishing: 85-96.

KULIK J A, 1992. Ability grouping and gifted students [M]// COLANGELO N, ASSOULINE S G, AMBROSON D L. Talent development: proceedings from the 1991 Henry B. and Jocelyn Wallace national research symposium on talent development. Unionville, NY: Trillium: 261-266.

LIU T R, SHI J N, ZHAO D H, et al., 2008. The event-related low-frequency activity of highly and average intelligent children [J]. High ability studies, 19(2): 131-139.

LONG H Y, 2014. More than appropriateness and novelty: judges' criteria of assessing creative products in science tasks [J]. Thinking skills and creativity, 13: 183-194.

MAKER C J, SCHIEVER S W, 1989. Defensible programs for cultural and ethnic minorities: 002 [M]. Austin: Pro-Ed.

MAKER C J, WEARNE M, 2021. Engaging gifted students in solving real problems creatively: implementing the real engagement in active problem-solving (REAPS) teaching/learning model in Australasian and Pacific rim contexts [M]// SMITH S R. Handbook of giftedness and talent development in the Asia-Pacific. Singapore: Springer Singapore: 885-916.

MCCLUSKEY K W, MASSEY K J, BAKER P A, 1997. Early entrance to kindergarten: an alternative to consider [J]. Gifted and talented international, 12(1): 27-30.

MILLER R, 2011. After three years of project HOPE: examining the long-term effect of an out-of-school program [D]. West Lafayette, IN: Purdue University.

NAGC, CEC, 2013. NAGC-CEC teacher preparation standards in gifted and talented education [EB/OL]. [2023-01-09]. http://www.nagc.org/sites/default/files/standards/NAGC-%20CEC%20

CAEP%20standards%20%282013%20final%29.pdf.

NAVAS-SÁNCHEZ F J, ALEMÁN-GÓMEZ Y, SÁNCHEZ-GONZALEZ J, et al., 2014. White matter microstructure correlates of mathematical giftedness and intelligence quotient [J]. Human brain mapping, 35(6): 2619-2631.

NEVO B, RACHMEL S, 2009. Education of gifted children: a general roadmap and the case of Israel [M]// LEIKIN R, BERMAN A, KOICHU B. Creativity in mathematics and the education of gifted students. Rotterdam: Sense Publishers: 243-251.

O'REILLY C, 2018. Gifted education in Ireland [J]. Gifted child today, 41(2): 89-97.

OECD, 2019. TALIS 2018 results: volume I: teachers and school leaders as lifelong learners [M]. Paris: OECD Publishing.

OLSZEWSKI-KUBILIUS P, 1997. Special summer and Saturday programs for gifted students [M]// COLANGELO N, DAVIS G A. Handbook of gifted education. 2nd ed. Boston, MA: Allyn & Bacon: 180-188.

OLSZEWSKI-KUBILIUS P, 2003. Special summer and Saturday programs for gifted students [M]// COLANGELO N, DAVIS G A. Handbook of gifted education. 3rd ed. Boston, MA: Allyn & Bacon: 219-228.

PLUCKER J, GIANCOLA J, HEALEY G, et al., 2018. Equal talents, unequal opportunities: a report card on state support for academically talented low-income students [EB/OL]. Jack Kent Cooke Foundation. [2021-12-03]. https://www.jkcf.org/research/equal-talents-unequal-opportu-nities-a-report-card-on-state-support-for-academically-talented-low-income-students/.

POLYZOPOULOU K, KOKARLDAS D, PATSLAOURAS A, et al., 2014. Teachers' perceptions toward education of gifted children in Greek educational settings [J]. Journal of physical education and sport, 14(2): 211-221.

PRESSEY S L, 1949. Educational acceleration: appraisals and basic problems [R]. Columbus, OH: The Ohio State University.

RACHMEL S, 2007. The new policy for promoting education for outstanding and gifted students in Israel [M]// CSERMELY P, KORIEVIC K, SULYOK K. Science education: models and networking of student research training under 21. Amsterdam: IOS Press: 130-139.

REID E, HORVÁTHOVÁ B, 2016. Teacher training programs for gifted education with focus on sustainability [J]. Journal of teacher education for sustainability, 18(2): 66-74.

RENZULLI J S, 1977. The enrichment triad model: a plan for developing defensible programs for the gifted and talented [J]. Gifted child quarterly, 21(2): 227-233.

RENZULLI J S, REIS S M, 1997. The schoolwide enrichment model: a how-to guide for educational excellence [M]. 2nd ed. Woodway, TX: Prufrock Press.

RESCH C, 2014. National policies and strategies for the support of the gifted and talented in Austria [J]. Center for educational policy studies journal, 4(3): 9-30.

RIMM S B, LOVANCE K J, 1992a. How acceleration may prevent underachievement syndrome [J]. Gifted child today, 15(2): 9-14.

RIMM S B, LOVANCE K J, 1992b. The use of subject and grade skipping for the prevention and reversal of underachievement [J]. Gifted child quarterly, 36(2): 100-105.

RIMM S B, OLENCHAK F R, 1991. How FPS helps underachieving gifted students [J]. Gifted child today, 14(2): 19-22.

RIMM S B, SIEGLE D, DAVIS G A, 2018. Education of the gifted and talented [M]. 7th ed. Boston: Pearson.

ROBINSON N M, ROBINSON H B, 1982. The optimal match: devising the best compromise for the highly gifted student[J]. New directions for child and adolescent development, 17: 79-94.

ROCK M L, GREGG M, ELLIS E, et al., 2008. REACH: A framework for differentiating classroom instruction [J]. Preventing school failure, 52(2): 31-47.

ROGERS K B, 2004. The academic effects of acceleration [R]// COLANGELO N, ASSOULINE S G, GROSS M U M. A nation deceived: how schools hold back America's brightest students: volume II. Iowa City, IA: University of Iowa: 47-58.

ROWAN L, TOWNEND G, 2016. Early career teachers' beliefs about their preparedness to teach: implications for the professional development of teachers working with gifted and twice-exceptional students[J]. Cogent education, 3(1): 1242458.

RUTIGLIANO A, QUARSHIE N, 2021. Policy approaches and initiatives for the inclusion of gifted students in OECD countries [R/OL]. (2021-12-21)[2023-02-01]. OECD education working papers no. 262. Paris: OECD Publishing. https://doi.org/10.1787/c3f9ed87-en.

RYSER G R, 2018. Qualitative and quantitative approaches to assessment [M]// JOHNSEN S K.

Identifying gifted students: a practical guide. New York: Routledge: 33-57.

SAHLGREN G H, 2018. What works in gifted education?: a literature review [R/OL]. London: Center for Education Economics. [2022-12-21]. https://potentialplusuk.org/wp-content/uploads/2019/01/What-Works-in-Gifted-Education-CfEE. pdf.

SASTRE-RIBA S, PÉREZ-SÁNCHEZ L F, VILLAVERDE A B, 2018. Programs and practices for identifying and nurturing high intellectual abilities in Spain [J]. Gifted child today, 41(2): 63-74.

SCHIEVER S W, MAKER C J, 2003. New directions in enrichment and acceleration [M]// COLANGELO N, DAVIS G A. Handbook of gifted education. 3rd ed. Boston, MA: Allyn & Bacon: 163-173.

SCHILTZ L, 2005. Gifted education in 21 European countries: inventory and perspective [M]// MÖNKS F J, PFLÜGER R. Gifted in Europe. Nijmegen: Center for the Study of Giftedness. Radhoud University Nijmegen: 93-98.

SĘKOWSKI A E, ŁUBIANKA B, 2015. Education of gifted students in Europe [J]. Gifted education international, 31(1): 73-90.

SMITH S R, 2021. Handbook of giftedness and talent development in the Asia-Pacific [M]. Singapore: Springer Singapore.

SOLÉ-CASALS J, SERRA-GRABULOSA J M, ROMERO-GARCIA R, et al., 2019. Structural brain network of gifted children has a more integrated and versatile topology [J]. Brain structure and function, 224(7): 2373-2383.

SOUTHERN W T, JONES E D, 2004. Types of acceleration: dimensions and issues [R] // COLANGELO N, ASSOULINE S G, GROSS M U M. A nation deceived: how schools hold back America's brightest students: volume II. Iowa City, IA: University of Iowa: 5-12.

STANLEY J C, 1979. The study and facilitation of talent for mathematics [M]// PASSOW A H. The gifted and the talented. Chicago, IL: National Society for the Study of Education: 169-185.

STANLEY J C, 1991. An academic model for educating the mathematically talented [J]. Gifted child quarterly, 35(1): 36-42.

STANLEY J C, BENBOW C P, 1986. Youths who reason exceptionally well mathematically [M]// STERNBERG R J, DAVIDSON J E. Conceptions of giftedness. New York, NY: Cambridge University Press: 361-387.

STERNBERG R J, 2003. Wisdom, intelligence, and creativity synthesized [M]. New York: Cambridge University Press.

STOEGER H, BALESTRINI D P, STEINBACH J, 2021. Self-regulated learning for high-ability and high-achieving students in mixed-ability classrooms throughout the Asia-Pacific [M]// SMITH S R. Handbook of giftedness and talent development in the Asia-Pacific. Singapore: Springer Singapore: 291-317.

SUBOTNIK R F, OLSZEWSKI-KUBILIUS P, WORRELL F C, 2011. Rethinking giftedness and gifted education: a proposed direction forward based on psychological science [J]. Psychological science in the public interest, 12(1): 3-54.

SWASSING R H, 1985. Identification, assessment, and individualization [M]// SWASSING R H, Teaching gifted children and adolescents. Columbus, OH: Merill: 106-113.

The Department for Children, Schools and Families (DfCS), 2007. Effective provision for gifted and talented students in secondary education [M]. Nottingham: DfES Publications.

TIRRI K, KUUSISTO E, 2013. How Finland serves gifted and talented pupils [J]. Journal for the education of the gifted, 36(1): 84-96.

TORRANCE E P, TORRANCE J P, 1978. Future problem-solving: national interscholastic competition and curriculum project [J]. The journal of creative behavior, 12(2): 87-89.

TOURÓN J, FREEMAN J, 2018. Gifted education in Europe: implications for policymakers and educators [M]// PFEIFFER S I, SHAUNESSY-DEDRICK E, FOLEY-NICPON M. APA handbook of giftedness and talent. New York: APA Publishing: 55-70.

VANTASSEL-BASKA J, 1981. The great debates: for acceleration [R]. CEC/TAG National Topical Conference on the Gifted and Talented Child, Orlando, FL.

VANTASSEL-BASKA J, 1986. Effective curriculum and instructional models for talented students [J]. Gifted child quarterly, 30(4): 164-169.

VANTASSEL-BASKA J, 2014. Performance-based assessment: the road to authentic learning for the gifted [J]. Gifted child today, 37(1): 41-47.

VANTASSEL-BASKA J, 2017. Curriculum issues: what makes differentiated curriculum work? [J]. Gifted child today, 40(1): 62-63.

VANTASSEL-BASKA J, JOHNSON D, AVERY L D, 2002. Using performance tasks in the identification of economically disadvantaged and minority gifted learners: findings from project STAR [J]. Gifted child quarterly, 46(2): 110-123.

WEILGUNY W M, RESCH C, SAMHABER E, et al., 2013. White paper: promoting talent and excellence [R]. Austrian Research and Support Center for the Gifted and Talented.

World Council for Gifted and Talented Children, 2021. Global principles for professional learning in gifted education [R].

YUEN M, 2004. Competencies of teachers of gifted learners: the Hong Kong student perspective [J]. Gifted education international, 18(3): 301-312..

ZEIDNER M, SCHLEYER E J, 1999. Educational setting and the psychosocial adjustment of gifted students [J]. Studies in educational evaluation, 25(1): 33-46.

后　记

　　超常儿童是客观存在的一类群体，是人才开发的"富矿"，受到大多数发达国家和科技强国的高度重视并被纳入教育体系中。我国超常儿童教育由来已久，但发展充满曲折，目前仍处于学校自发实验、覆盖面小、争议质疑不断的状态。面对世界百年未有之大变局和日益激烈的科技竞争，我国亟须培养拔尖创新人才和开展创新人才基础培养，持续提升创新人才自主培养质量。将超常儿童作为一类特殊的教育对象纳入教育制度体系中，是保障超常儿童受教育权、建设高质量教育体系和加强创新人才基础培养的应有之义，也是破解实践中超常儿童教育"有类无教""教非所需""教非其类""教无保障""进出不畅"等困境的根本举措。为构建具有中国特色的超常儿童教育制度，受教育部基础教育司委托，北京教育科学研究院课题组开展本研究。

　　研究由北京教育科学研究院原院长方中雄任课题组组长，以北京教育科学研究院研究人员为主体，吸收北京市第八中学、北京师范大学、首都师范大学的专家，组建了跨领域、跨学段、跨专业的研究团队，根据超常儿童教育制度构建的基本问题，开展文献研究、比较研究、调查研究、案例研究和专家咨询。针对我国超常儿童教育尚未出台相关政策和制度建设空白等突出问题，基于超常儿童是一类特殊教育对象这一基本事实，在明确超常儿童教育基本性质和重大意义的前提下，研究团队对超常儿童的鉴别和教育培养进行了系统性的制度设计并提出操作建议。研究力图凸显以下四个特点。

　　一是导向鲜明。立足为党育人、为国育才，落实教育强国、人才强国战略，全面提高人才自主培养质量，着力造就拔尖创新人才。坚持需求导向，即回应超常儿童作为客观存在的一类特殊教育对象的教育需求；坚持问题导向，即破解我国超常儿童教育发展困境和突出问题；坚持目标导向，即突出超常儿童教育为超常儿童优势潜能发展和拔尖创新人才培养奠基，为超常儿童提供适切的教育。

二是国际视野。全面梳理美国、英国、德国、法国、俄罗斯、澳大利亚、以色列、韩国、日本、新加坡、新西兰等国，OECD 其他成员国，以及我国内地（大陆）、香港和台湾地区超常儿童教育研究的最新成果及实践的有益经验，对各地超常儿童教育中的对象界定、典型特征、鉴别标准、实施过程、安置方式、培养模式、经费投入、专业支持、制度建设、管理机制等进行比较分析，为构建我国超常儿童教育制度提供借鉴和启示。

三是系统设计。研究针对特定的教育对象，围绕教育制度的基本问题（对象如何确定，预期培养目标为何；如何有效安置，有哪些具体模式；如何针对性培养，教－学－评如何展开；需要哪些条件保障，包括课程、师资、组织机构、经费、培养通道、支持条件等），在专题研究的基础上提出制度层面的设计构想和操作建议。

四是中国特色。以超常儿童作为一类客观存在的教育对象为起点，基于为其提供公平而有质量的教育，提出在现行教育制度下将超常儿童纳入特殊教育体系具有合理性、合法性，以及实践的可借鉴性和可接受性。依据我国特殊教育"普特结合""融合发展"的原则，提出现阶段超常儿童教育安置以普通学校校内安置为主，通过集中式安置和融合式安置两种模式，促进超常儿童优势潜能发展和创新人才基础培养。

全书在充分讨论形成共识的基础上，就超常儿童教育制度构建问题形成主题深入研究，课题组还就每个专题进行了集体讨论。全书十章的撰写者分别是：第一章"绪论"，方中雄、黄晓玲；第二章"超常儿童的鉴别"，李美娟、唐科莉、张娜；第三章"超常儿童的教育安置方式"，张瑞海；第四章"超常儿童的加速与充实培养"，何静、王俊成；第五章"超常儿童教育的课程设置"，黄晓玲；第六章"超常儿童的学与教"，张丹、秦晓文、于国文；第七章"超常儿童的评价与指导"，王薇；第八章"超常儿童教育的师资保障"，杜玲玲；第九章"超常儿童的贯通培养"，王怀宇；第十章"超常儿童教育的条件保障"，杜媛、杨小敏。全书由黄晓玲统稿，方中雄审稿定稿。

研究和成书的过程得到教育部基础教育司原司长吕玉刚，教育部基础教育司朱东斌副司长、张权处长、赵宇副处长等的大力支持，得到中国科学院、清华大学、中国科学院大学、北京师范大学等高校与科研院所专家的指导，中国人民大学附属中学、北京市第八中学等超常儿童培养学校分享了案例，在此一并致谢。

鉴于超常儿童及其教育的理论研究和实践探索有待进一步深入，以及本团队的知识、能力有限，书中难免有疏漏和不妥之处，敬请读者批评指正。

方中雄

2022 年 12 月

出 版 人　郑豪杰
责任编辑　赵琼英
版式设计　沈晓萌
责任校对　马明辉
责任印制　米　扬

图书在版编目（CIP）数据

超常儿童教育制度构建/方中雄等著 . — 北京：教育
科学出版社，2023.7
ISBN 978-7-5191-3506-5

I. ① 超…　Ⅱ. ① 方…　Ⅲ. ① 超常儿童—儿童教育—
教育制度—研究　Ⅳ. ① G763

中国国家版本馆 CIP 数据核字（2023）第 113849 号

超常儿童教育制度构建
CHAOCHANG ERTONG JIAOYU ZHIDU GOUJIAN

出 版 发 行	教育科学出版社			
社　　址	北京·朝阳区安慧北里安园甲 9 号	邮　编	100101	
总编室电话	010-64981290	编辑部电话	010-64981280	
出版部电话	010-64989487	市场部电话	010-64989009	
传　　真	010-64891796	网　址	http://www.esph.com.cn	
经　　销	各地新华书店			
制　　作	北京大有艺彩图文设计有限公司			
印　　刷	三河市兴达印务有限公司			
开　　本	720 毫米 × 1020 毫米　1/16	版　次	2023 年 7 月第 1 版	
印　　张	21.75	印　次	2023 年 7 月第 1 次印刷	
字　　数	307 千	定　价	75.00 元	

图书出现印装质量问题，本社负责调换。